동아시아
여성과 가족 변동

계명대학교 여성학연구소 기획 | 조주현 엮음

계명대학교 출판부

동아시아 여성과 가족 변동

초판 1쇄 인쇄 2013년 2월 7일
초판 1쇄 발행 2013년 2월 15일

기 획 계명대학교 여성학연구소 | 엮음 조주현
펴 낸 이 신일희
펴 낸 곳 계명대학교출판부
출판등록 제347-1998-1호(1970. 9. 1)
주 소 대구광역시 달서구 달구벌대로 1095
대표전화 053-580-6233
팩 스 053-580-6235
홈페이지 www.kmupress.com

ISBN 978-89-7585-610-5 93300 정가 12,000원

동아시아
여성과 가족 변동

계명대학교 여성학연구소 기획 | 조주현 엮음

발간사

이 책은 2012년 5월 계명대 여성학연구소에서 북경대 여성학센터와 홍콩중문대 젠더연구센터 및 젠더학협동과정과 공동으로 주최한 국제학술대회, "지구화 시대의 여성/가족변동: 중국과 한국의 사례"에서 발표된 논문 중 7편을 수정 · 보완하여 책으로 엮은 것이다. 국제학술대회의 기획에서부터 책 출간에 이르기까지 지난 2년간 많은 분들의 도움과 참여가 있었기에 감사한 마음으로 여기에 기록으로 남기고 싶다.

계명대 여성학연구소는 북경대 여성학센터와 홍콩중문대 젠더연구센터 및 젠더학협동과정과 2005년과 2007년에 각기 연구소간 교류협력체결을 맺었고 이후 총 5회의 공동 국제학술대회를 개최했다. 2012년 학술대회를 주관하게 된 계명대 여성학연구소는 기조강연 세션을 마련하고 결과물을 한글과 영문으로 출판하는 등 학술대회의 규모를 키우기로 결정했다. 학술대회의 기획부터 출판에 이르기까지 계명대 신일희 총장님은 전폭적인 지원과 격려를 아끼지 않으셨다. 2011년 1월에 시작된 준비위원회(강세영, 박선영, 유옥희, 이신영, 정문영, 조주현 교수)는 세부계획 및 기조연설자 섭외를 추진했다.

학술대회에는 총 12편의 발표가 있었다. 기조발표로 사스키아 사센 교수(컬

럼비아대 사회학과 석좌교수)와[1] 에미코 오치아이 교수(교토대 사회학과)가 참여했고, 북경대에서 웨이 구어잉, 마 펭지, 우 리주안 교수, 홍콩중문대에서 웡 웨이칭 안젤라, 담 시우미 마리아, 왕 댄닝 교수, 그리고 계명대에서 양정혜, 이신영, 조주현, 홍성희 교수가 발표했다. 교내외의 많은 분들이 학술대회의 진행에 도움을 주셨다. 김신혜, 박선영, 신지숙, 유옥희, 유가효, 최윤경, 허경미 교수가 사회를 보았고, 김성숙, 김은실, 김현미, 배은경, 안숙영, 유가효, 이로리, 이진이, 조성숙, 최종렬 교수가 토론을 맡았으며, 김신혜, 손겸서, W. B. 옴너스 교수가 한/영 통역을, 최은정, 리춘지 교수가 한/중 통역을 맡았다. 이선호, 이에스더 교수가 문화공연을 기획했다. 학술대회 연구원으로 수고한 계명대 여성학과 박사과정의 김향숙, 이원심, 임현희 씨와 석사과정의 김근아 씨는 학술대회와 답사일정을 완벽하게 준비했다.

출판작업은 한글과 영문으로 각기 출판하기로 함에 따라 쌍방향 번역과 편집을 진행했다. 영문출판의 경우 이신영 교수의 한글원고는 손겸서 교수가 번역을 맡았다. 전문 편집자인 김주옥 씨가 상세하게 모든 영문원고의 교열을 보았다. 교열을 거친 원고는 다시 저자들의 확인을 받았다. 한글출판의 경우 사스키아 사센, 웨이 구어잉, 에미코 오치아이, 웡 웨이칭 안젤라 교수의 영문원고는 순서대로 계명대 박사과정의 임현희, 오애리, 신영희, 정박은자 씨가 번역을 맡았고, 역시 순서대로 조주현, 박선영, 손겸서, 정문영 교수가 번역원고를 수정 · 보완했다. 담 시우미 마리아 교수의 중문원고는 이화여대 박사과정의 이해웅 씨가 번역했다. 편집간사를 맡은 임현희 연구원이 한글원고의 모집과 교신, 그리고 문체, 용어, 각주, 참고문헌의 편집을 통해 책의 형식을 갖출 수 있게 했다. 이 책의 표지 디자인은 계명대 임헌우 교수가 맡았다. 계명대출판부의 최상근 선생이 출판과정을 도왔다. 여성학연구소의 권명진 연구원이 회계와

1 사스키아 사센 교수는 부득이한 사정으로 참석하지 못했고 대신 동영상과 원고를 보내왔다.

우편을 맡았다.

여기에 기록된 분들 외에도 많은 분들이 학술대회와 출판작업에 도움을 주셨다. 일일이 거명하지 못하지만 고마운 마음 가득하다. 돌이켜보면 진행 과정에서 어려움도 많았지만 기쁜 일도 많았다. 막히는 상황마다 동료들의 멋진 대안이 나왔고 연구원들은 분업과 협업을 통해 팀에 활력을 주었다. 이제 우리 손을 떠나는 이 책이 우리가 경험했던 것처럼 독자들에게 현실을 재해석하고 새로운 공간을 창출해 나갈 수 있는 이론적, 정책적 개념을 제공해줄 수 있기를 기대해 본다.

2013년 1월
계명대 여성학연구소 소장
조주현

차례

편집자 서문

조 주현

이 책은 신자유주의 지구화로 야기된 동아시아의 여성과 가족 삶의 변화를 이해하기 위해 기획된 학술대회의 성과물을 편집한 것이다. 이 책의 저자들은 동아시아 지역의 여성과 가족이 지난 수십 년간 겪은 변화의 성격을 지구화와 연관시켜 규명하려고 했다. 동아시아 지역의 여성과 가족들이 겪는 변화의 보편성과 특수성을 규명할 수 있게 된다면, 우리는 동아시아 국가들의 특성에 부합하는 이론적, 정책적 모형을 구체화할 수 있을 것이다.

신자유주의적 지구화는 서구와 아시아가 공통적으로 직면한 문제이긴 하지만 해당 국가의 문화적, 경제적 상황에 따라 주어진 조건이 다르며 그에 대한 대응 방식 역시 많은 차이가 있다. 특히 아시아 국가들의 경우 국가별 역사 문화적 배경, 식민지 경험 유무를 포함하는 근대화 과정, 그리고 현재의 경제발전 수준이 지구화의 영향력에 대한 국가의 대응방식에 영향을 미치며, 여성과 가족 삶의 변화는 이와 같이 지구화에 따른 시장의 변화와 그에 대한 각 국가의 대응 방식의 구조 안에서 전개된다. 하지만 여성과 가족의 변화가 시장기능과 국가정책에 의해서만 결정되는 것은 아니다. 동아시아 국가 여성/가족 삶의 변화는 신자유주의적 위기에 직면한 이들의 생존전략의 결과이기도 하기 때문이다. 그러므로 변화를 정확하게 이해하기 위해서는 지구화에 따른 시장기능과 국가정책의 역할뿐 아니라 개별여성과 가족의 행위성과 그에 따른 젠더배열의 변화에 주목하는 것이 필요하다.

이 책은 크게 2부로 구성된다. 제1부는 신자유주의적 지구화와 젠더관계의 변화에 대한 이론적 모형을 소개하며, 구체적으로 중국과 한국의 사례를 제시한다. 사스키아 사센, 웨이 구어잉, 조주현의 글이 여기에 포함된다. 제2부는 동아시아의 여성/가족 변동의 구체적 현황을 근대화의 축을 중심으로 살펴보며, 중국의 이주와 다문화주의 및 한국의 효 문화의 변화 사례를 제시한다. 에미코 오치아이, 윙 웨이칭 안젤라, 담 시우미 마리아, 이신영의 글이 여기에 포함된다.

제1장 "전 지구적 경제와 젠더화의 전략적 구현들: 생존의 여성화"에서 사스키아 사센은 전 지구적 경제 시스템이 글로벌 도시들을 중심으로 구축되고 있지만 그와 함께 또 다른 전 지구적 회로들이 형성되고 있음을 주장하면서 이것을 '전 지구적 생존의 여성화 회로'라고 명명한다. 지구화와 이주는 지금까지 당연시되었던 영토-국민-국가의 결속을 이완시키는 효과를 가져 온다. 사센에 따르면 이 이완의 전략적인 공간이 글로벌 도시들인데, 글로벌 도시들은 현재 인종과 젠더배열에 따라 재편되고 있다. 즉 금융 · 생산 · 무역 · 통신이 통합되는 전 지구적 경제 시스템이 구축되는 도시 안에 조직적 여성이주, 인신매매, 그리고 송금을 내용으로 하는 또 다른 전 지구적 생존 회로가 공존하는 것이다. 여성은 글로벌 도시와 전 지구적 생존 회로 둘 다에서 핵심적 행위자로 떠오르고 있다.

지구화가 여성에게 어떤 변화를 가져왔는지를 보기 위한 사센의 이론적 모형은 여성이주와 같이 여성의 동선 자체에 초점을 맞추는 것이 아니고, 여성이주와 관련하여 젠더 역동이 일어나는 전략적 영역들을 간파하고 그에 초점을 맞추는 것이다. 사센이 지적하듯이 "이것은 중요하면서도 어려운 분석 과제다." 사센은 여성이주와 접점을 이루면서 젠더 역학관계를 드러내는 전략적 영역이자 행위자들로 이주여성 자신, 여성이주를 통해 생존하는 가족, 여성이주를 통해 소득을 얻는 자영업자와 범죄조직, 그리고 여성이주를 통해 세입을 확보하는 모국 정부에 주목했다. 사센에 따르면 여성, 가족, 자영업자, 범죄조직, 정부는 또 다른 전 지구적 생존회로들을 형성하는 핵심 행위자들이다. 이들은 각기 젠더화를 자신들의 경제적 과정의 전략적 요소로 활용하고 있다. 마지막으로 사센은 이 생존회로들이 경제 지구화의 일부 핵심 프로그램들과 조건에 연결되어 있음을 보여줌으로써 젠더화가 단지 생존회로들의 전략적 요소일 뿐 아니라 일견 무관한 것으로 보이는 전 지구적 경제 시스템과도 관련되어 있음을 밝히고 있다.

제2장에서 웨이 구어잉은 "중국의 발전과 젠더평등 문제"를 다룬다. 중국은 최근 젠더평등에서 괄목할만한 진전을 이루었다. 예컨대 초졸 취업률은 거의 젠더평등에 도달하고 있다. 하지만 중국은 최근 젠더평등에 있어 새로운 문제들에 직면하고 있는데, 전문대와 대졸 취업률의 여성비율 감소, 직업선택, 업무 및 배치에 있어 점차 뚜렷해지는 성별 분업, 그리고 상위 관리직으로의 승진의 어려움 등이 그것이다. 웨이 구어잉은 새롭게 전개되고 있는 중국의 젠더격차에 직면하면서 "젠더평등"에 대한 좀 더 본격적인 논의가 시작돼야 함을 주장한다. 웨이 구어잉은 이를 위해 기회의 평등 대 결과의 평등, 양적 평등 대 질적 평등, 공정 경쟁의 평등 대 사회적 우대의 평등, 그리고 같음의 평등 대 다름의 평등 개념들을 제시하고 있다. 웨이 구어잉은 이 문제들을 해결하기 위한 주체로 국가와 정부의 역할을 강조한다. 국가와 정부가 젠더 차이에 대한 적극적인 인식을 가지고 정확한 관련 정책들을 수립해 나감으로써 이 새로운 모순에 효과적으로 대응해나갈 것을 주장한다.

제3장에서 조주현은 "한국의 신자유주의적 지구화와 여성 주체성의 변화: 실천이론의 관점"을 통해 후기근대 한국사회의 삶을 살아가는 여성들의 주체성의 변화를 파악하려고 한다. 조주현에 따르면 신자유주의 통치성은 경제적 논리를 정치사회적 영역으로 확대하려는 것으로, 신자유주의적 논리는 개인의 자유와 그에 따른 창의성, 효율성, 독립성과 같이 개인이 원하는 것들은 분명하게 드러내지만 그 자유로운 행위의 결과를 예측하거나 공공의 이익을 확보하기는 더욱 어려워진다는 점은 잘 드러내지 않는다. 더구나 후기 근대사회의 권력의 작동방식이 법과 제도 위주가 아니라 개개인의 자유의 신장과 섞이는 방식으로 작동할 때 이 권력의 구성적 속성을 이해하기는 더욱 어렵게 된다.

조주현은 후기 근대사회의 권력의 작동방식이 이렇게 느슨한 방식으로 작동할 때 우리는 그 권력을 고정된 것이 아니고, 개인의 수행을 규정하는 사회적 실천과 그 사회적 실천을 평가하는 각 개인들의 선택이라는 수행들로 작동되는, 늘 변화의 가능성을 내포하고 있는 것으로 이해해야 한다고 주장한다. 따라서 후기근대의 한국사회에서 여성들이 누리는 선택의 자유가 신자유주의적 통치성의 구성적 효과인지 여성주체의 행위성을 드러내 보이는 것인지 쉽게 구분할 수 없을 만큼 여성주체성의 구성성과 행위성이 엮여있을 때, 이들의 행위를 이해하는 방식은 구성성인지 행위성인지를 구분하는 대신 구성성과 행위성의 엮임을 이해하는 방식이 돼야 한다. 조주현은 그 방법으로 구체적인 맥락에서 개개인의 선택과정을 추적하는 미시적인 접근과 함께 브랜덤의 '적극적 자유' 개념을 도입할 것을 제안한다. 또한 실천이론의 정치적 구현이라고 할 수 있는 아고니즘 정치가 실천되어야 함을 주장한다.

동아시아국가는 전통적으로 가부장적 가족체계와 유교적 가치관이 지배적인 지역으로 알려져 왔지만 신자유주의적 지구화의 영향 하에 여성/가족 구조는 급속한 변화를 경험하고 있다. 그러나 그 변화는 신자유주의적 지구화라는 국가 외부적 조건뿐 아니라 국가 내부적 조건들의 영향 하에 각기 개별적 특성을 보이게 된다.

제4장 "21세기 초 동아시아의 가족과 젠더 변화의 논리"에서 에미코 오치아이는 동아시아의 여성/가족 변동은 서구와 다른 고유한 특징이 있으며, 그 변화를 추동하는 힘은 유교문화, 압축적 근대성과 국가의 복지정책 이상 세 가지의 결합임을 밝히고 있다. 오치아이에 따르면 동아시아 여성/가족 변동의 인구학적 특징은 출산율은 세계 최저로 급락하는데 비해 결혼제도는 큰 변화를 보이지 않는 데 있다. 예컨대 일본, 한국, 대만, 싱가폴의 혼외출산율은 1-4%에 불과하며 이것은 서구유럽에서 출생아의 반이 혼외출산인 것과 극명한 대조를 이룬다. 또한 젠더관계에 있어서도 서구는 1차 인구전환기(1880s-1920s)에 근대적 성별노동분업에 따른 주부화가 진행됐고 50년이 지난 후 2차 인구전환기(1970년대 이후)에 여성의 노동시장참여를 뜻하는 탈주부화가 일어났지만, 동

아시아에서는 일반화할 수 없을 정도로 주부화 현상과 탈주부화 현상이 동시에 나타나고 있으며 탈주부화에서 주부화로 역이동하는 경우도 나타난다.

오치아이는 동아시아의 여성/가족 변동 현상의 원인으로 세 가지 가설(유교의 영향, 근대성의 경로, 복지정책)을 검토한다. 먼저 유교의 경우, 유교가 동아시아 여성/가족 변동에 영향을 주지 못했으며 단지 근대화 초기에 근대를 전통화시키는데 이용됐을 뿐이라고 본다. 예컨대 유교의 영향으로 간주되는 '양처현모'(일본), '현처양모'(중국), '현모양처'(한국)는 사실상 19-20세기 유럽의 근대적 성별분업에 따른 현대여성의 역할변화를 지칭하는 수입된 용어인데 1차 대전 이후 '아시아의 전통'을 반영하는 용어로 변모했다. 오치아이는 이것을 동아시아의 '자기-오리엔탈리즘'(self-Orientalism)에 기반한 정체성의 정치로 설명한다. 둘째, 일본을 제외한 동아시아는 압축적 근대성(compressed modernity)의 경로를 보였기 때문에 사회안전망이 확보되지 못했다. 이 경우에 동아시아인들에게 유일한 사회적 자원은 가족이 된다. 동아시아 여성과 가족이 출산율 급감, 결혼지연, 그리고 이혼율 증가에도 불구하고 가족제도가 유지되는 상호모순적인 상황은 가족-관련한 위험을 최소화하려는 경향과 유일한 사회안전망인 가족제도를 고수하려는 경향을 반영하는 것이며 개인주의화와는 무관하다. 셋째, 동아시아의 복지정책은 각국의 정책결정에 따라 차이를 보이긴 하지만 '가족주의 복지정책'(familialist welfare regime)이라는 공통점이 있다. 오치아이는 마지막으로 위 세 가지 요소가 결합하여 동아시아의 여성/가족 현실을 만든다고 결론짓는다.

제5장은 "문화 간 협상하기: 홍콩 중국인가족 안의 무슬림여성 연구"로, 윙 웨이칭 안젤라는 홍콩의 소수자 집단인 중국계 무슬림여성들이 고도로 서구화된 도시인 홍콩에서 어떻게 이슬람의 종교적 열정과 현대여성의 역할을 협상해나갈 수 있었는지를 밝히고 있다. 윙은 5명의 중국계 무슬림여성들과의 심층면접을 통해 여성들이 일상에서 다문화주의를 실천하는 핵심적 역할을 수행하고 있음을 보여준다. 면접 대상인 한 여성은 중국문화의 대가족전통 때문에 가족이 아팠을 때 많은 도움을 받을 수 있었고, 무슬림문화의 종교 때문에 힘든

삶을 지탱하고 살아갈 이유를 찾을 수 있었다고 말한다. 즉 홍콩의 무슬림 공동체에서 다문화주의는 이미 실천되고 있으며 이들에게 중국의 전통과 이슬람의 전통 중 어느 쪽이 더 여성 억압적인지를 질문하는 것은 무의미하다. 중요한 것은 이 여성들이 주어진 조건에 무기력하게 놓여있지 않았으며, 자신들의 종교적 신앙심의 표현인 살라트(하루 5차례 예배), 할랄(돼지고기 금지), 그리고 히잡(여성의 얼굴가리개)과 현대여성의 가치인 일-가족 양립, 부모역할, 이혼권, 그리고 젠더평등을 잘 조합하고 있었다는 것이며, 이 모든 것들을 효와 형제간의 우애 등 중국 가족전통의 맥락에서 실천하고 있었다는 것이다. 웡은 결론적으로 홍콩의 혼종의 역사는 문화적 혼합을 통해 가부장성이 강화되기보다는 어느 한 문화가 주도권을 갖지 못하게 함으로써 여성이 협상할 수 있는 새로운 공간을 창출했음을 주장한다.

제6장은 "젠더, 계급, 민족: 홍콩 거주 네팔이주여성 사례연구와 쟁점"으로, 담 시우미 마리아는 19세부터 72세까지 3세대에 걸친 26명의 네팔이주여성들과의 심층면접을 통해 젠더, 계급, 민족의 상호교차 위에 구성된 이들의 정체성을 탐구하고 있다. 이들은 모두 남편, 혹은 아버지가 홍콩 내 영국군대에 고용병으로 고용된 공통의 가족배경과 노동자계층 배경을 갖고 있다. 1세대 여성들은 부모의 뜻에 따라 중매결혼으로 홍콩에 거주하는 네팔인 고용병과 결혼했다. 이들은 홍콩 내 영국군 기지에서 2년을 보낸 후 태어난 아이들과 함께 네팔로 돌아갔으며, 남편이 퇴역할 때까지 14-16년간을 남편이 부재한 채 네팔에서 생활했다. 이들의 자녀인 2세대 여성들은 홍콩에서 출생했기에 거주권이 있지만 중국어를 할 줄 모르므로 또다시 결혼이주여성의 자격으로 홍콩에 들어오게 된다. 2세대 여성들은 홍콩 교외에 형성된 네팔인 커뮤니티에서 지내며 홍콩사회와 격리된 채 네팔가족의 가부장적 영향 하에 돌봄노동 중심의 주변적 일자리를 가졌다. 3세대 자녀들은 2세대 부모들이 직장일로 이들을 보살필 수 없기 때문에 다시 네팔로 돌아가 생활한다. 홍콩에 머무르는 경우에도 이들은 소수 민족학교에서 영어로 공부하며 중국문화권에 편입되지 않는다. 3세대 여성들은 네팔 문화에도 홍콩의 중국문화에도 속하지 않는 주변적인 위치에 있

다. 그러나 담이 강조하는 것은 이들이 중매결혼과 결혼이주를 강요당한 것은 맞지만 주어진 조건에서 이 여성들이 선택을 한 것으로 해석해야 한다는 것이다. 담은 이 여성들이 보이는 행위성에 주목할 것을 제안하며 그 방법으로 젠더, 계급, 민족의 구조만이 아니라 개별 여성들이 주어진 조건 속에서 생성하는 네트워크를 추적해갈 것을 제안한다.

제7장 "한국 여성노인의 세대 간 사회적 지원 유형"에서 이신영은 고령화사회를 넘어 고령사회로 진입하고 있는 한국의 여성노인 문제를 다루고 있다. 2011년 현재 65세 이상 한국여성노인은 316만명이며 평균수명은 86.7세이고 21.7%가 경제활동을 하고 있다. 이신영은 60세 이상을 대상으로 한 '2008년 노인실태조사'에 기초해 자녀와 동거하지 않는 여성노인들을 대상으로 이들과 비동거 자녀와의 사회적 지원 형태를 조사했다. 분석에 따르면 독거여성노인의 경우 전화연락이나 왕래와 같은 정서적 지원은 어머니와 성인자녀 간에 상호 교환이 이루어지는 경우가 가장 많았지만(67.3%), 청소, 식사와 세탁 같은 도구적 지원이나 간병, 수발과 병원동행과 같은 신체적 지원은 어머니와 자식 간에 상호 교환이 없는 경우가 가장 많았고(각각 48.3%, 43.6%), 자식이 일방적으로 어머니를 지원하는 유형이 그 뒤를 이었다(37.0%, 29.5%). 이신영은 한국사회가 효에 대한 가치관이 변화하고 여성의 사회진출로 노인부양 부담이 증가하고 있는 가운데 가족갈등이 심화되고 있다고 진단한다. 또한 국가의 노인복지정책은 요보호 노인을 대상으로 하는 소극적 정책이 아니라 노인이 사회의 한 축을 담당하는 능동적이며 생산적인 존재라는 인식하에 전체 노인을 대상으로 적극적 정책을 추진할 것을 제안한다.

동아시아 사회는 근대화 과정에 따른 사회변혁과 그 이후의 경제발전의 전개방식에 있어 가장 역동적이면서도 격렬한 경험을 겪은 지역 중 하나이지만, 현재 진행되고 있는 신자유주의적 지구화와 그에 대한 대응도 그 강도나 다양성에 있어 과거에 못지않은 것으로 보인다. 동아시아 여성과 가족의 삶에 대한 이해도 이러한 사회변화 과정이 이들 삶에 미친 영향과 그에 대한 이들의 대응에 대한 정확한 분석에서 출발해야 할 것이다. 이 책의 각 저자들은 글로벌 도시에서의 이주여성과 가족의 삶, 여성노인의 복지정책, 동아시아 사회의 인구학적 변화, 그리고 동아시아 국가 여성의 종속과 주체의 문제에 대한 다양한 분석과 이론적 모델을 제시하여 이러한 목표에 다가서고 있다. 이 연구들이 동아시아 사회 여성/가족의 삶에 대한 더 자세한 연구를 위한 중요한 출발점이 되리라 기대된다.

동아시아 여성과 가족 변동

제1부 지구화와 동아시아의 젠더

제1부 지구화와 동아시아의 젠더

전 지구적 경제와 젠더화의 전략적 구현들: 생존의 여성화[1]

사스키아 사센

경제적 지구화는 여러 가지 형태의 국지화를 포함하지만 대개의 경우 그 국지화는 잘 드러나지 않는다. 이 논문에서 나는 그렇게 잘 드러나지 않는 국지화를 형성하는 일련의 전 지구적 회로들에 초점을 맞추려고 한다. 이 일련의 전 지구적 회로들이란 국경을 넘나드는 회로들을 말하는데, 이 회로 구조를 만드는 데 있어서 여성들의 역할, 특히 외국인 여성이라는 신분조건은 매우 중요하다. 이러한 회로들에는 여성과 어린이들을 성 산업에 투입하는 불법 인신매매, 합법과 불법을 가리지 않고 거래자들 모두에게 더욱더 많은 이윤제공의 원천이 되고 있는 이주노동자의 밀거래, 그리고 더 광범위하게는 모국 정부의 주요한 세입원이 되고 있는 일반적인 이주가 포함된다. 외국인 여성을 고용 혹은

1 이 글은 필자가 다년간 수행했던 "Governance and Accountability in the Global Economy" 프로젝트(이후 *Territory, Authority, Rights*의 제목으로 프린스턴대 출판부에서 2008년 출간)와 *A Sociology of Globalization* (Norton 2007)의 7장과 8장을 중심으로 재구성한 것이다. 또한 2010년에 작성했던 "A Savage Sorting of Winners and Losers: Contemporary Versions of Primitive Accumulation" (*Globalizations* 7(1-2):23-50)의 글도 참조했다.

이용하는 형태는 경제영역 전반에 걸쳐 갈수록 광범위하게 나타나는 현상으로서, 많은 국가에서 불법으로 금지하고 있는 성매매에서부터 간호사처럼 고도로 규제된 직종에 이르기까지 다양하게 펼쳐져 있다. 이러한 과정들을 구체화시키는 핵심 행위자들은 일을 찾아 나선 개개인 자신들, 그리고 무엇보다도 모국 정부와 불법 인신매매업자들 및 중개업체들이다.

이 글의 1절에서 나는 이러한 또 다른 회로들을 전 지구적 경제시스템 내에 위치 지을 수 있도록 개념화하려고 한다. 이러한 개념화는 단지 여성들의 존재를 간파하는 것에서부터 내가 생각하기에 전 지구적 경제에 작동하고 있다고 생각되는 젠더 역학관계를 이해하는 것으로 분석을 이동하는 것을 가능케 할 것이다. 이 글의 2절은 1절에서 이론화한 회로들을 경제 지구화와 연동된 개발도상국의 경험적 조건들, 즉 실업의 증가, 수출시장보다는 내수시장을 지향하는 상당수의 전형적인 중소기업들의 도산, 그리고 대규모이면서 점점 더 늘어나는 국가의 채무 속에 정초시키는 것을 내용으로 한다. 2절의 목적은 이러한 개발도상국의 경험적 조건들과 생존, 이윤 창출, 그리고 정부의 세입 확보를 위한 이들 또 다른 회로들의 성장 사이에 체계적 고리가 존재함을 설정하는 것이다.

이러한 경제들은 자주 "개발도상"으로 불리지만, 경우에 따라서는 악전고투 또는 침체, 더 나아가서는 위축을 의미하기도 한다. 그러나 간결함을 위해 나는 이러한 다양한 상황에 대해 간략히 "개발도상"이라는 약칭을 사용하겠다. 사실상, 최빈국들은 이 글에서 검토하고 있는 또 다른 회로들을 설정하는 데 필요한 최소한의 자원조차도 갖고 있지 못할 가능성이 크다. 이 글의 3절은 이러한 조건들의 결합을, 늘어나는 가계부담에 따른 생존의 여성화, 다양한 불법 인신매매자들의 생존의 여성화, 그리고 정부 세입 증대의 특정한 형태의 여성화로 해석한다.

1. 전 지구적 경제에서 젠더를 이론화하기

현재 진행되고 있는 지구화의 젠더 역학관계를 드러낼 수 있고, 연구할 수 있고, 이론화할 수 있는 전략적 영역들이란 어떤 것인가? 이것은 중요하면서도 어려운 분석 과제다. 초기의 경제적 국제화 단계에서와 마찬가지로, 현재의 전 지구적 경제에 대한 연구경향에서도 젠더 역학관계의 양상과 사실들은 대부분 무시된다. 경제적 국제화의 초기 단계 때는 그동안 결여됐던 젠더 분석을 연구에 도입하는 것 자체가 선구자적 노력이 요구되는 것이었다.[2] 이러한 선구자적 노력의 결과로 나온 연구에 따르면, 수출지향적인 농업의 경우에 전략적 젠더 접점은 자본주의적인 기업(대규모 농장 또는 대규모 상업농기업)과 생존경제(대규모 농장 노동자인 남편, 형제, 아들들의 기본적인 욕구를 책임지는 가구에서 여성들의 일) 사이에 있다는 것을 보여준다. 제조업 생산의 국제화의 경우에 전략적 젠더 접점은 선진국의 성장 분야에 음영 효과를 드리우는 기존에 이미 확립된 주요 산업 내 대부분의 남성 "노동 귀족"의 몰락과, 다른 한편으로, 제3세계의 수출자유공단(off-shoring)의 신구 성장 분야에 존재하는 대부분의 여성 최하층 노동자계급의 형성 사이에 존재한다. 제3세계의 수출자유공단과 그 공단에서 일하는 노동자들(어쨌거나 이들은 성장산업에 고용된 것이다)의 여성화는 이들 여성 노동자들이 실질적인 노동조합의 권위를 가진 역량있는 노동자가 될 수 없도록 해왔으며, 동시에 대부분이 남성들인 기존의 "노동 귀족들"이 더욱 강력해지는 것을 막는 역할도 담당해 왔다. 이 두 가지 양상 모두 고용주에게는 이득이었다.

젠더화가 전략적 요소로서의 역할을 하고 있다는 것을 알 수 있는 이 두 가지의 매우 다른 사례들은 어떻게 경제적 과정에 대한 젠더화된 이해가 "발전"에 대한 전통적 연구에서는 드러나지 않았던 추가적인 양상을 드러내는가에

2 Boserup(1970), Deere(1976)

대한 예시들이 된다.

오늘날의 전 지구적 경제에 있어서는 그러한 전략적 영역들 중에 새로운 정치경제적 권력 조직과 글로벌 도시들의 형성과 연관된 것들을 들 수 있다.[3] 글로벌 도시들은 전 지구적 경제 과정에서 특화된 이자 지불, 금융, 그리고 경영이 이루어지는 핵심 장소들이다. 또한 이 도시들은 수많은 여성들과 이주민들이 현 경제에서 가장 영향력 있고 지배적인 영역들의 일부에 서비스를 제공하는 일을 통해, 특히 회사 및 금융권을 대상으로 고도로 특화된 서비스를 제공하는 일을 통해 도시로의 편입이 이루어지는 곳이기도 하다. 이러한 편입 방식은 여성과 이주노동자들을 보이지 않게 만들고, 그렇게 함으로써 이들이 비록 선두적인 주요 산업 내 노동자가 되었지만, 역사적으로 산업경제에서 그랬던 것처럼 이들이 "노동귀족"이 되거나 현재 그에 상응할만한 존재가 될 가능성은 없게 된다. 이런 의미에서 "여성과 이주민들"은 제3세계의 수출자유공단에서 일하는 노동자들과 구조적 동일물로 출현하게 된다. 더욱이 글로벌 도시의 최상위 전문직과 관리직 노동력에게 요구되는 업무들은 그들이 일상적인 방식의 가사관리 업무와 생활양식을 병행하면서 할 수는 없는 것들이다. 이들의 가구 유형은 "가정주부 없는 전문직 가구"라고 표현할 수 있을 것이다. 즉, 이들 가구는 전체 집안일을 도맡아서 하는 전통적인 가족 구성원(어머니, 아내)이 없는 가구다. 이러한 전문직 가구는 두 사람 모두 업무 요구가 높은 직업을 갖고 있고 두 사람 중 누구도 집에 머물면서 집안일을 할 수 없는 상황인 한 지속되며, 이는 그 커플이 이성 간인지 혹은 동성 간인지는 아무런 관련이 없다. 그 결과 우리는 전 세계의 글로벌 도시들에서 대부분 이주민과 이주여성들로 구성돼 있는 이른바 "하인계급"의 귀환을 목도하고 있다.[4]

그러나 대중매체와 정책집단이 다루고 있는 경제 지구화에 대한 현재의 지

---

3 그와 관련해서는 Sasssen(1998) 1장과 Sassen(2007) 5장을 참조할 것.

4 Parrenas(2001), Ehrenreich and Hochschild(2003), Hirata(2006), Sassen(2001) 9장, Hondagneu-Sotelo(2002)

배적인 설명에 나타나는 중심 이미지들은, 많은 경제 분석의 경우에서와 마찬가지로, 기본적으로 이러한 젠더화된, 착취적인 상황을 생략한다. 경제 지구화에 대한 지배적인 설명들이 강조하는 것은 고도의 이동성(hypermobility), 전 지구적 정보통신, 장소와 공간적 거리의 무화, 그리고 고등교육을 받고 축적된 인적자본을 갖고 있는 노동자들이다. 이러한 설명은 전 지구적 전파를 가능하게 하는 물적 사회기반보다 전 지구적 전파 그 자체의 능력에 특권을 주는 설명이고, 전문가들에서부터 비서들에 이르기까지 정보 생산물들을 생산하는 노동자들보다 정보생산 그 자체에 특권을 주는 설명이며, 전 지구적 정보경제 안에 발생하는 많은 "다른" 직업들에 존재하는 이주문화들을 포함한 다양한 노동문화들보다 새로운 초국적 기업 문화 그 자체에 특권을 주는 설명이다.

이렇게 젠더 역학을 간파한 이상 우리의 관심의 초점은 소위 경제적 지구화와 전 지구적 통제를 구성하는 실천들로 이동해야 한다. 즉, 전 지구적 생산체계와 전 지구적 금융시장의 조직과 경영을 생산하고 지속시킬 책임이 있는 최고 수준의 회사들과 최고 수준의 가족들뿐만 아니라, 그 최고 수준의 회사들과 가족들에 서비스를 제공하는 저임금 직종과 저이윤 활동의 광범위한 인프라로 초점을 이동해야 한다.

실천에 초점을 두게 되면 우리는 장소 및 노동 과정의 범주들을 경제적 지구화의 분석 안으로 들여올 수 있게 되고, 전 지구화의 작동에 포함된 사람들, 노동자들, 공동체들, 그리고 더 구체적으로는 많은 다른 노동문화들을 되찾을 수 있게 된다. 전 지구적 금융과 특화된 서비스의 지배를 받는 도시경제와는 거의 아무런 연관이 없어 보이지만, 사실상 그 전 지구적 경제의 필수적인 부분의 일련의 기능들을 이행하고 있는 기업들, 영역들, 그리고 노동자들을 충분히 표현할 수 있게 된다. 그러나 그들은 급격한 사회적 분화, 낮은 수입, 그리고 종종 성적, 인종적/민족적 분절 상황에서 그런 기능을 수행하고 있다. 글로벌 도시는 이러한 과정들을 검토하기 위한 하나의 전략적 연구 현장으로 간주될 수 있다.

뉴욕시와 같은 대도시의 경우, 금융자본이 지배하는 고급 전문직을 유지하는 매일의 일에 관련된 직업들의 상당 부분을 차지하는 것이 저임금의 육체노동직이며, 이 일들의 대부분을 여성들과 이민자들이 수행하고 있다. 이러한 유형의 직업과 노동자들은 결코 전 지구적 경제의 일부로 기술되지 않지만, 사실상 그러한 직업과 노동자들은 국제금융처럼 고도로 발전된 형태를 포함해서 모든 전 지구적 경제체계의 운영과 시행에 포함되는 직업 인프라의 일부다. 기업 경제의 최상층(기술적인 전문지식, 정밀성, "기술(techne)"을 기획하는 기업의 지휘부)이, 트럭운전수와 다른 산업서비스 노동자들 역시 전 지구적 경제의 필수요소임에도 불구하고, 이들 노동자들보다 훨씬 더 또렷하게 선진적인 경제체계에 필요한 사람으로 부각된다.[5]

우리가 볼 수 있듯이 여기서 작동하고 있는 것은 어떤 유형의 생산물들, 노동자들, 기업들, 영역들은 안정적으로 평가되거나 과대평가되고, 다른 유형의 것들은 과소평가되는 일련의 과정들이다. 우리는 과소평가를 당연한 것으로 받아들일 수는 없다. 과소평가화는 생산된 결과이기 때문이다. 내가 이해한 바로는, 위에서 내가 묘사했던 특정 유형의 노동자들이나 노동문화들을 과소평가 하게 만드는 형식들은 대도시들에 명백히 나타나고 있는 인구학적 변화에 부분적으로 내재해 있다. 대도시에서 중산층은 감소하는 반면, 여성과 이주민들, 그리고 유색인들이 증가하고 있는 현상이 과소평가화 과정의 작동을 용이하게 해왔다. 젠더화의 현실은, 즉 말하자면 여성화된 직업의 평가절하화는, 글로벌 도시들에서 점차 성장하고 있고 대부분의 여성 "하인계급들"이 수행하고 있는 광범위한 직업 유형들의 과소평가화를 가속화시킨다.[6] 이것이 전 지구화

5 다음의 사례는 이것을 잘 설명해준다. 월가의 주식시장이 수년간 거대 성장한 후, 1987년 처음으로 강력한 위기가 발생했을 때, 수많은 언론들이 고소득 전문직들에게 갑작스럽고 광범위하게 발생한 실업사태를 다루었다. 월가의 또 다른 실업위기 집단으로 비서들과 육체노동자들이 있었지만 이들의 실업위기는 관심의 대상이 아니었고 언론에 보도조차 되지 않았다. 하지만 주식시장의 충격은 이들에게 매우 집중된 실업위기를 가져왔다. 예를 들어 대부분이 월가의 청소부로 살아가는 맨하튼 북부지역의 도미니카 출신 이민자 사회에서 실업위기는 매우 강력한 것이었다.

6 고소득 직업과 저소득 직업으로 각각 강력하게 집중된 산업의 급격한 성장은 소비구조에 있어 각기 독특한 형태를 취하게 하였고, 이것은 다시 노동조직과 새롭게 창출되는 직업 유형에 피드백 효과를 가져왔다. 고소득 직업군의 팽창은 새로운 문화형태의 출현과 연동되어 고급주택단지의

를 분석하는데 있어서 중요한 이유는 이러한 대도시들이 전 지구화 과정을 구현하고 새로운 형태의 글로벌 기업 자본을 정착시키는 전략적 장소들이기 때문이다.[7]

이 글이 주제로 삼고 있는 또 다른 전 지구적 회로들(alternative global circuits)은 전 지구적 경제에 나타나는 젠더화의 또 하나의 예시일 뿐이다. 그러나 그 회로들은 글로벌 도시 내부에 있는 영향력 있는 위치를 차지하고 있는 전문직 종사자들의 회로이기 보다는, 사회적 약자(경제, 사회, 문화, 그리고 국가간 체계에서)의 위치를 차지하고 있는 사람들의 회로들이다. 이러한 사회적 약자의 위치에는 성 산업을 위해 여성과 어린이를 매매하는 것과 같은 불법적인 활동이 포함될 수도 있지만, 많은 빈곤국의 정부들이 저임금의 해외 이민자들이 고국에 보내오는 송금에 갈수록 의존하는 것처럼, 완전히 합법적인 활동이 포함될 수도 있다. 나아가, 글로벌 도시 모델은 (지금까지의) 전 지구화에 대한 분석 방식을 탈중심화시키고 있는데 이것은 두 가지 측면에 근거한다. 한 가지 측면은 글로벌 도시 내부에 있는 사회적 약자 위치들(노동자들, 도심의 주민들, 기업들)의 존재이다. 다른 한 측면은 그러한 사회적 약자 위치들이 사실상 지배적인 영역 및 역학과 연관되어 있다는 사실을 보이지 않게 할 가능성이다. 이들의 존재가 보이지 않게 되는 것은 사회적 약자 위치들이 (계급적으로가 아니고) 인구학적으로 표시되기 때문이다. 즉, 이들은 (노동자가 아니고) 이민자와 소수자 여성들이다. 이 글은 전 지구화에 대한 분석 방식을 탈중심화시키고 있는데 그것은 대체로 우리가 서로 무관하다고 생각하고 있는 현장들을 연결시키는 또 다른 전 지구적 회로의 존재에 근거한다.

이러한 대안적인 회로들은 지구화의 대항-지리학을 구성하는 것으로 해석

출현을 가져왔는데, 이 고급주택단지가 지속되기 위해서는 방대한 숫자의 저임금노동자들이 있어야 한다. 이것이 오랜 기간 사라졌던 "하인계급"이라는 개념을 고소득 가정에 재도입 하였다. 백인 중산층 전문직 여성을 섬기는 이주여성이 백인 주인을 섬기는 흑인 하녀라는 전통적인 이미지를 대체하고 있는 것이다.

7 Sassen(2001)

될 수 있다. 이 회로들은 지구화를 구성하는 주요 동력들의 일부와 매우 깊게 관련돼 있다. 글로벌 시장의 형성, 초국가적이며 초지역적인 네트워크의 심화, 그리고 통신기술들의 발달은 쉽게 전통적인 감시의 실천들을 피해갈 수 있게 한다. 글로벌 회로들의 강화와, 그 중 몇몇 경우는 새로운 글로벌 회로들의 형성은 전 지구적 경제 체계와 그와 연동된 국가 간 자금순환과 시장을 위한 다양한 제도적 지원들의 존재에 내재되어 있거나 그 존재에 의해 가능하게 된다. 이것이 자유무역협정의 확산과 전반적인 WTO 구조 중에서 가장 공식화된 형태를 보이는 조건을 이룬다.[8] 이 내재되어있음을 설정하는 것이 지구화에 관한 나의 연구에서 중요한 요소이어 왔다. 즉, 일단 지구화를 위한 제도적 기반시설이 있게 되면, 기본적으로 일국 수준에서 작동해온 과정들은 그 과정의 작동을 위해 그렇게 확대할 필요가 없는 때조차 전 지구적 수준으로까지 확대될 수 있다는 것이다. 이것은 그들의 특징들 자체가 전 지구적인, 예를 들어 전 지구적 자본시장 형성의 근간을 이루는 금융기관들 간의 네트워크와 같은 과정들과 대조를 이룰 것이다.

기존의 지구화 기반시설에 의해 가능해진 것 외에, 이러한 또 다른 전 지구적 회로들은 아마도 지구화의 일부를 구성하는 체계적인 산물일지 모른다. 여기서 흥미로운 것은 WTO와 주요 지역의 자유무역협정에는 금융, 통신, 그리고 다양하고 폭넓은 고도로 특화된 서비스직에서 일하고 있는 특화된 전문직 종사자들의 국경을 넘는 이동에 관한 구체적인 규정이 포함되어 있다는 사실이다. 북미자유무역협정은 (이러한 전문직 종사자들에 관한) 규정은 포함하고 있지만 국경을 넘는 노동자들의 흐름에 대해서는 분명히 명시하지 않는 조항에 합의했다. 이러한 규정들은 국제무역과 투자 자유화에 있어서 절대 필요한 부분인 고도의 서비스직 종사자들의 순환을 위한 특별 제도라고 할 수 있다. 이러한 규정들은 특권층의, 대개가 남성들인 노동력에 관한 것이며, 이 노

8 나는 이 문제에 대해 국제적 노동이민 사례에서 논한 바 있다. Sassen(1998) 2장, 3장, 4장, Sassen(2007) 5장, 6장.

동력의 범주에 속하는 여성들 중에 많은 수가 남성적 주체의 역할을 할 가능성이 있다. 그에 반해서, 또 다른 회로들은 갈수록 여성화되고 혹사당하는 노동력에 관한 것이다. 하지만 이들 대안적인 회로들 중의 일부 역시 점점 더 전 지구적 경제에 필요한 요소가 될지 모른다. 그 모든 것들은 빈곤 여성들의 등을 타고 작용하는 전략들을 포함하고 있다. 즉, 생존과 이윤창출의 새로운 유형들의 탐색과, 정부들의 경우 새로운 세입 확보 방식에 대한 탐색이 그것이다. 여기서 우리는 젠더화 역학의 요소들을 볼 수 있다.

글로벌 도시를 분석하는 것과 함께, 젠더 역학을 이해하는 것은 이러한 또 다른 전 지구적 회로들 안에 놓여있는 여성들의 존재를 (단순히) 간파하는 것보다 더 어려운 작업이다. 생존과 이윤창출을 위한 그러한 새로운 회로들이 있다는 증거는 아직 불완전하고 부분적일 뿐이지만, 이러한 회로들이 확장되고 있으며 예전에는 대부분 남성들이 차지했던 일자리까지 포함하여 대개의 경우 여성들이 대다수를 차지하고 있다는 것에 대해 전문가들 사이에 점점 더 의견이 일치하고 있다. 이 회로들은 오랫동안 다양한 방식들로 존재해왔던 생존과 이윤창출의 전략들이다. 오늘날 차이점은 그 전략들의 급속한 성장과 급속한 세계화이다. 젠더화의 사실은 이윤 창출이나 노동 이주를 통한 정부 세입의 증대라는 좀 더 일반적인 상황에서보다는 성 산업을 위한 인신매매의 경우에 더 쉽게 확인된다. 내 분석에 따르면 여기서 그 매개 고리는, 한편으로 남성고용 및 주로 남성임금고용 기반경제에 기초했던 정부 세입이 지구화의 부정적 영향 아래 놓이게 되는 것과, 다른 한편으로 지구화가 여성들에게 가구 생존을 확보하고 이윤창출 및 정부 세입의 대안적 방식을 제공하도록 점점 더 압박을 가하는 것 사이의 체계적인 연결 장치에서 발견된다. 이들 또 다른 회로들은 그것이 일어나는 지역의 특색에 따라 역동적이고 변화하는 모습을 보인다. 또 다른 회로들은 어느 정도는 지하경제의 일부이긴 하지만, 표준 경제의 제도적 기반시설도 일부 이용하는 것이 분명하다.

2. 신자유주의와 개발도상국들: 젠더화된 결과들

경제적 지구화와 연동된 몇몇 주요 동력들은 개발도상국들의 경제에 중대한 영향을 끼쳤다. 개발도상국들은 한 보따리의 새로운 정책들을 시행해야 했고, 지구화와 관련된 새로운 조건들을 수용해야 했다. 즉 구조조정프로그램, 자유무역협정(FTA)이나 세계무역기구(WTO)의 규정에 따라 외국기업에 경제문호 개방하기, 다양한 국가보조금들의 폐지, 그리고 거의 필연적인 것으로 보이는, 금융위기와 국제통화기금(IMF)이 제시한 계획에 따른 해결이라는 일반적 유형들이 그것이다. 관련된 대부분의 국가들에서, 그것이 멕시코든 한국이든 간에, 이러한 조건들로 인해 특정 부문의 경제와 인구가 엄청난 대가를 치러야 했고, 근본적으로 정부의 부채를 줄이지 못했다는 사실은 현재 분명하다.

이 국가들이 치룬 대가 중 두드러진 것으로는 실업의 증가, 주로 전통 부문에 속해 있는 지역 및 국내시장용의 수많은 내수기업들의 도산, 지역 및 국내시장용 농산물과 먹거리를 점점 대체해가고 있는 수출용 환금작물의 판매촉진, 그리고 마침내 이들 대부분의 개발도상국들에 지속되고 있는 엄청난 국가채무의 짐이 있다.

채무와 채무변제 문제는 1980년대 이래 세계 개발도상국들의 전반적인 특징이 되어 왔다. 대체로 1980년대에 심각한 부채를 지게 된 대부분의 나라들은 채무 문제를 해결하지 못했다. 또한 우리는 1990년대 이후 새롭게 심각한 채무를 지게 된 완전히 새로운 일련의 나라들을 목도했다. 이 20년에 걸쳐 국제통화기금(IMF)과 세계은행(WB)은 각각 자신들의 구조조정프로그램과 구조조정차관을 가지고 많은 혁신안들을 추진시켰다. 구조조정차관은 특정 프로젝트에 대한 재정지원이라기 보다 경제정책 개혁과 관련된 것이었다. 이러한 프로그램들의 목적은 해당 국가들을 더욱 "경쟁력 있게" 만드는 것인데, 이 말은 일반적으로 다양한 사회적 프로그램들을 대폭 삭감한다는 것을 의미한다.

구조조정프로그램들은 그 프로그램들이 장기 성장과 건전한 정부 정책의 확보를 약속하는 방법이라는 이유로 세계은행과 IMF의 새로운 규범이 되었다.

그러나 이들 국가들은 모두 여전히 심각한 부채상태에 놓여있고, 그 가운데 41개국은 현재 고부채 최빈국으로 간주된다.[9] 더구나 이러한 부채의 실제 구조는, 즉 이자지불과 부채가 이들 채무국들의 경제에 들어맞는 방식은, 이 국가들 대부분이 현재 상태로는 빚을 완전히 갚을 수 없을 것이라는 점을 시사한다.[10] 구조조정프로그램들은 실업과 국내 시장을 지향하는 많은 소규모 기업들의 도산을 가중시킨 경제개혁을 요구함으로써 부채를 훨씬 더 확고부동하게 만든 것처럼 보인다.

고부채 최빈국 가운데 많은 국가들에서 GNP 대비 외채상환비율이 유지 가능한 한계를 넘으며, 많은 국가의 외채상환비율은 1980년대 남아메리카 부채위기 당시 감당할 수 없는 수준이라고 생각됐던 것보다 훨씬 더 심각하다. GNP 대비 부채율은 아프리카에서 특히 높은데, 남아메리카 42%, 아시아 28%에 비해 아프리카는 123%를 나타냈다.[11] 이 국가들 중 많은 나라가 정부 수익의 50% 이상 또는 수출이익의 20~25%를 채무원리금 상환에 지불한다. 41개 고부채국 가운데 33개국은 개발 원조 1달러 당 3달러의 채무원리금 상환 비용을 북반구에 지불했다. 2003년 현재, 수출액 점유율만으로 본 (전체적인 정부 세입 사용이 아니라) 채무원리금 상환은 극히 높은 수준인 잠비아(29.6%)와 모리나티(27.7%)부터 1990년대와 비교해볼 때 상당히 낮은 수준인 우간다(1995년 19.8%에서 2003년 7.1%까지 감소)와 모잠비크(1995년 34.5%에서 2003년 6.9%로 감소)에 이르기까지 다양하다.[12] 이 부채 부담은 불가피하게 국가의 지출 구성에 큰 영향을 미친다.

---

9 UNDP(2005, 1999), 세계은행(2005), Pyle and Ward(2003)

10 부채는 몇 년에 걸쳐 변화가 있지만 기본적으로 전체 채권 중에 다국적 기구(국제통화기금, 세계은행, 지역의 개발은행들)가 45%, 당사국 기관(개별 국가들과 Paris group)이 45%, 사설 상업기관이 10%의 채권을 갖는다. UNDP(2006, 1999), Ambrogi(1999), Sassen(2001)과 Sassen(2008)의 4장의 표를 보라.

11 Ambrogi(1999)

12 UNDP(2005), World Bank(2005) 참조

이 논문을 관통하는 하나의 의문은, 한편으로 전 지구적 이주와 인신매매의 다양한 회로들 안에 개발도상국 출신의 여성들이 점차 증가하는 것과, 다른 한편으로 개발도상국들에서 실업과 부채가 증가하는 것 사이에 체계적인 관련성이 있는가 하는 것이다. 이 두 가지 주요 과정 각각에 대해서는 많은 자료들이 있지만, 반드시 이들 사이의 관련성을 제시하거나 전개하는 방식으로 제기되고 있지는 않다.[13]

대안적인, 그리고 점차 여성화된 생존회로들은 고실업, 빈곤, 수많은 기업들의 도산, 그리고 사회적 필요를 충족시키지 못할 정도의 정부 국고 감소라는, 내가 보기에 체계적인 조건의 맥락에서 출현하며 그 조건들과 함께 또렷해지는 것으로 볼 수 있다. 그러나 이러한 대안적 생존회로들의 형성은 특정한 조건들, 예를 들면 앞 절에서 기술했던 국경을 넘는 순환을 가능하게 하는 인프라가 존재하는가와 민족적 네트워크를 포함해서 특정 국가들 간의 훨씬 구체적인 연결망들이 존재하는가에 달려있다. 또한 이러한 회로들의 형성은 실업을 활성화하고, 이윤추구와 세입확보의 선택지들을 축소하며, 대안을 찾도록 강요하는 다른 조건들에 의해 조정된다. 그 다른 조건들에는 좀 더 오랜 전통의 인신매매와 조직범죄의 존재, 해외인력 송출용 특별 프로그램을 개발하려는 정부의 계획, 그리고 여성들을 폄하하는 가부장적 가족들이 포함된다.

3. 생존의 여성화

개발도상국들의 실업과 부채가 증가하는 것과 이 논문의 1절에서 논의했듯이 대안적인 전지구적 회로들에 개발도상국 출신 여성들이 점점 더 늘어나고

13 Ward(1991), Pyle and Ward(2003), Cagatay and Ozler(1995), Alarcon-Gonzalez and McKinley(1999), Ehrenreich and Hochschild(2003), CIA(2000), IOM(2006), Buechler(2007), Krisch(2006), Datz(2007)

있는 것 사이에 체계적 연결고리가 있는가? 실질적인 용어로 이 문제를 분명히 보여줄 수 있는 한 가지 방법은, 이들 여러 나라들에서 남성고용의 기회가 감소하고, 광범위한 경제 분야에서 외국 기업을 점점 많이 받아들이고 또 수출산업을 발전시키도록 압력을 받음에 따라 좀 더 전통적인 형태의 이윤창출 기회가 감소하고, 그리고 일부 이 같은 조건들과 채무변제의 부담 때문에 이들 여러 나라들에서 정부 세입이 감소하는 것, 이 모두가 생계를 꾸리고, 이윤을 남기며, 정부세입을 확보할 수 있는 대안적인 방법들을 중요한 것으로 만드는데 기여했음을 보여주는 것이다.

여성과 부채에 대한 선행연구들은 1980년대의 국가채무의 증가와 관련된 몇몇 개발도상국들의 1세대 구조조정프로그램의 실행에 초점을 맞추고 있으며, 이 구조조정프로그램들이 여성들에게 불균형한 부담을 지웠음을 기록하고 있다.[14] 그리고 현재는 좀 더 직접적으로 1990년대의 전 지구적 경제의 실행과 연동된 2세대 구조조정프로그램에 대한 새로운 연구들이 있다.[15]

여성과 어린이를 대상으로 하는 정부 프로그램들은, 특히 교육과 의료서비스의 경우, 더 나은 미래를 보장하기 위해 필수적인 투자임에도 불구하고 해로운 영향을 받는다.[16] 게다가 실업의 증가는 전형적으로 긴축조치와 정부의 부채를 해결하기 위해 국제기구들이 실행하는 조정프로그램들과 관련 있는데, 이 또한 여성들에게 불리한 효과를 가져왔다.[17] 실업은, 여성들 자신의 실업뿐 아니라 그들의 가족 내 남성들의 실업도 여성들에게 가족의 생존을 보장할 수 있는 방법

---

14 이 문제는 현재 여러 언어권에서 거대한 문헌을 형성하고 있다. 또한 다양한 활동가들과 지원단체들이 발행한 한정판의 수많은 문건들도 이 문제를 다루고 있다. 이 문제의 개괄적 이해로는 Ward(1999), Kothari(2006), Bose and Acosta-Belen(1995), Beneria and Feldman(1992), Bradshaw et al.(1993), Tinker(1990), Moser(1989)을 참조.

15 사례는 Khotare(2006), Lucas(2005), Chant & Kraske(2002), Parrenas(2001), Ehrenreich and Hochschild(2003), Cagatay and Ozler(1995), Salzinger(2003), Zlolniski(2006)을 참조.

16 Alacon-Gonzalez and McKinley(1999), Buchmann(1996)

17 Chossudovsky(1997), Standing(1999), Rahman(1999), Elson(1995). 이 데이터에 대한 개괄은 UNDP(2005), World Bank(2005a), Sassen(2001), Sassen(2008) 표 4.5를 참조.

들을 찾도록 하는 더 강한 압력으로 작용했다. 자급용 먹거리의 생산, 비공식 노동, 이주, 그리고 성매매는 모두 생존을 위한 여성들의 선택지로 확대되었다.

과중한 정부 부채와 높은 실업은 생존을 위한 대안을 찾아 나서도록 하였고, 정규 경제의 기회 감소는 기업과 조직들이 더욱 더 극심하게 불법적인 이윤창출 방법을 사용하게 만들었다. 이 점에서 심각한 부채부담은 생존, 이윤창출, 그리고 정부 세입 확보를 위한 또 다른 전 지구적 회로들의 형성에 중요한 역할을 한다. 경제 지구화는 일정 정도 이 부채를 구성하는 특정 요소들의 급속한 증가를 가져왔고 국경을 넘는 흐름들과 글로벌 시장의 제도적인 사회기반시설의 설치를 가져오게 했다. 우리는 경제 지구화가 이 또 다른 회로들이 전 지구적 차원에서 작동할 수 있도록 촉진했음을 알게 된다.

성매매와 노동 이주가 생존의 방식으로 중요하게 부상하고 있고, 여성과 어린이들을 성산업에 그리고 노동자들을 다른 산업에 불법 인신매매하는 것이 이윤창출의 방식으로 중요하게 부상하고 있으며, 국가가 조직적으로 수출하는 노동자들뿐 아니라 이민자들이 보내는 송금이 이들 일부 정부들의 세입 원천으로 점점 더 중요하게 부상하고 있다.[18] 여성들은 단연코 성매매와 성산업 내의 인신매매를 구성하는 주요 집단이며, 이주노동 영역에서도 주요 집단으로 부상하고 있다.

성 산업으로의 여성 인신매매는 이 사업의 운영자들에게 매우 높은 수익을 보장해주는 사업이다.[19] UN은 1998년에 4백만 명이 밀매매 됐으며, 이로 인해

18 세계은행(2006)은 전 세계적으로 송금액을 미화 2천300억 달러로 추정한다. 이는 1998년의 700억 달러에서 오른 금액이다. 이 총액 중 1천680억 달러가 개발도상국으로 유입됐는데 이는 2001년에 비해 73%가 증가된 금액이다. 세계은행은 또한 2003년 현재 남아메리카와 전체 카리브해 공동시장에 유입된 송금액이 이 지역에의 외국 직접투자와 순수 공적개발 원조를 모두 합친 흐름을 넘어섰다는 것을 발견했다. Orozco 외(2005)를 볼 것.

19 인신매매는 사람을 강제 동원하여 일 또는 서비스를 목적으로 다양한 형태로 국내 또는 국가 간 운송을 하는 것인데, 이 모든 과정에 강제가 수반된다. 인신매매는 인간의 분명한 몇 가지 권리 유형들인 인권, 시민권, 정치권을 침해하는 것이다. 인신매매는 성 시장, 노동시장, 불법 이주와 관련된다. 인신매매 문제를 처리하기 위해 많은 입법 작업이 시행돼 왔고, 거기에는 국제 조약과 헌장들, UN 결의안, 다양한 조직들과 위원회들이 있다. NGO들 또한 더욱 더 중요한 역할

범죄 조직이 70억 달러의 이익을 남긴 것으로 추정한다.[20] ILO는 범죄 연합조직이 2003년에 280억 달러 이상을 벌어들인 것으로 추정한다. 인신매매 문제를 해결하기 위해 노력하는 다양한 기구들은 최근 몇 년 동안 두 군데 주요 인신매매 지역인 아시아와 구소련에서 수백만 명의 여성들과 소녀들이 지역 안에서 혹은 지역을 넘어 인신매매 당한 것으로 추정한다. 이 두 지역에서 인신매매가 늘고 있는 것은 여성들 스스로 빈곤에 맞닥뜨렸거나 그녀들의 가족과 부모들의 빈곤 때문에 매매업자들에게 팔리는 것과 연결된 것일 수 있다.

이민자 인신매매 또한 수익성 사업이다. 일련의 UN보고서에 따르면, 1990년대에 범죄조직들은 이민자 인신매매를 통해 매년 추정치로 35억 달러의 이익을 챙겼다.[21] 이민자 인신매매에 조직범죄가 끼어들기 시작한 것은 최근의 일이다. 1980년대까지 이민자 인신매매는 대부분 세계의 하찮은 범죄자들이 하는 일이었다. 보고서는 또한 조직범죄 집단들이 몇몇 국가들에 걸쳐있는 공동-민족 네트워크들을 가동하여 대륙간 전략적 동맹들을 창출했으며, 이 동맹들이 수송, 지역 접촉과 유통, 위조 공문서 제조, 등등을 용이하게 하고 있다는 것을 보여준다. '글로벌생존네트워크'(The Global Survival Network)는 불법 교역의 실태를 파악하기 위해 유령회사를 설립한 후 2년간 조사를 실시하였으며 그 결과 이러한 실천들에 대한 보고서를 제출하였다.[22] 이 공동-민족 네트워크들은 인신매매된 여성들을 조직적으로 유통하는데 있어서, 단지 송출국에서 유입국으

을 하고 있다. 예를 들어, '여성인신매매반대연합'(CATW)은 호주, 방글라데시, 유럽, 남아메리카, 북아메리카, 아프리카, 아시아태평양지역에 센터와 대표자들을 두고 있다. '국제인권법모임'(IHRLG)의 여권옹호프로그램은 전 지구적 인신매매를 방지하기 위해 인신매매반대계획을 수립했다.

20 일반적인 정보를 얻으려면 '여성인신매매반대재단'(STV)과 '여성인신매매반대지구연맹'(GAATW)을 볼 것. 인신매매에 관해 정기적으로 업데이트 되는 자료를 원하면 다음 사이트 참조할 것. http://www.hrlawgroup.org/site/programs/traffic.html. 또한 Altink(1999), Kempadoo and Doezema(1998), Lin and Marjan(1997), Lim(1998)를 볼 것.

21 IOM, 여러 해에 걸쳐 발행된 보고서들

22 Global Survival Network(1997).

로의 유통뿐만 아니라 제3세계 국가들 사이의 유통도 수월하게 만든다. 인신매매업자들은 태국 여성들을 일본과 미국으로 인신매매할 수도 있지만, 버마, 라오스, 베트남, 중국 여성들을 태국으로 인신매매할 수도 있다.[23]

이민정책 및 집행의 어떤 특징들은 인신매매의 희생자인 여성들을 더욱 더 취약하게 만들고 그녀들이 법률에 호소할 기회를 거의 주지 않게 하는 원인이 될 수 있다. 만약 여성들이 밀입국자의 신분이라면, 그럴 가능성이 큰데, 그녀들은 학대의 희생자가 아니라 입국법, 거주법, 노동법을 위반한 범법자로 다뤄지게 된다.[24] 국경지역의 입국통제를 더욱 강력히 함으로써 미등록 이주와 인신매매에 대응하려는 시도는 여성들이 국경을 넘기 위해 인신매매업자들을 이용하게 될 가능성을 높일 수 있으며, 이들 매매업자들 중 일부는 성 산업과 관련된 범죄조직에 속한 것으로 판명될 수 있다.

일부 여성들은 자신들이 성매매를 위해 매매된다는 것을 알고 있지만, 많은 경우 여성들은 자신들의 채용조건과 학대 및 구속 정도를 유입국에 도착한 뒤에야 깨닫게 된다. 감금 상황은 종종 극단적인 노예상태에 가깝고, 학대 상황 역시, 강간과 다른 형태의 성폭력, 그리고 육체적 학대를 포함하여, 그러하다. 이 여성들은 극단적으로 적은 보수를 받으며, 임금은 자주 보류된다. 이 여성들은 AIDS로부터 자신을 보호할 수단을 사용하는 것을 금지당하며, 대개는 의료적 치료를 받을 권리가 없다. 만약 이 여성들이 경찰에 도움을 청한다면 이들은 이민법을 어긴 불법체류자이기 때문에 임시수용소에 억류될지 모른다. 만

23 특정 국경에서 이루어지는 인신매매의 움직임들에 대한 다양한 보고서들이 있다. 말레이반도 지역의 브로커들은 말레이 여성들을 호주의 성매매에 팔아넘긴다. 알바니아와 코소보 출신의 동유럽 여성들은 갱단들에 의해 런던의 성매매에 인신매매됐다(Hamzic & Sheehan 1999). 파리와 다른 도시에서 온 유럽의 십대들은 아랍과 아프리카 고객들에게 팔렸다(Shannon 1999). 미국에서는 경찰이 중국, 태국, 한국, 말레이시아, 베트남으로부터 여성을 수입하는 국제적 아시아연결망을 부서뜨렸다(Booth 1999). 그 여성들의 몸값은 미화 3만불에서 4만불 사이로 체결됐는데 이 액수는 그녀들이 성산업 또는 의복업에서 노동을 통해 갚아야 할 금액이었다. 성산업에 투입된 여성들은 고객들에게 지속적으로 다양성을 제공하기 위해 미국 내 여러 주를 돌며 이리저리 옮겨졌다.

24 대략 Castles and Miller(1998), Mahler(1995), Castro(1999)를 보라.

약 이 여성들이 위조 공문서를 소지하고 있었다면 이들은 형사고발에 직면하게 될지 모른다.[25]

관광산업이 지난 10년간 급속히 성장했고, 도시들, 지역들, 그리고 국가들 전체의 주요 발전전략으로 인정받게 됨에 따라, 관광산업과 함께 동반성장한 엔터테인먼트 산업 역시 핵심 발전전략으로 인정받게 되었다.[26] 많은 지역에서 성 산업은 엔터테인먼트산업의 일부로 간주되며 그에 부응해서 성장했다. 지역은 높은 실업과 빈곤에 시달리고, 정부는 세입과 외화보유고가 절실히 필요해지는 어떤 시점에 성 산업은 그 자체가 발전 전략이 될 수 있음이 분명해진다. 지역의 제조업과 농업이 더 이상 고용, 이윤, 그리고 국가 세입의 원천이 될 수 없을 때, 한때는 소득, 이윤, 그리고 세입의 미미한 원천이었을 뿐이던 것이 훨씬 더 중요한 자원으로 발전한다. 이러한 영역들이 발전에 더욱 더 중요한 영역이 되면서 많은 파생상품들이 만들어진다. 이를테면 국제통화기금(IMF)과 세계은행(WB)은 관광산업이 발전 교착상태에 빠진 많은 가난한 국가들의 해결책이 될 수 있다고 보고 관광산업 개발융자를 제공하는데, 그 돈은 엔터테인먼트 산업을 확장시키는 폭넓은 제도적 장치들의 발달과 함께 간접적으로 성 산업의 발달을 가져오는 데 기여할 수 있다. 발전전략에 있어 이러한 파생산업은 여성의 인신매매가 급격한 증가를 보일 것임을 암시한다.

성 산업에 조직범죄가 등장하고, 국경을 넘는 민족네트워크가 형성되며, 관광산업의 수많은 측면들이 점점 초국가화되고 있는 것은 앞으로 전 지구적 성 산업이 더욱 발달하리라는 것을 시사한다. 이것은 더욱 더 "시장들" 안으로 들어오려는 더 강력한 시도들과 성 산업 전반의 팽창을 의미할 수 있다. 이것은 특히 취업 선택지가 거의 없는 여성들의 수가 점차 증가하는 상황에서 특히 우

25 '노예와인신매매폐지를위한연합'(CAST)이 제시한 자료 표에는 아시아의 성노동자에 관한 한 조사내용이 실려 있는데, 이에 따르면 이 여성들은 성매매에 팔리기 전에 대체로 먼저 강간을 당했으며 이들 중 삼분의 일은 속아서 성매매에 팔렸다.

26 Judd and Fainstein(1999).

려할만한 가능성이다. 그리고 취업 선택지가 거의 없는 여성들의 증가는 고도의 실업과 빈곤, 좀 더 전통적인 경제영역에 내재해있던 노동기회의 축소, 그리고 복지서비스를 제공하고 가난한 사람들을 지원하는 일을 할 수 없게 만드는 정부의 부채부담의 증가를 고려해볼 때 예측할 수 있는 일이다.

성 산업 내부의 여성들은 -어떤 종류의 경제에서는- 엔터테인먼트 산업의 팽창과, 관광산업을 통해 정부 세입의 원천을 마련하려는 국가의 개발 전략을 떠받히는 결정적 고리가 된다. 이러한 파생상품은 구조적인 것이며, 음모를 통해 작동하는 것이 아니다. 한 경제에 그러한 파생상품들이 미치는 영향은 노동자, 기업과 정부가 각기 생계수단, 이윤과 세입을 확보할 수 있는 다른 자원들이 전무하거나 제한된 상태일 때 극대화될 것이다.

여성들은, 그리고 일반적으로 이주민들은, 송금이라는 또 다른 경로를 통해 거대 수준의 발전전략으로 진입한다. 송금은 많은 나라들에서 정부 외화보유액의 주요 원천에 해당한다. 송금액의 흐름은 다양한 금융시장들의 거대한 일일 자본 흐름과 비교할 때 작아보일지 모르지만, 개발 경제나 침체된 경제에서는 그 미미한 송금액이 대개는 매우 중요하다. 세계은행의 2006년 추정치에 따르면 이민자들이 본국에 보낸 전 지구적 송금액은 2천300억 달러인데, 이는 1998년 700억 달러에서 상승한 것으로, 그 송금액을 자본의 전 지구적 흐름과 비교하기보다 특정 관련국들의 GDP와 외환보유액과 연결시킬 때 그 중요성을 충분히 인식하게 된다. 예를 들면, 여러 국가들의 엔터테인먼트 산업에 여성들과 이주민들 일반을 공급하는 핵심 송출국인 필리핀의 경우, 이들이 보내는 송금액은 최근 수년 동안 필리핀 외환보유고에서 세 번째로 많은 자원을 차지했다. 방글라데시는, 중동, 일본, 그리고 몇몇 유럽국가들에 상당수의 자국 노동자들을 공급하는 또 다른 나라인데, 이들이 보내는 송금액이 전체 외환보유고의 약 1/3에 상당한다.

노동자 송출과 해외 송금은 고실업과 외채에 대처하는 정부의 수단이 된다. 정부는 두 가지 방식으로 이러한 전략을 통해 이익을 확보했다. 하나는 매우 공식화된 방식이고, 다른 하나는 단순히 이주과정 자체의 부산물인 방식이다. 필리핀 정부는 실업을 관리하고 그들이 보내오는 송금액을 통해 필요한 외화보유고를 확보하는 방식으로 자국민의 송출을 공식화했다. 자국민 송출의 공식화는 '필리핀 해외송출 관리국'(POEA)을 통해 필리핀 여성들을 미국, 중동과 일본으로 이주시키는데 중요한 역할을 했다.[27] 1982년에 설립된 '필리핀 해외송출 관리국'(POEA)은 간호사와 가정부에 대한 수요가 많은 세계의 여러 지역들로 이들을 송출하는 업무를 관장했다. 필리핀 해외 노동자들은 지난 수년 동안 연평균 거의 10억 달러를 본국으로 보냈다. 미국은 간호사들의 수가 급격히 감소하자 1989년에 간호이민지원법(Immigration Nursing Relief Act of 1989)을 통과시켰고 그 법령에 따라 외국에서 간호사들을 들여올 수 있었다.[28] 간호사들은 수년간의 훈련을 요구하지만 상당한 저임금과 함께 특권이나 사회적 인정을 거의 받지 못하는 직업에서 일하고 있다.

약 200개의 우편주문신부회사들이 매년 미국에 2천에서 5천 건의 결혼을 주선한다. 필리핀과 러시아는 현재 미국에 계약 신부를 보내는 주요 송출국들이다. 필리핀 정부는 또한 우편주문신부회사들이 계약상의 협정만으로 외국남자와 결혼시키기 위해 젊은 필리핀 여성들을 모집하는 것을 허용하는 규정을 통과시켰다. 이러한 사업의 급속한 증가는 주로 정부의 조직화된 노력에서 비롯됐다. 주요 고객으로는 일본과 미국이 있었다. 계약신부들은 외국인 남편들의 학대에 대한 많은 이야기들을 보고한다. 미국의 뉴스 제공업체인 INS는 최근에 우편주문신부에 대한 가정폭력이 극심한 수준에 이르렀다고 보도한 적이 있다.[29]

아마도 필리핀이 가장 발달된 프로그램을 갖고 있는 국민국가일 수 있지만,

27 이러한 경로를 거친 필리핀 여성들 중 가장 많은 수가 해외에서, 특히 다른 아시아 국가에서 가사도우미로 일하는 여성들이다. 두 번째로 많은 수이자 최근에 늘고 있는 부문이 "엔터테이너"이며, 대체로 일본의 주요 도시에서 일한다. Sassen(2001) 9장 및 Yamamoto(2006).

28 새로운 법령 하에 이주해 온 간호사의 80%가 필리핀 출신이었다.

29 INS(1999).

필리핀만이 이러한 전략을 탐색해 온 유일한 국가는 아니다. 태국은 1997-98년 금융위기 이후에 노동이주와 해외기업에 태국 노동자들의 채용을 촉진하는 캠페인을 1998년에 시작했다. 태국정부는 자국 노동자들을 중동, 미국, 영국, 독일, 오스트레일리아, 그리스로 내보내려고 시도하였다. 스리랑카 정부는 이미 해외로 보낸 백만 명 외에도 또 다른 20만 명의 노동자들을 송출하고자 했다. 스리랑카 여성들은 1998년 8억8천만 달러를 고국에 송금했는데, 대부분 중동과 극동아시아 지역에서 가사도우미로 벌어들인 수입이었다. 방글라데시는 이미 1970년대에 중동의 OPEC 국가들에 제공할 광범위한 노동인력 송출 프로그램을 편성했었다. 방글라데시의 이러한 현상은 위 국가들뿐 아니라 다른 다양한 나라들, 특히 미국과 영국으로의 개별 이민과 함께 계속되고 있으며 외화획득의 중요한 자원이다. 노동자들은 지난 몇 년 동안 연간 14억 달러를 본국으로 송금했다.

생계 안정, 이윤 창출, 그리고 정부 세입 확보의 이러한 형식들은 갈수록 여성들에 의존해 실현되고 있다. 그러므로 내가 생존의 여성화라는 개념을 쓸 때, 그 말은 단순히 가족들과 전체 공동체의 생존이 갈수록 여성들에게 달려있게 되는 사실만을 가리키는 것이 아니다. 나는 정부 역시 이들 다양한 회로들 안에 있는 여성들의 수입에 의존하고 있고, 이윤추구 방식이 "합법적" 경제의 끄트머리에 존재하는 기업 유형들도 역시 그러하다는 사실을 강조하고 싶다. 이런 점에서 이 회로들은 생존이 더욱더 여성화되는 것을 나타내는 것으로 생각될 수 있을 것이다. 이것은 한편으로는 자원이라기보다는 종종 짐으로 표현되던 대부분의 가난한 저임금 여성들과, 다른 한편으로는 특히 지하경제에서의 이윤창출과 정부 세입확보의 중요한 원천으로 떠오르고 있는 것 사이의 체계적 연관성을 분석적으로 들춰낸다. 여기에 우리는 의료서비스와 교육 부문의 심각한 예산 삭감으로 절약된 금액을 정부의 부가적인 수입에 추가할 수 있을 것이다. 이러한 삭감은 종종 구조조정프로그램과 현재의 지구화 국면과 연동된 다른 정책들이 요구하는 더욱 경쟁력있는 국가를 만들려는 노력의 일부이다. 이러한 삭감 유형은 일반적으로 여성들이 가족 구성원의 건강과 교육에 대한 책임을 지고 있는 한, 특히 여성들을 어려움에 봉착하도록 하는 것으로 인식된다.

4. 결론

우리는 생계 안정, 이윤 창출, 그리고 정부 세입 확보를 위한 또 다른 전 지구적 회로들의 다양한 증가를 목격하고 있다. 이 회로들은 점점 더 많은 여성들을 포함시킨다. 이러한 전 지구적 회로들 중에서 가장 중요한 것으로는 성매매와 그 밖의 노동을 위해 여성을 불법 인신매매하는 것, 신부, 간호사, 그리고 가사도우미로 여성들을 조직적으로 송출하는 것, 그리고 더욱 더 증가하는 여성이주노동자들이 자국으로 보내는 송금이 있다. 이러한 회로들 중 일부는 부분적으로 또는 전적으로 지하경제에서 작동한다.

이러한 회로들이 전 지구적인 범위로 출현하는 것은 고도로 발달된 선진국들과 개발도상국들 양자 모두에서 진행되는 경제적 지구화의 주요 동력과 연결돼 있다. 글로벌 도시는 이러한 회로들이 전달하는 요구의 형성/확장과 함께 이 회로들이 가져오는 상대적인 수익성을 뚜렷하게 볼 수 있는 하나의 공간이다. 개발도상국에서 노동자들의 공급과 이러한 회로들의 형성을 촉진하는 상황을 가리키는 핵심 지표들은 무겁고 증가하는 정부 채무의 부담, 실업의 증가, 정부 복지지출의 대폭 삭감, 지역이나 국내 시장 지향의 비교적 전통적인 영역에 속하는 많은 기업들의 잦은 도산, 그리고 수출지향적 성장의 옹호이다. 전 지구적 경제의 성장은 국경을 넘는 흐름을 용이하게 하고 이러한 또 다른 회로들을 가능하게 하는 환경을 뜻하는 제도적 인프라를 생기게 했다.

나는 이들을 또 다른 지구화의 회로들이라고 부르는데, 왜냐하면 그 회로들은 1) 직접적으로나 간접적으로나 전 지구적 경제의 핵심에 있는 가장 중요한 프로그램들과 조건들의 일부와 연결되어 있기 때문이지만, 2) 이 회로들은 보통 지구화와 연관된 것으로 보이지 않으며, 실제로 종종 법과 조약을 위반하거나 그 바깥에서 작동하지만, 그렇다고 불법 마약거래의 경우처럼 완전히 범죄적 활동에만 속해있는 것은 아니기 때문이다. 이러한 또 다른 회로들을 전 지구적 경제의 핵심에 있는 프로그램들 및 조건들에 연결시키는 것은 또한 어떻게 젠더화가 그 회로들의 형성과 실행가능성에 관여하는지도 이해할 수 있게 해준다. (번역: 임현희)

참고문헌[30]

Alarcon-Gonzalez, Diana, and Terry McKinley. 1999. "The Adverse Effects of Structural Adjustment on Working Women in Mexico." *Latin American Perspectives* 26(3):103-117.

Aneesh, A. 2006. *Virtual Migration: The Programming of Globalization*. Durham: DukeUniversity Press.

Ambrogi, Thomas. 1999. "Jubilee 2000 and the campaign for debt cancellation." *National Catholic Reporter*, July.

Bada, Xochitl, Jonathan Fox, and Andrew Selee. 2006. *Invisible No More: Mexican Migrant Civic Participation in the United States*. Washington D.C.: The Woodrow Wilson International Center for Scholars.

Barlow, Andrew L. 2003. *Between Fear and Hope: Globalization and Race in the United States*. Lanham, MD: Rowman & Littlefield.

Beneria, Lourdes, and Shelley Feldman, eds. 1992. *Unequal Burden: Economic Crises, Persistent Poverty, and Women's Work*. Boulder, CO: Westview.

Bonilla-Silva, Eduardo. 2003. *Racism without Racists: Color-blind Racism and the Persistence of Racial Inequality in the United States*. Lanham, MD: Rowman & Littlefield.

Boserup, E. 1970. *Woman's Role in Economic Development*. New York: St. Martin's Press.

Bose, Christine E., and Edna Acosta-Belen, eds. 1995. *Women in the Latin American Development Process*. Philadelphia: Temple University Press.

Bradshaw, York, Rita Noonan, Laura Gash, and Claudia Buchmann, 1993. "Borrowing Against the Future: Children and Third World Indebtedness." *Social Forces* 71(3):629-656.

Brenner, Neil, and Roger Keil. 2005. *The Global Cities Reader*. New York and London: Routledge.

30 참고문헌은 본문에 직접 인용되지는 않았더라도 논문 작성에 있어 참고한 모든 문헌을 기준으로 저자가 보내온 목록을 그대로 정리했다.(편집자 주)

Bryson, J. R., and P. W. Daniels, eds. 2006. *The Service Industries Handbook*. Cheltenham, UK: Edward Elgar.

Buechler, Simone. 2007. "Deciphering the Local in a Global Neoliberal Age: Three Favelas in Sao Paulo, Brazil." In *Deciphering the Global: Its Scales, Spaces, and Subjects*, ed. Saskia Sassen, 95-112. New York and London: Routledge.

Buchmann, Claudia. 1996. "The Debt Crisis, Structural Adjustment and Women's Education." *International Journal of Comparative Studies* 37(1-2):5-30.

Bureau of Economic Analysis. 2004. *Improved Annual Industry Accounts for 1998-2003: Integrated Annual Input-Output Accounts and Gross-Domestic-Product-by-Industry Accounts*. eds. Brian C. Moyer, Mark A. Planting, Paul V. Kern, and Abigail M. Kish.

Cagatay, Nilufer, and Sule Ozler. 1995. "Feminization of the Labor Force: The Effects of Long-Term Development and Structural Adjustment." *World Development* 23(11):1883-1894.

Chaney, Elsa, and Mary Garcia Castro, eds. 1988. *Muchachas no more: Household Workers in Latin America and the Caribbean*. Philadelphia: Temple University Press.

Chang, Grace. 1998. "Undocumented Latinas: The New 'Employable' Mothers." In *Race, Class, and Gender*, eds. M. Andersen and Patricia Hill Collins, 311-19. Belmont, CA: Wadsworth.

Chant, Sylvia, and Nikki Kraske. 2002. *Gender in Latin America*. Rutgers, NJ: Rutgers University Press.

Chase-Dunn, Christopher, and Barry Gills. 2005. "Waves of Globalization and Resistance in the Capitalist World System: Social Movements and Critical Global Studies." In *Towards a Critical Globalization Studies*, eds. Richard Appelbaum and William Robinson, 45-54. New York: Routledge.

Chin, Christine. 1997. "Walls of Silence and Late 20th Century Representations of Foreign Female Domestic Workers: The Case of Filipina and Indonesian Houseservants in Malaysia." *International Migration Review* 31(1):353-85.

Chossudovsky, Michel. 1997. *The Globalization of Poverty*. London: Zed/TWN.

Central Intelligence Agency. 2000. *International Trafficking in Women to the United States: A Contemporary Manifestation of Slavery and Organized Crime*. Prepared by Amy

O'Neill Richard. Washington, D.C.: Center for the Study of Intelligence. www.cia.gov/csi/monograph/women/trafficking.pdf.

Consalvo, Mia, and Susanna Paasonen, eds. 2002. *Women and Everyday Uses of the Internet: Agency and Identity*. New York: Peter Lang.

Datz, Giselle. 2007. "Global-National Interactions and Sovereign Debt-Restructuring Outcomes." In *Deciphering the Global: Its Spaces, Scales and Subjects*, ed. Saskia Sassen, 321-50. New York and London: Routledge.

David, Natacha. 1999. "Migrants Made the Scapegoats of the Crisis." ICFTU Online. International Confederation of Free Trade Unions. www.hartford-hwp.com/archives/50/012.html.

Deere, C.D. 1976. "Rural Women's Subsistence Production in the Capitalist Periphery." *Review of Radical Political Economy* 8(1):9-17.

Elson, Diane. 1995. *Male Bias in Development*. Manchester: Manchester University Press.

Ehrenreich, Barbara, and Arlie Hochschild. 2003. *Global Woman: Nannies, Maids, and Sex Workers in the New Economy*. New York: Metropolitan Books.

Fantasia, Rick, and Kim Voss. 2004. *Hard Work: Remaking the American Labor Movement*. Berkeley: University of California Press.

Fernandez Kelly, M. P. 1982. *For We are Sold, Me and My Sisters*. Albany, NY: SUNYPress.

______, and J. Shefner. 2005. *Out of the Shadows*. College Station, PA: Penn State University Press.

Fisher, Melissa. 2006. "Wall Street Women: Navigating Gendered Networks in the New Economy." In *Frontiers of Capital: Ethnographic Reflections on the New Economy*, eds. Melissa Fisher and Greg Downey. Durham: Duke University Press.

Froebel, Folker, Jurgen Heinrichs, and Otto Kreye. 1980. *The New International Division of Labo*r. London: Cambridge University Press.

Gershuny, Johathan, and Ian Miles. 1983. *The New Service Economy: The Transformation of Employment in Industrial Societies*. New York: Praeger.

Grasmuck, Sherri, and Patricia R. Pessar. 1991. *Between Two Islands: Dominican International Migration*. Berkeley: University of California Press.

Gugler, Joseph. 2004. *World Cities Beyond the West*. Cambridge: Cambridge University Press.

Hagedorn, John, ed. 2006. *Gangs in the Global City: Exploring Alternatives to Traditional Criminology*. Chicago, IL: University of Illinois at Chicago.

Henderson, Jeffrey. 2005. "Governing Growth and Inequality: The Continuing Relevance of Strategic Economic Planning." (In *Book Title*,) eds. R. Appelbaum and W. Robinson. New York: Routledge.

Hindman, Heather. 2007. "Outsourcing Difference: Expatriate Training and the Disciplining of Culture." In *Deciphering the Global: Its Scales, Spaces and Subjects*, ed. Saskia Sassen, 153-76. New York and London: Routledge.

Hirata, Helene, ed. 2006. Special Issue, *Cahiers du Genre*, no. 40. (get details).

Hochschild, Arlie. 2000. "Global Care Chains and Emotional Surplus Value." In *On the Edge: Globalization and the New Millennium*, eds. Tony Giddens and Will Hutton, 130-46. London: Sage Publishers.

Hondagneu-Sotelo, Pierrette. 1994. *Gendered Transitions: Mexican Experiences of Immigration*. Berkeley, CA: University of California Press.

______, ed. 2003. *Gender and U.S. Immigration: Contemporary Trends*. Los Angeles: University of California Press.

International Migration Office. 2006. *Trafficking in Migrants* (Quarterly Bulletin). Geneva: IOM.

Indiana Journal of Global Legal Studies. 1996. "Feminism and Globalization: The Impact of the Global Economy on Women and Feminist Theory." Vol. 4, Issue 1.

Ismi, Asad. 1998. "Plunder With a Human Face." *Z Magazine*, February. http://www.thirdworldtraveler.com/IMF_WB/PlunderHumanFace.html.

Iyotani, Toshio, Naoki Sakai, and Brett de Bary, eds. 2005. *Deconstructing Nationality*. Ithaca, NY: Cornell University East Asia Program.

Jones, Erika. 1999. "The Gendered Toll of Global Debt Crisis." *Sojourner* 25(3):20-38.

Khotari, Uma. 2006. *A Radical History of Development Studies: Individuals, Institutions and Ideologies*. London: Zed Books.

Kirsch, Max, ed. 2006. *Inclusion and Exclusion in the Global Arena*. New York: Routledge.

Kofman, Eleonore, Annie Phizacklea, Parvati Raghuram, and Rosemary Sales. 2000. *Gender and International Migration Europe: Employment, Welfare and Politics*. London and New York: Routledge.

Koo, Hagen. 2001. *Korean Workers: The Culture and Politics of Class Formation*. Ithaca and London: Cornell University Press.

Koval, John P., Larry Bennett, Michael I. J. Bennett, Fassil Demissie, Roberta Garner, and Kiljoong Kim. 2006. *The New Chicago: A Social and Cultural Analysis*. Philadelphia: Temple University Press.

Kyle, D., and R. Koslowski. 2001. *Global Human Smuggling*. Baltimore and London: Johns Hopkins University Press.

Lardner, James, and David A. Smith. 2005. *Inequality Matters: The Growing Economic Divide in America*. New York: The New Press and Demos Institute.

Lewis Mumford Center for Comparative Urban and Regional Research. 2000. *Segregation and Income in U.S. Cities*. http://mumford.albany.edu/census/index.html.

Lucas, Linda, ed. 2005. *Unpacking Globalisation: Markets, Gender and Work*. Kampala, Uganda: Makerere University Press.

Mamdani, Mahmood. 1996. *Citizen and Subject: Contemporary Africa and the Legacy of Late Colonialism*. Princeton, N.J.: Princeton University Press.

Martin, Philip. 1997. "Economic Integration and Migration: The Case of NAFTA." In Proceedings of the Conference on International Migration at Century's End: Trends and Issues, Barcelona, Spain, May 7-10, 1997. Liege, Belgium: The International Union for the Scientific Study of Population.

Menjivar, Cecilia. 2000. *Fragmented Ties: Salvadoran Immigrant Networks in America*. Berkeley: University of California Press.

Milkman, Ruth. 1987. *Gender at Work: The Dynamics of Job Segregation by Sex During World War II*. Urbana: University of Illinois Press.

______. 2000. *Organizing Immigrants: The Challenge for Unions in Contemporary California*. Ithaca, NY: ILR Press.

Moghadam, Valentine M. 2005. *Globalizing Women: Transnational Feminist Networks*. Baltimore: Johns Hopkins University Press.

Morokvasic, Mirjana. 1984. "Birds of Passage are also Women." *International Migration Review* 18(4):886-907.

Moser, Carolyn. 1989. "The Impact of Recession and Structural Adjustment Policies at the Micro-level: Low Income Women and their Households in Guayaquil, Ecuador." In *Invisible Adjustment* Vol. 2. Santiago: UNICEF, Americans and Caribbean Office.

Munger, Frank, ed. 2002. *Laboring Under the Line*. New York: Russell Sage Foundation.

______. 1983. *Women, Men, and the International Division of Labor*. Albany: State University of New York Press.

Naim, Moises. 2006. *Illicit: How Smugglers, Traffickers, and Copycats are Hijacking the Global Economy*. New York: Anchor Books.

Nash, June. 2005. *Social Movements: An Anthropological Reader*. Malden, MA: Blackwell.

______, and María Patricia Fernández-Kelly. 1983. *Women, Men, and the International Division of Labor*. Albany: State University of New York Press.

Newman, Katherine S. 1999. *Falling from Grace: Downward Mobility in the Age of Affluence*. Berkeley: University of California Press.

Olds, Kris, Peter Dicken, Philip F. Kelly, Lily Kong, and Henry Wai-Chung Yeung, eds. 1999. *Globalization and the Asian Pacific: Contested Territories*. London: Routledge.

Ong, Aihwa. 1999. *Flexible Citizenship: The Cultural Logics of Transnationality*. Durham, NC: Duke University Press.

Orozco, Manuel, B., Lindsay Lowell, Micah Bump, and Rachel Fedewa. 2005. *Transnational Engagement, Remittances and their Relationship to Development in Latin America and the Caribbean*. Washington, D.C.: Institute for the Study of International Migration, Georgetown University.

OXFAM. 1999. *International Submission to the HIPC Debt Review*. www.caa.org/au/Oxfam/advocacy/debt/hipcreview.html.

Parnreiter, Christ of. 2002. "Mexico: The Making of a Global City." In *Global Networks/Linked Cities*, ed. Saskia Sassen, 145-82. New York: Routledge.

Parrenas, Rhacel Salazar, ed. 2001. *Servants of Globalization: Women, Migration and*

Domestic Workers. Stanford, CA: Stanford University Press.

Pearce, N. 2004. "Diversity versus Solidarity: A New Progressive Dilemma?" *Renewal* 12(3). http://www.renewal.org.uk/vol12no32004diversityversussolidarity.htm.

Pessar, P. R., and S. J. Mahler. 2003. "Transnational Migration: Bringing Gender In." *International Migration Review* 37(3):812-846.

Potts, L. 1990. *The World Labor Market: A History of Migration*. London: Zed.

Pyle, Jean L., and Kathryn Ward. 2003. "Recasting our Understanding of Gender and Work During Global Restructuring." *International Sociology* 18(3):461-89.

Rahman, Aminur. 1999. "Micro-credit Initiatives for Equitable and Sustainable Development: Who Pays?" *World Development* 27(1):67-82.

Reinhardt, C. M., and G. Kaminsky. 1999. "The Twin Crisis: The Causes of Banking and Balance of Payments Problems." *American Economic Review* 89(3):473-500.

Revista Internacional de Filosofia. 2006. "Inmigracion, Estado y Ciudadania. Simposio." *Revista Internacional de Filosofia* 27 (July).

Ribas Mateos, Natalia. 2004. *Una Invitacion a la Sociologia de las Migraciones*. Barcelona: Edicions Bellaterra.

_______. 2005. *The Mediterranean in The Age Of Globalization: Migration, Welfare, And Borders*. Somerset, NJ: Transaction.

Robinson, S. 2004. "Towards a Neoapartheid System of Governance with IT Tools." SSRC IT & Governance Study Group. New York: SSRC. http://www.ssrc.org/programs/itic/publications/knowledge_report/memos/robinsonmemo4.pdf, accessed 18 Mar. 06.

Roulleau-Berger, Laurence, ed. 2003. *Youth and Work in the Postindustrial Cities of North America and Europe*. Leiden, Netherlands: Brill.

Safa, Helen. 1995. *The Myth of the Male Breadwinner: Women and Industrialization in the Caribbean*. Boulder, CO: Westview Press.

Salzinger, Leslie. 2003. *Genders in Production: Making Workers in Mexico's Global Factories*. Berkeley and Los Angeles: University of California Press.

Sassen, Saskia. 1988. *The Mobility of Labor and Capital: A Study in International Investment and Labor Flow*. Cambridge and New York: Cambridge University Press.

______. 1996. *Losing Control: Sovereignty in an Age of Globalization*. New York: Columbia University Press.

______. 2001. *The Global City: New York, London, Tokyo*. Princeton, NJ: Princeton University Press.

______. 2006. *Territory, Authority, Rights: From Medieval to Global Assemblages*. Princeton, NJ: Princeton University Press.

______. 2010. "A Savage Sorting of Winners and Losers: Contemporary Versions of Primitive Accumulation." *Globalizations* 7(1-2):23-50.

______. 2012. *Cities in a World Economy*. Thousand Oaks, CA: Pine Forge Press (4th updated edition).

Schiffer, Ramos Sueli. 2002. "Sao Paulo: Articulating a Cross-Border Regional Economy." In *Global Networks/Linked Cities*, ed. Saskia Sassen, 209-36. New York and London, UK: Routledge.

Sennett, Richard. 2003. *Respect in an Age of Inequality*. New York: Norton.

Smeeding, T. 2002. "Globalization, Inequality, and the Rich Countries of the G-20: Evidence from the Luxembourg Income Study (LIS)." Luxembourg Income Study Working Paper No. 320. Prepared for the G-20 Meeting, Globalization, Living Standards and Inequality: Recent Progress and Continuing Challenges, Sydney, Australia, May 26-28, 2002.

Silver, Beverly J. 2003. *Forces of Labor: Workers' Movements and Globalization since 1870*. Cambridge: Cambridge University Press.

Smith, Joan, and Immanuel Wallerstein, eds. 1992. *Creating and Transforming Households: The Constraints of the World-economy*. Cambridge and Paris: Cambridge University Press and Maison des Sciences de l'Homme.

Smith, Michael Peter, and Adrian Favell. 2006. "The Human Face of Global Mobility: International Highly Skilled Migration in Europe, North America and the Asian Pacific." *Comparative Urban and Community Research*. Special Issue Vol. 8.

Smith, Robert C. 2005. *Mexican New York: Transnational Worlds of New Immigrants*. Berkeley: University of California Press.

Standing, Guy. 1999. "Global Feminization through Flexible Labor: A Theme Revisited." *World Development* 27(3):583-602.

Suarez-Orozco, Marcelo M., and Mariela Paez. 2002. *Latinos: Remaking America.* Berkeley, CA: University of California Press.

Susser, Ida. 2002. "Losing Ground: Advancing Capitalism and the Relocation of Working Class Communities." In *Locating Capitalism in Time and Space: Global Restructurings, Politics, and Identity*, ed. David Nugent, 247-90. Stanford, CA: Stanford University Press.

Tabak, Frank, and Michaeline A. Chrichlow, eds. 2000. *Informalization: Process and Structure*. Baltimore, MD: The Johns Hopkins Press.

Tait, Vanessa. 2005. *Poor Workers' Unions: Rebuilding Labor from Below*. Cambridge, MA: South End Press.

Taylor, Peter J. 2006. *Cities in Globalization: Practices, Policies, and Theories*. London: Routledge.

Taylor-Gooby, Peter. 2004. "Open Markets and Welfare Values: Welfare Values, Inequality, and Social Change in the Silver Age of the Welfare State." *European Societies* 6(1):29-48.

Tinker, Irene, ed. 1990. *Persistent Inequalities: Women and World Development*. New York: Oxford University Press.

Toussaint, Eric. 1999. "Poor countries pay more under debt reconstruction scheme?" July. www.twnside.org.sg/souths/twn/title/1921-cn.htm.

United Nations Development Programme. 2005. *A Time For Bold Ambition: Together We Can Cut Poverty in Half.* UNDP Annual Report.

U.S. Department of State. 2004. *Trafficking in Persons Report, released by the Office to Monitor and Combat Trafficking in Persons*. Washington, D. C.: U.S. Department of State.

Venkatesh, Sudhir A. 2006. *Off the Books: the Underground Economy of the Urban Poor*. Cambridge, MA: Harvard University Press.

Ward, Kathryn. 1991. *Women Workers and Global Restructuring*. Ithaca, NY: Cornell University Press.

_______, and Jean Pyle. 1995. "Gender, Industrialization and Development." In *Women in the Latin American Development Process: From Structural Subordination to Empowerment*, Chris E. Bose and Edna Acosta Belen, eds, 37-64. Philadelphia: Temple University Press.

Waters, M. C. 1999. *Black Identities: West Indian Immigrant Dreams and American Realities*. New York and Cambridge, MA: Russell Sage Foundation.

Wilson, W. J. 1997. *When Work Disappears*. New York: Alfred A. Knopf.

World Bank. 2005. *Global Economic Prospects 2005: Trade, Regionalism and Development*. Washington, D.C.: The World Bank.

______. 2005a. "Increasing Aid and Its Effectiveness." *Global Monitoring Report: Millennium Development Goals: From Consensus to Momentum*. Washington, D.C.: The World Bank. http://siteresources.worldbank.org/INTGLOBALMONITORING/Resources/ch5_GMR2005.pdf.

______. 2006: *Global Economic Prospects: Economic Implications of Remittances and Migration*. Washington, D.C.: The World Bank.

Wallerstein, Immanuel Maurice. 1974. *The Modern World-System: Capitalist Agriculture and the Origins of the European World-Economy in the Sixteenth Century*. New York: Academic Press.

Yamamoto, Satomi. 2000. "The Incorporation of Female Workers into a Global City: A Case Study of Filipina Nurses in the Chicago Area." M.A. thesis, University of Chicago.

______. 2006. "Democratic Governmentality: The Role of Intermediaries in the Case of Latino day Laborers in Chicago." Paper presented at the American Sociological Association, Montreal, Quebec, Canada, August 13.

Yeoh, Brenda, Shirlena Huang, and Joaquin Gonzalez III. 1999. "Migrant Female Domestic Workers: Debating the Economic, Social and Political Impacts in Singapore." *International Migration Review* 33(1):114-136.

Zlolniski, Christian. 2006. *Janitors, Street Vendors, and Activists: The Lives of Mexican Immigrants in Silicon Valley*. Berkeley: University of California Press.

중국의 발전과 젠더 평등에 대한 쟁점 연구

웨이 구어잉

최근 몇 년간, 젠더 평등의 상황은 정부가 적극적으로 주도한 정책과 규제 결과 다양한 분야에서 만족스러운 성장을 해 온 한편, 동시에 새로운 쟁점들이 등장했다. 본고에서는 젠더 평등 발전 상황과 쟁점들을 분석하고 논한다.

1. 기회의 평등과 결과의 평등 쟁점

간단히 말해서, 젠더 평등은 시간이 변화하고 장소가 달라짐에 따라서 다른 함의를 가지고 다르게 확장되어 온 사회적 관계의 문제이다. 현재 차용하고 있는 근대 국제사회에서의 젠더 평등 정의는 1975년 제1회 국제 여성 컨퍼런스에서 있었던 멕시코 선언에서 유래하였다.[1] 그 정의는 똑같은 인간의 존엄성과

1 Zhao and Yue, eds. 2008.

남녀의 가치, 평등한 권리, 기회, 그리고 책임을 포함한다. 이 정의는 사회 인식 영역에서 젠더 관계를 검토하기 위해서 인본주의와 인간 비전의 원칙에 방점을 찍었고, 남녀 간 동등한 인간 존엄성에 훨씬 더 많은 관심을 가지므로 인식론적으로 유용한 영향과 실용적인 중요성을 가진다.

필자의 생각에 사회 변화, 젠더 개발 및 생존을 위한 진보에 있어서 중요한 시기에 남성과 여성에게 동등한 기회가 주어진다는 것은 남성과 여성 모두가 동일한 정도로 정확한 정보를 얻을 수 있고, 선택할 수 있으며 자율적으로 행동한다는 것을 의미한다. 결과 평등은 남성과 여성이 비슷하게 선택하고 행동을 수행할 때 동등한 권리와 이익을 얻는 것을 말한다. 그러나 중국에서 여성의 실질적 발전을 보면, 양 성의 동일한 기회가 어떤 분야들의 경우 반드시 여성에게 같은 권리와 이익을 가져다주지는 않았다. 이와 같은 현상은 특히 고등교육에서 그렇다.

2000년 이후, 고등 교육을 받는 양 성의 비율은 점차 균형을 맞추어가고 있다. 통계가 보여주듯 여학생 비율은 1999년 국가적인 채용 확대 이후 꾸준히 증가해 왔다. 교육부가 제공한 대졸자 총 자료에 따르면, 2004년 대졸자의 남성 비율은 여학생 보다 9% 더 많았지만, 이 차이는 2008년에는 1% 미만으로 떨어졌다.[2] 2010년에 대학의 여학생 비율은 전체 학생의 49.68%를 점유하였고, 여성 석사학위 과정 대학원생들은 전체의 50%를 차지했으며, 단기 2년제 초급대학의 여학생은 전체 학생의 52.41%를 점유하였다.[3] 교육에의 접근성에서 남성과 여성 간 차이가 감소한 것은 교육 영역에서 젠더평등이 두드러지게 진보했다는 것을 말한다.

그럼에도 불구하고, 최근 대졸 남성과 여성의 고용 차이는 증가하고 있다. 2003년 북경대학교 교육 대학의 조사결과 남녀 대학생들의 학업 성취와 임금

---

2 National Center for Information Consultant and Vocational Counseling in Institutions of Higher Learning, Pedagogical College of Peking University 2009.

3 Ministry of Education, *2010 educational statistics*. http//www.moe.gov.cn

고용 간 젠더 차이는 거의 없다는 것이 밝혀졌다.[4] 그러나 2009년 이 대학에서 실시된 다른 조사에서 산업 분배, 작업 단위의 소유권(주정부가 소유한 집단 소유 혹은 사적 소유), 그리고 초봉 수준과 같은 졸업 후 실제 직업 안정도는 남녀 대졸자들 간에 뚜렷한 젠더 차이가 있는 것으로 나타났다. 14개 지역의 28개 대학의 21,753명의 대졸자들이 학업과 고용 상황에 관한 서베이 조사에 응했고 그 결과는 여학생들의 고용상황이 악화되었음을 보여주었다.[5] 첫째, 이 조사연구는 다양한 교육 수준을 가지고 있는 여학생들의 졸업 후 실제 직업 안정 비율은 남학생들이 비해 유의하게 낮다는 것을 보여준다. 교육의 수준이 높을수록 차이는 더 컸다. 전문대학 졸업생의 경우 성별 간 차이가 5%p, 4년제 대졸자는 11.3%p, 대학원 졸업생은 15.4%이다.

둘째, 다양한 교육 배경을 가진 여자 졸업생들 모두의 초봉이 남자 졸업생들의 초봉 보다 낮았다. 즉, 남자 전문대졸업생은 여자 전문대졸업생보다 평균 402위안을 더 받고, 남자 4년제대학졸업생은 여자 4년제대학졸업생 보다 188위안을 더 받았으며, 남자 대학원졸업생은 여자 대학원졸업생 보다 498위안을 더 많이 받은 것이다. 셋째, 여성 응답자들의 직무 만족도는 남자 응답자들의 직무 만족도 보다 모두 낮았다. 구체적으로, 남자 전문대졸업생은 여자 전문대졸업생 보다 직무만족도가 10.5% 더 높고, 남자 4년제대학졸업생은 여자 4년제대학졸업생 보다 직무만족도가 6.99% 더 높으며, 남자 대학원졸업생은 여자 대학원졸업생 보다 직무만족도가 6.0% 더 높은 것으로 나타났다. 넷째, 직업과 업무 단위의 분배에 있어서도 뚜렷한 젠더 차이가 드러났다. 대학 졸업 후 70% 이상이 대기업 (국가소유의 국영기업이나 주식회사와 같은)에서 일하는데 이 중 40.6%가 남성이다. 이 수치는 여자 대학졸업생 보다 14.8% 높은 것이다. 동시

---

4 Wen, Dongmao 2005.

5 정착 비율(settlement rate)은 확정된 작업부서가 있거나 집에서 학업 계속하기, 외국유학, 자유계약 일, 자영업 또는 비정규로 고용되는 사람들을 포함하여 졸업이 확실시 된 졸업생을 일컫는다. 이 모든 선택사항들은 정착 비율에 포함된다.

에 여자 대학졸업생의 36.5%가 민영기업에서 일하는데 이것은 남자 대학졸업생 보다 9.2% 더 높은 것이다.[6]

일반적으로 구직자들의 경쟁력은 그/그녀의 인적 자원에 달려있다. 폭넓은 지식, 출중한 능력과 개인적 자질을 갖춘 학생들이 직업을 찾고 더 높은 임금을 받는데 훨씬 유리하다. 그렇다면 이 전제가 여학생들의 지식, 능력, 자질이 남성보다 열등하다는 것을 의미하는가? 앞서 언급한 조사들에 의하면, 일반적으로 여학생들의 학업 수행능력은 전문대, 4년제대학, 석/박사과정 등 어느 조건에서건 남학생보다 뚜렷하게 뛰어났다. 여학생들이 공산당원이 되고 학생리더가 되는 비율 역시 남학생과 비슷하거나 아주 약간 낮을 뿐이다. 전체 학급의 상위 25% 이내, 장학금 수혜, 영어 인증시험 등급4(혹은 6) 취득, 컴퓨터 자격증 소유, 인턴십 경험을 가진 여학생 비율이 남학생보다 높다. 구체적으로 대학생을 예로 들면, 여학생들의 상위 25% 비율과 학위취득 비율은 남학생 대비 각각 12.9% 그리고 19.7% 높다. 여학생의 영어 인증 시험 등급 4(혹은6) 취득 비율, 컴퓨터 자격증 취득 비율, 하나 혹은 둘의 학위취득 비율은 각각 남학생보다 7.5%, 5.7%, 3.8% 높았다. 여학생의 인턴십 경험 비율 역시 남학생보다 2.2% 높다.[7]

2010년에 행해진 중국 여성의 사회적 지위에 관한 세 번째 보고서 역시 훌륭한 성적을 갖춘 여학생의 비율이 남학생보다 9.7% 높은 62.4%의 비율을 차지한다는 것을 보여줬다.[8] 여학생의 공산당 지원자는 남학생보다 4.8%, 참여자는 4.0% 더 높다. 이것은 비록 여학생이 대학에 들어갈 수 있는 동일한 기회를 갖고 학업에 있어서 더 우월하다고 해도 이러한 유리한 점들이 더 고등의 교육을 받을 수 있는 동일한 기회, 즉 남성과 같은 학업 성취나 능력으로 치환되지 않는다는 것을 보여준다. 여성은 남성과 같은 높은 사회적 지위, 효율, 만족을

6 Yue, Changjun 2010.

7 Ibid.

8 All China Women's Federation 2010.

얻는 직업을 가질 수 없었다.

위와 같은 현상은 사회로부터 광범위한 관심을 끌어냈다. 연구자들은 최상의 교육적 자원을 획득하는 문제에 있어서 여학생과 남학생들 사이에 분명한 간극이 있다는 것을 알고 있다. 이 간극은 국가와 지방정부들로부터 더 많은 재정적 지원을 받는 주요 대학들의 경우에 여학생 비율이 36.6%에 불과하다는 사실에서 명백해진다. 이 비율은 총 학생 수의 약 50%가 여성들이라는 것을 우리가 안다면 분명히 낮은 수치이다. 더 높은 교육 수준일수록 여학생의 비율은 낮아지는데, 여성 박사의 비율은 총 비율의 겨우 35.1%이다.[9] 지식 경제의 시대에, 고등 교육을 받은 학생들이 직업을 찾고 미래의 커리어를 개발하는데 있어 더 유리할 것이 분명하다. 연구자들은 학생들이 주요 대학에 입학하는데 있어 학생 자신이 열심히 공부하는 것과 별개로 어떤 수준의 초등교육과 사교육을 받는가가 중요한 요인이 된다는 것을 알아냈다. 중국 가족들은 오랫동안 여아 보다 남아들을 선호해옴에 따라 아들의 교육에 더 많이 투자해 왔고 그러한 가족의 결정은 여학생들에게 심각하게 영향을 주어왔다.[10] 가족은 여학생들이 초등교육을 받는데 있어 충분히 투자하지 않으며, 이것은 종국에 여학생들이 국가와 지방정부가 투자하는 주요 대학에 들어갈 수 있는 기회를 감축시킬 것이다.

다른 연구자들은 고용에 있어서 여전히 분명히 존재하는 성차별의 사실에 주목했다. 2010년에 행해진 중국여성의 사회적 지위에 관한 세 번째 서베이 조사에서 구직에 나선 여성의 24.7%가 불평등한 대우를 받았다는 것이 밝혀졌다. 구직을 하는 과정에서 남성은 4.5%가 성 차별을 경험하는데 반해 여성은 10.0%가 성 차별을 경험했다. 약 19.8%의 상위 수준의 여성 인재들이 성차별이 그들의 직업적 커리어를 쌓는데 저해가 된다고 생각했다.[11] 중국 정법대학의 헌법재판연구원(Institute of the China University of Political Science and Law)이 수행한 또

9 Yue, Changjun 2010.

10 Liu, Chunling 2009.

11 All China Women's Federation 2010.

다른 서베이 조사에 따르면, 2011년 행해진 전국 규모의 국가 채용 시험은 9,762개 이상이었는데 이 중 15.6% 이상이 남성에게만 개방되었거나 남성만이 지원하기를 권했다. 이러한 수치는 2010년 1,203개에서 2011년 1,519개까지 증가했다.[12]

그러므로 국가 입학시험의 결과는 대학 입학에서 공정한 역할을 해왔다. 이 정책은 대학 입학 전에 남성 그리고 여성에게 동등한 기회 균등을 부여해 왔다. 대학에서 공부하는 동안 역시 여성은 각 개인의 근면함과 부지런함을 통해 학문적인 성과에 있어 남성을 능가할 수 있다. 그러나 졸업의 "출구"에서, 독자적으로 의지해 온 여성은 노력만으로 일터에서 동등한 기회를 찾아내기에는 어려움이 있다.

연구자들은 왜 여성 대졸자들이 구직하는데 더 많은 어려움을 겪는지를 서로 다르게 이해한다. 어떤 연구자들은 고용 시장 안에서의 다양한 필요조건들 같이 다른 요인들이 있기 때문에, 여성 대졸자의 낮은 고용율과 낮은 초봉을 단순히 성차별로 인한 것으로 해석해서는 안 된다고 생각한다. 많은 남성 대졸자들이 생산, 건설 산업, 그리고 에너지 (전매) 사업에서 일하는 반면, 여성 졸업자들은 이상적인 직업을 찾는데 훨씬 더 어려움을 겪는다. 이것은 객관적 요인들로 인한 것이다.[13]

나는 객관적 요인들이 존재하며 고용 결정에 영향을 미친다는 데 동의한다. 그러나 더 지배적인 요인들은, 구조적인 성 계급 체계, 성별 직업 구분, "남성지배"와 "남성우월"이라는 확립된 개념들과 같은 중국 사회의 주요한 이데올로기적 제한 하에서, 젠더 평등이 하나의 아이디어, 체계, 혹은 메커니즘으로 진정으로 인정되지도 않았고 사회에 폭넓게 실천되지도 않고 있는 상황이다. 우리의 대학 확장 계획은 양 성 모두의 입학 비율을 높였지만 대학 입학에 있어서의 일반적인 평등이 더 고등의 교육을 받을 수 있는 평등으로 자동 변환되지는

12 Constitutional Research Institute, China University of Political Science and Law, 2012.

13 Yue, Changjun 2010.

않았다.

여기서 말하는 결과적 평등이란 동일한 고용 기회, 동일한 직업 수준과 위계, 동일한 임금 수준과 사회적 지위의 승진을 일컫는다. 동등한 기회가 곧 결과적 평등으로 해석되지 않듯이, 여성 대졸자에게 전문대와 4년제대학에 입학할 수 있는 동일한 기회를 갖는 것만으로는 충분하지 않다. 우리는 여성이 공적 영역에 진출하는 것이 여성해방에 있어서 필수 조건이라는 것을 알고 있다. 현대 여성들은 고등교육을 받은 뒤 직장에서 동등한 지위, 지식집약적인 첨단기술 산업 전문직에의 동등한 접근성, 그리고 고급 관리직 수준으로의 동등한 접근성을 당당하게 기대한다. 이는 남성과 여성의 발전을 위한 토대이다.[14]

현재의 시장 경제에서, 여성과 남성 대졸자들 간 고용의 차이가 증가하는 것은 여성을 위한 고등교육 비용의 증가, 투입산출 비율의 감소, 그리고 복귀율의 감소를 의미하고, 이는 여성 교육 투자의 감소, 고등교육에 대한 여성의 기대 감소를 포함하여 일련의 부정적 효과로 이어질 것이 틀림없다. 장기적으로 봤을 때, 이것은 여학생의 비율을 낮추는 악순환을 낳을 것이고, 그것은 남성과 여성이 동일한 질과 양의 고등교육을 받는 데 대한 가족, 개인, 그리고 사회가 기대하는 바, 투입과 산출이 상호 억제되는 것을 유발할 것이다. 즉 말하자면 기회 평등만으로 전통적인 젠더 가치와 태도를 변화시킬 수 없다. 동일한 기회라는 단일한 아이디어가 젠더 평등과 관련한 문제의 다양한 측면을 모두 다룰 수는 없으며 결과의 평등과 같은 쟁점을 숙고하고 해결하기 위해서 더 많은 일이 이루어져야 한다.

중국 여성 대졸자들의 상황이 여성입학자 수의 증가 만큼 변화하지 않는 현실에도 불구하고 대학생들의 젠더 비율이 균형을 맞추어 가고 있는 것이 중국의 젠더 평등에 있어서 분명히 중요한 진보를 상징한다는 것은 부인할 수 없는 사실이다. 이 평등한 균형은 세심하게 가치 평가되고 유지되어야 한다. 왜냐

14 *On Women by Marx, Engels, Lenin and Stalin* 1978.

하면 여대생의 증가는 여성 인적 자본의 증진을 낳을 것으로 기대되며 사회주의의 일차적 단계에서 젠더 평등이 진보하는 데 중요한 역할을 수행할 것으로 기대되기 때문이다.

2. 양적 평등과 실질적인 평등 쟁점

20세기 말 이래, 중국의 여성 고용 비율은 아주 안정적이었다. 「2003 중국노동통계연감」에 따르면 1995년에서 2002년까지의, 도시와 농촌의 여성 노동자 비율은 전체 노동자의 38%였다. 2007년 5월 신화통신의 새로운 뉴스에 의하면 2007년 중국의 여성 노동자는 전체 노동자의 45%에 달했다. 2008년 10월, '중화전국부녀연합회(All China Women's Federation)'의 부의장인 후앙 팅이(Huang Tingyi)는 제10차 중국여성민족회의 기간 중에 중국에서 여성 노동자가 전체 노동자의 45.4%에 이르렀다는 내용의 보고서를 발표했다. 이 숫자는 여성 노동자들이 새로운 사회주의 시장경제의 노동현장에서도 여전히 절반 정도를 차지하고 있음을 보여준다.

그러나 직업 선택, 임금 수준, 그리고 승진 기회에 있어서 남성과 여성 간에는 분명한 차이가 여전히 존재한다. 첫째, 특정 산업들에 젠더 불균형이 있다. 「2009 중국노동통계연감」을 보면 의료서비스, 교육, 숙박, 도소매업, 그리고 금융(급속한 자본시장의 발달로 최근에 성장한 업종)과 같은 전통적인 "여성" 업종에 여성들이 대거 몰려있음을 알 수 있다. 직장 여성들은 여전히 가족 내 여성의 역할이라고 기대되는 양육, 간호, 봉사, 보조 기타 등등의 업무를 사회에서 하고 있는 셈이다.

둘째, 국영, 공영, 혹은 민영기업들이 제공하는 직업 유형에는 뚜렷한 위계가 있다. '중화중도적번영연구센터(Research Center for Moderate Prosperity in China)'의 조사에 따르면 중국인들이 가장 이상적으로 생각하는 직업은 국가기관(32.4%), 국영기업(18.3%), 주정부기관(15.6%), 외국기업(15.5%), 민영기업

(8.6%), 자영업(5.7%), NGO(3.1%)의 순이었다.[15] 2009년 북경 교육대학의 조사에 따르면 남성 대졸자들은 국가 기관이나 국영 기업에 들어갈 수 있는 기회가 더 많았다. 남성 대졸자가 국가 기관에서 일하는 비율은 12%로 이는 여성 대졸자보다 3.5% 더 높은 수치다.[16] 우리가 잘 알고 있듯이 직업의 속성은 개인의 사회적 지위, 커리어 개발, 그리고 소득 수준과 밀접한 연관성을 갖고 있다. 직업의 속성에 있어서 뚜렷한 차이는 그들의 커리어 개발과 경제적 지위에 분명히 영향을 미칠 것이다.[17]

셋째, 산업 내부로 들어오면 여성은 여전히 낮은 단계에 있고, 그들의 노동임금은 상대적으로 낮으며 그들은 남성보다 일찍 노동 시장에서 떨어져 나간다. 2010년, 여성의 지위에 관한 세 번째 조사에서 도시 여성의 연평균임금은 남성의 67.3%, 농촌의 경우는 56.0%밖에 되지 않는다는 것이 밝혀졌다. 베이징, 텐진, 상하이, 중국의 동부와 중서부 등 다른 발전된 도시와 지역들에 거주하는 여성들의 평균임금 역시 남성보다 낮았다.[18]

요약하면, 양 성의 고용 숫자가 평형을 이루었다는 것이 사회경제적 영역에서의 실질적인 젠더 평등을 의미하는 것은 아니다. 경제 분야에서 실질적인 젠더 평등은 양 성 모두가 경제적 자원과 이익을 공유하고 통제하는 동일한 사회적 여건과 위치를 의미한다. 그것은 양 성이 사회 경제적 관계에서 어떤 위치와 질서에 속해있는가, 사회 생산에서 어떤 역할을 하는가, 사회적 부의 분배체계에서 그들 자신을 어디에 위치시키고 있는가에 따라 결정되는 문제이다. 현대 사회에서 여성이 직업을 갖는다는 것은 경제적 수입과 경제력의 기초를 마련하게 된다는 것을 말한다. 하지만 고용위계, 차별적인 임금수준과 승진기회는 그들 가족의 위상, 사회적 위상과 정치적 위상 뿐 아니라 사회경제적 관계

15 Pan E. 2010.

16 Yue, Changjun 2010.

17 「2009 중국노동통계연감」의 성별, 연령별 취업자 분포구조의 통계분석에 근거한 저자의 결론임.

18 All China Women's Federation 2010.

에서의 그들의 위치에 직접적으로 영향을 끼칠 것이다.

이런 이유로 연구자와 학자들은 경제 분야에서의 실질적인 남녀평등이 젠더 평등 전체의 핵심을 이룬다고 보며, 실질적인 평등 정도를 여성의 총체적인 사회적 위상을 평가하고 측정하는 결정적인 역할로 간주해왔다. 중국 여성들은 직장생활을 지속할 수 있는 일정한 기본적 조건들을 성취한 것으로 간주되지만, 중국이 실질적인 평등을 성취하기에는 아직 갈 길이 멀다. 우리가 양적 평등을 추구하는 데서 나아가 실질적 평등의 수준을 증진하기 위해서는 취업여성의 숫자와 비율 뿐 아니라 고용의 질과 혜택의 문제에도 초점을 두어야 한다.

3. 공정 경쟁의 평등과 사회적 지원의 평등 쟁점

공산당과 정부는 정책을 입안하고 개정할 때마다 여성 인재의 교육과 채용의 중요성을 늘 인식하고 있었다. 그러나 여성 인재의 개발은 새로운 문제에 당면하였다. 첫째, 여성 인재의 숫자는 매우 적으며 그 비율도 낮다. 2008년에 국무부가 선정하고 제11차 전국인민대표회의(National People's Congress)의 첫 회기에서 인준한 27명의 장관들 중에 여성은 겨우 3명이었으며 이것은 전체의 11.1%를 차지한다.[19] 같은 해, 지방정부, 지방인민대표회의, 그리고 지방인민정치협상회의(Provincial People's Political Consultative Conference)에는 겨우 106명의 여성 리더들이 있었으며 이것은 전체의 13.0%를 차지한다. 또한 106명의 여성 중 겨우 6명의 여성만이 정당과 정부 기관의 책임자이며 이것은 같은 수준의 전체 관료들 중 6.5%를 차지한다.[20] 단연코, 2009년 4월 현재 교육부에 직접 소속된 75개 대학 중 오직 한 명만이 여성총장이었다.[21] 현재에도 과학 기술 분야에 종사하고 있는

19 Xinhua News Agency 2008.

20 Women's Studies Institute of All China Women's Federation 2008.

21 *Women's Daily*, Feb. 16, 2012, p. A1.

여성 인적 자원은 전체의 약 37%밖에 되지 않으며 이 중에서도 여성인재나 전문가의 비율은 아주 낮다. '중국과학학술원(Chinese Academy of Science)'과 '중국공학학술원(Chinese Academy of Engineering)'의 여성 학술위원의 비율은 5.6%에 불과하다.[22]

둘째, 여성 교수와 전문가들의 피라미드 구조는 더 작아지는 경향이 있다. 일반적으로 인재 피라미드 구조의 최정상에는 아주 제한된 숫자의 사람들만이 자리 잡는다. 그러나 필자의 조사에 따르면, 지난 십년간 대학에서 남성인재의 피라미드 구조의 전체 규모는 더 커진 반면 여성 인재의 피라미드 구조는 축소되었고, 여성 인재를 위한 피라미드 꼭대기에 남아있는 여성들의 수는 훨씬 줄어들었다. 유명 대학의 조사결과에 따르면 2007년 현재 전체 전임교사의 38.5%가 교수들이다. 그리고 전체 교수 중 남성이 84%, 여성이 16%를 차지한다. 여성 교수는 전체교수 비율보다 22.5% 낮고, 남성교수 비율보다 68% 낮으며 전체 교사 중 여성 교사가 차지하는 비율인 26.4% 보다도 낮다. 전문적인 직함을 갖는 여성들의 수는 점차 줄어들고 있으며 이런 현상은 특히 과학기술학 분야에서 두드러진다.

셋째, 예비 인재가 부족하다. 2010년 10월 현재 수학 분야에서 중국 최고 수준의 대학으로 알려진 한 대학의 수학과는 98명의 전임 교사들 중 9명만이 여성이었으며 이는 전체의 9%에 불과하다. 여성 교수는 2명이었으며 이는 전체 교수의 3.5%를 차지했다. 29명의 조교수 중 전체의 10%인 3명만이 여성이었다. 수학 분야의 여성 교수 비율은 언제나 낮았지만 이 학과의 여성 인재의 비율은 이전 해들에 비해 훨씬 더 줄었다. 예를 들어, 정교수로 은퇴한 여성 교수들은 전체 은퇴여교수의 21%를 차지한 반면, 부교수로 은퇴한 여성 교수들은 전체 은퇴자들의 약 40%를 차지했다. 2012년 현재 한 유명 대학 안에 70명이 넘는 '중국과학학술원(CAS)'과 '중국공학학술원(CAE)' 소속 학술위원들 중 여

22 CAS와 CAE의 웹사이트 참조.

성 학술위원은 3명뿐이며 이들의 연령은 80세에 가까웠다. 이것은 여성 학술위원의 예비 인력풀이 부족하다는 것을 말해준다.

앞서 언급한 현상들에 대한 다른 의견이 있으며 잠재적인 원인에 대해서도 많은 해석들이 있다. 필자가 생각하기에 한 가지 중요한 이유를 들자면, 사회적 취약집단은 사회적 단층의 이행에 따른 충격으로 타격을 받지만, 취약 집단들은 종국에는 급속한 사회발전에 따른 혜택을 입을 것이다. 취약한 젠더로서의 여성도 예외가 아니다. 현재, 우리의 경제 구조는 계획 경제에서 시장경제로 이행하고 있으며 사회적 자원은 필연적으로 효율성이 떨어지는 사람들에서 효율성이 높은 사람들 쪽으로 흘러가고 있다. 일반적으로, 여성은 생리, 임신, 그리고 출산과 양육이라는 3단계 생애 구조를 겪어야 하며, 여성은 가정에서 뿐 아니라 사회적으로도 이미 확정된 성별 노동분업에 오랫동안 제약되어 왔으므로 몇몇 여성들의 경우 효율성이 떨어지는 집단으로 구분되기 쉽다. 그러므로 여성은 어떤 사회 계층에서 왔건, 같은 분야에 있는 상대 남성들보다 더 큰 충격과 도전에 직면해야 한다. 시장 경제에서 자유 경쟁이 공정한 경쟁과 독립적인 선택의 기회를 더 많이 제공한다는 것은 부인할 수 없는 사실이다. 그럼에도 불구하고 여성으로서 재생산의 부가적 책임을 이행하려면, 여성은 공정한 경쟁을 위한 평등한 사회적 환경뿐 아니라 사회적 지원의 평등을 제공하는 사회정책 또한 필요하다.

소위 공정한 경쟁을 위한 평등이라는 것은 남성과 여성이 다른 어떤 보조 조건 없이 그들 자신의 능력과 노력에 의해서 성취할 수 있는 평등한 권리를 뜻한다. 여기서 말하는 사회적 지원의 평등이란, 여성이 재생산 영역에서 하는 특별한 기여에 상응하는 사회적 지원을 제공해야 한다는 사회적 인식의 맥락 안에서 남성과 여성이 각기 자신의 능력과 노력을 통해 성취할 수 있는 동일한 권리를 뜻한다. 얼핏 보기에 사회적 지원의 평등은 젠더 평등의 정신에 위배되는 것으로 보이지만, 그러나 필자는 사회적 지원은 진정한 젠더 평등을 실현하기 위해 필수적인 것이라고 생각한다. 그것은 과거로부터 현재까지, 사회와 가정 내 성별 노동분업, 남존여비와 같은 관습, 재생산의 사회적 가치의 비가시화, 사회의 정치, 경제, 문화 구조에 깊이 연루된 강력한 힘들에 의해 축적된 모든 것의 영향 하에 있는 문제이기 때문이다. 이러한 요소들은 남성과 여성 모두의 발전과 평등한 경쟁을 가로막는 실질적인 장애물이었다. 그러므로 여성에 대한 어떠한 지원도 없이 남성과 여성이 공정한 경쟁을 한다는 것은 사실상 젠더 불평등을 전제하는 공정한 경쟁일 뿐이라고 말하는 것이 공정할 것이다. (국가가) 젠더-특화된 대우를 위한 체계와 정책을 활발하게 시행한다면 여성들은 사회의 차별적인 구조 사이를 항해해 나갈 수 있을 것이다. 이것이 남성과 여성 모두의 평등한 시작이 보장된 공정한 경쟁의 전제조건이다.

필자는 현재의 시장경제 안에서 정부, 대학, 과학기술연구기관 등 어느 영역도 여성이 일-가정 사이에서 이중의 부담을 느끼면서 그들의 남성 경쟁자와 공정한 경쟁을 해야 할 때, 여성 자신의 개별적인 노력에 의존하면서 이 짐을 덜어주기 위해 그들의 행정적인 힘을 이용하지 못했으며, 아주 제한적이거나 약한 도움만을 줬다는 것을 알고 있다. 이 모든 것이 고도로 재능있는 여성노동자들의 성장을 더욱 어렵게 한다. 그러므로 여성 인재와 리더들의 숫자를 늘리는 것을 가속화하기 위해 관련정책을 도입하고 기존 정책을 수정하는 것이 필요하다. 예를 들어, 다양한 행정 단계들에서 지도자 지위인 요직의 평등한 젠더 균형은 다음의 정책들을 통해 더 잘 성취될 것이다. 연구보조금과 수상에서 여성 비율을 보장하는 정책, 같은 조건에서라면 자기 계발 기회와 선택에 있어 여성에게 우선권을 주는 정책, 공공자원으로 사용할 수 있는 수유방, 탁아시설, 유치원과 같은 복지 시설이 개설되는 정책이 그것이다. 이 모든 것은 재생산과 가사노동을 감당하는 여성을 위한 효율적인 사회적 지원이 될 수 있을 것이며, 더 많은 여성인재들이 배출될 수 있는 여성 인재 개발과 성장을 위한 구조와 메커니즘을 창출할 수 있을 것이다. 이것들은 사람들 사이의 평등과 사회적 가치 및 사회적 기여를 실현하는데 필수적이고 중요한 수단이다.

4. 정체성 평등 요구와 분화된 평등 요구

최근 몇 년간, '전국인민대표회의(NPC),' '중국인민정치협상회의(CPPCC),' '지역인민대표회의(PPC),' 그리고 '지연인민정치협상회의(PPPCC)'에서 동일 정년에 대한 수정안이 상정됐고, 이에 대해 양 성 간에, 그리고 여성들 간에 각기 다른 반응들이 있었다. 2011년 현재 '중화전국부녀연합회(ACWF)' 산하 여성연구소의 조사에 따르면, 약 74.5%의 여성리더들과 70.6%의 여성기술자들이 남성 동료들과 동일 정년을 요구한데 비해 50.6%의 여성노동자들이 차등 정년을 희망했다. 전체 여성 노동자의 1/4에 달하는 약 28.6%의 여성노동자들이 남성노동자들보다 10년 이른 정년을 선호했다. 조사 단체는 이 조사에서 응답자가 동일 정년에 대해 "예" 혹은 "아니오"를 선택하는 것은 응답자의 성, 사회적 지위(그룹), 나이, 교육 정도, 가족 소득, 경제적 상황, 가족 부양, 신체조건, 소속작업장의 민/관 유형, 행정적 서열, 소속작업장에서의 위치, 기술적 직함, 소속작업장의 경제적 효율성, 복지와 사회적 안정성, 그리고 은퇴 후 소득변화와 관련이 있다는 것을 알아냈다.[23]

각기 다른 계층에 속하는 여성들 사이의 의견충돌은 지속적인 변형과 개방과 함께 심화되었다. 다양한 계층의 여성들은 평등에 대해 다양한 흥미, 관심, 호소력을 갖는다. 인종 집단, 종교, 교육 정도, 나이, 사회적 지위 등 각기 다른 배경을 가진 여성들은 젠더 평등에 관해 각기 다른 열망과 이해를 가지는 것이다. 불균등한 경제발전은 도시와 농촌 간에, 그리고 각기 다른 지역, 산업, 여성집단들 간에 불균등한 젠더 평등을 가져왔다. 사회 변화는 사회적 평등과 정의에 관한 종종 뒤섞인 형태의 많은 쟁점들을 촉발시켰는데, 젠더 평등에 대한 요구는 대체로 혜택을 덜 받는 집단의 이익과 관련된다.

중국에서 여성의 평등에 관한 요구들이 다양하고 복잡해진 것은 분명하다.

23 Liu, Bohong, Guo Li, and Rui Hao, eds 2011.

만일 우리가 사람들의 다양한 현실과 반대되게 여성을 단순히 동질적이고 단일한 집단으로 간주하고 여성들의 내적 · 외적 차이와 영향들을 무시한다면, 우리는 젠더 평등이라는 목표를 달성할 수 없을 것이다. 그 대신, 여성을 단일화하는 접근은 여성 운동, 젠더 평등에 관한 정책 수립, 그리고 여성의 발전에 부정적 영향을 줄 것이다. 예를 들어, 노동과 자본에 있어 여성 노동자와 농민들이 받는 불평등의 영향은 남성 노동자와 농민들이 받는 불평등의 영향보다 훨씬 크다. 최근의 젠더 평등에 관한 요구는 동일한 젠더 평등의 발전이라는 목표 하에 모든 여성의 권리와 이익을 고려해야 하는 한편, 각기 다른 사회적 계층에 있는 여성들의 생존과 발전의 실질적 필요에 기반을 둔 제한된 여성 집단에게 필요한 차별화된 목표를 상정해야 한다. 정년문제의 경우, 학계에서 제안한 것으로 노동자들이 자유롭게 선택할 수 있는 권리를 갖게 하자는 유연한 정년 계획은 중국여성의 근본적 현실들에 적합한 것이면서 동시에 다양한 사회 계층의 남성과 여성의 평등한 진보를 지속하려는 노력에도 부합하는 것이다.

결론적으로, 중국의 젠더 평등에 대한 최근의 새로운 쟁점들은 중국의 사회적 변혁과 개발의 과정 속에서 나온 것이며 이것은 젠더 평등의 지속적인 발전과 진보를 통해서만 해결될 수 있을 것이다. 새로운 상황과 문제에 잘 대처하기 위해서, 필자는 국가와 정부가 젠더 평등의 실질적인 상황에 대해 보다 심도 있고 정확하게 이해하고, 젠더 평등의 발전을 심화시킬 수 있는 실질적이고 효율적인 정책을 채택할 것을 나는 제안한다.

보다 구체적으로 말하면, 먼저 국가와 정부는 사회 발전과 젠더 평등의 실현 과정에서 새롭게 등장할 문제와 모순들을 파악할 수 있는 예리한 예지력이 있어야 한다. 이를 위해서는 위험을 조기에 경고하고 개혁할 수 있는 특별한 계획이 필요하다. 둘째, 국가와 정부는 정확한 근원을 볼 수 있는 시각을 찾아야 하고 정책을 형성하고 행하기 위해 관련되는 선두 부서와 직원들을 영입해야 한다. 그리고 그러한 부서와 직원들이 국가 건설과 사회 발전의 성취에 대한 여성의 권리와 여성의 참여를 법적으로 그리고 객관적으로 보호하는 방식으로 권리와 관심을 관리하고 유지하도록 해야 한다. 셋째, 그들은 다양한 층위의 여성들이 직면하는 각기 다른 문제와 불일치들을 날카롭게 인지하고 있어야 하며, 이들 사이에 평등의 격차를 좁히도록 노력해야 한다. 따라서 기회의 평등과 결과의 평등, 그리고 양적 평등과 실질적 평등은 동시에 증진되어야 한다. 여성은 국가의 일방적인 정책과 공공 사회자원에 의존하기 때문에, 여성들은 사회 진보를 함께 증진시키기 위해 사회발전을 위한 동등한 기회와 동일한 참여 권리를 보장받아야 한다. (번역: 오애리)

참고문헌

All China Women's Federation. 2010. *The Third Data Report on Women's Social Status in China*. Beijing: National Bureau of Statistics.

Constitutional Research Institute, China University of Political Science and Law. 2012. "A Survey of Gender Discrimination in Civil Service Exam." *Women's Daily*, January 10, B2.

E., Pan. 2010. "Encaged Chinese Talents." *Moderate Prosperity*, Vol. 9, 1-18.

Liu, Bohong, Guo Li, and Rui Hao, eds. 2011. *Research Report on the Retirement Age*.

Liu, Chunling. 2009. *Gender Differences Caused by Educational Status: Impact of Family Background upon Men's and Women's Educational Status*. Beijing: Collection of Women's Studies.

National Center for Information Consultant and Vocational Counseling in Institutions of Higher Learning, Pedagogical College of Peking University. 2009. *2004-2008: Employment Situation for College Graduates in China*. Beijing: Peking University Press.

On Women by Marx, Engels, Lenin and Stalin. 1978. Beijing: People's Publishing House.

Wen, Dongmao. 2005. *Gender Comparison of Opportunities of Higher Education, School Work, and Employment*. Beijing: Educational Studies at Tsinghua University.

Women's Daily. 2012. "Cohesive Teamwork: To Provide Service for the Growth and the Development of the Female Talents." February 16, A1.

Women's Studies Institute of All China Women's Federation. 2008. *Women's Studies for Internal Reference*.

Xinhua News Agency. 2008. "Name list of the 27 New Ministerial Officials of the State Department." *Xinhua Net*, March 17.

Yue, Changjun. 2010. *Gender Comparison of Higher Education and Employment*. Beijing: Educational Studies at Tsinghua University.

Zhao, Jinfang, and Sulan Yue, eds. 2008. *Simplified Readings of the Basic State Policy of Gender Equality*. Beijing: Peking University Press.

한국의 신자유주의적 지구화와 여성 주체성의 변화: 실천이론의 관점

조 주현

1. 문제제기

1970년대부터 강화되기 시작한 신자유주의는 후기근대 사회를 이끌어가는 기본 동력이다. 신자유주의의 강화는 일차 대전 이후 경제 불평등이라는 정치적 부담을 해결하지 못해 종식됐던 경제적 지구화를 다시 불러왔다. 현재 진행되고 있는 지구화는 경제적 측면에서만 본다면 19세기 말에 시작돼 일차 대전 이후 종식됐던 가장 최근의 지구화에 비해 오히려 약한 것으로 평가되지만(Rodrik, 1997), 그 정치적, 사회적, 문화적 변화를 고려한다면 20세기 초의 얇은(thin) 지구화에 비해 깊은(thick) 지구화라고 할 수 있다(Keohane and Nye, 2002). 현재의 지구화가 깊은 지구화가 된 것은 주로 인터넷의 발달을 비롯한 정보통신기술의 혁명에 기인한 바가 크며 이는 후기근대적 삶의 주요 특징이기도 하다(Castells, 2009).

그러나 지구화에 따른 다양한 정치사회적 변화에 대한 전망들은(하트 & 네

그리, 2001; Beck and Beck-Gernsheim, 2002; 프리드먼, 2003) 9/11 이후 진행된 일련의 정치적 사건들과 그에 따른 국가권력의 재등장으로 그 실현가능성이나 적절성이 불투명해진 것으로 보이게 됐고 나아가 지구화의 구체적 실체가 있는지에 대한 의문으로 이어졌다(Cameron and Palan, 2004). 이 과정에서 오히려 더 주목받은 논의가 아감벤(Agamben)이 '벌거벗은 생명(homo sacer)'이나 '예외적 상황(state of exception)'의 개념으로 드러내려했던 신자유주의 통치성에서의 주권권력의 역할이다(Dean, 2008). 즉 현재 진행 중인 지구화는 신자유주의적 지구화이며 후기근대적 개인의 삶에 가장 중요한 영향을 미치는 것은 여전히 건재한 국가의 신자유주의 통치성이라고 요약할 수 있다.

푸코의 신자유주의 통치성은 대부분의 국가에서 작동되는 정치적 권력의 특징을 가장 잘 설명하는 개념이다. 푸코는 권력의 작동방식을 주권권력(sovereign power), 목자권력(pastoral power), 규율권력(disciplinary power) 및 생명권력(biopower)으로 크게 구분하였는데, 신자유주의 통치성은 이 권력의 작동방식들이 시공간적 상황에 따라 다양한 형태의 결합과 선택을 통해 발현되는 것이다(Ong, 2005). 예컨대 OECD 가입국으로 대변되는 선진국들에서의 신자유주의 통치성은 직접적인 강압에 의한 통제보다는 푸코가 '자기 기술(technology of the self),' '행위의 통제(the conduct of conduct),' 또는 '자유를 통한 권력(power of freedom)'이라고 불렀던 통치방식, 즉 개인의 동의와 수용을 통한 느슨한 형태의 그러나 모세혈관처럼 사회의 모든 측면에 스며들어 저항의 실마리를 찾기는 더욱 어려운 통치방식인 거버넌스(governance)의 방식으로 작동된다. 그러므로 주권권력과 일상적 권력은 서로 구분할 수 없을 만큼 엉켜있고 그 작동방식도 비슷해진다.

후기근대 사회의 권력이 이 같은 특징을 보이는 것은 18세기경부터 시작된 인구의 증가, 삶의 조건을 개선하는 데 있어 경제발전이 차지하는 중요성, 통치방식의 효율성 증대에 대한 요구, 개인적 자유의 공간 확대에 대한 욕구 등이 서로 맞물려 일어났기 때문이다. 신자유주의 통치성은 경제적 논리를 정치사회적 영역으로 확대하려는 것으로 위와 같은 사회의 다양한 요구들에 대한 후기근대 사회의 대답이라고 할 수 있다. 한편 신자유주의적 논리에 대한 비판에도 불구하고 이 논리가 빠른 속도로 사회에 확산되는 이유는 사회구성원들의 묵인 혹은 동의가 있기 때문이다. 신자유주의적 논리에는 개개인의 자유의 확대와 그에 따른 창의성, 효율성과 독립성의 증대와 같이 개개인이 원하는 것들은 분명하고도 구체적으로 드러나는 반면에 개개인의 그 자유로운 행위의 결과는 더욱더 예측할 수 없게 되며 특히 공공의 이익을 확보하기는 더욱더 어려워지게 된다는 점은 잘 드러나지 않는다(조주현, 2012). 이처럼 후기근대 사회의 권력의 작동방식이 법과 제도에 기반한 주권권력 위주가 아니라 개개인의 자유의 신장이라는 일상적 권력과 서로 뒤섞이는 방식으로 작동할 때 권력이 지닌 구성적 속성을 이해하기는 더욱 어렵게 된다. 예컨대 페미니즘에서 신여성성에 대한 해석이 혼란스러운 것은 주체의 구성성과 행위성 문제가 이러한 서로 뒤엉켜있는 권력 방식과 밀접하게 맞물려있기 때문이다.[1]

이 글은 신자유주의 통치성이 작동하는 후기근대 사회의 삶을 살아가는 여성들의 주체성의 변화를 파악하기 위한 것이다. 이를 위해 이 연구는 다음의 순서로 논의를 전개해 나가기로 한다. 2절은 후기근대 사회의 권력의 작동방식의 변화가 주체의 구성성과 행위성에 어떻게 관련되는지를 정확히 이해하기 위해서는 먼저 권력과 같은 사회적 실천이 어떻게 개인의 행위에 의해 구성, 유지, 변화, 소멸되는지에 대한 이론이 필요한데, 실천이론이 그에 대한 체계적인 분석틀을 제공할 수 있다는 점을 주장한다. 3절은 페미니스트 이론이 다루는 여성주체의 구성성과 행위성의 문제를 실천이론을 이용하여 해석한다. 4절은 브랜덤의 언어적 실천 개념을 중심으로 사회적 실천이 제공하는 '적극적 자유'의 개념이 여성주체의 구성성과 행위성에 대한 해석에 새로운 시사점을 던져줄 수 있음을 설명한다. 5절은 후기근대 한국사회에서 여성주체성의 변화를 다루며 주체의 행위성을 구현하기 위해서는 실천이론의 정치적 구현이라고 할

1 예컨대 페미니즘에서 신여성성에 대한 해석이 혼란스러운 것은 주체의 구성성과 행위성 문제가 이러한 서로 뒤엉켜있는 권력 방식과 밀접하게 맞물려있기 때문이다.

수 있는 아고니즘 정치가 실천되어야 함을 주장한다. 결론적으로 이 글은 후기 근대 한국사회의 여성들은 신자유주의적 주체로 전환되었으며 이들의 구성성과 행위성의 엮임을 이해하기 위해서는 구체적인 맥락에서 개개인의 선택과정을 추적하는 미시적인 접근이 필요하며 아울러 아고니즘 정치를 통한 행위성의 구현이 필수적임을 주장한다.

2. 후기근대 사회의 권력과 주체

룩스(Lukes, 2005: 110-124)는 권력에 대한 자신의 유명한 저서에서 상대의 저항에도 불구하고 자신의 의지를 관철시키는 것을 권력으로 본 베버의 권력 개념과 달리 상대의 욕구를 조정, 형성, 또는 결정해서 동의를 끌어내는 권력 개념을 포함한 삼차원적 권력 개념(three-dimensional concept of power)을 제시했다. 룩스에 따르면 권력의 이러한 측면은 이해관계가 충돌하지 않는 상황에서도 작동한다. 또한 룩스에 따르면 권력 개념은 자유, 진정성, 자율 등의 개념들과 밀접하게 관련되어 있기에 규범적이면서 동시에 논쟁적일 수밖에 없는 개념이다(Lukes, 2005: 108). 룩스는 자유의지가 있는 주체들(willing subjects)이 어떻게 자신의 이익에 반하는 지배에 저항하지 않고 순응하는지를 상대의 욕구를 조정, 형성, 혹은 결정해서 동의를 끌어내는 세 번째 측면의 권력개념을 통해 이해하려고 했다. 하지만 룩스의 이러한 권력개념은 권력의 구성적 성격을 강조하는 장점을 갖고 있긴 하지만 종속적 위치에 있는 개인이 보여주는 행위성의 측면을 소홀하게 보는 점이 있다. 종속적 위치에 있는 개인들의 순응은 권력의 효과이기보다는 그 개인이 놓여있는 맥락에서 볼 때 합리적 선택일 수도 있고, 무지나 체념 때문일 수도 있으며, 혹은 은밀한 저항일 수도 있는, 즉 그 개인의 행위성의 결과일 수도 있기 때문이다. 결국 이들 개개인의 행위에 대한 좀 더 현실적인 모델을 제시하지 않고서는 룩스의 권력 개념으로 우리가 이들의 행위를 근본적으로 이해하는 것은 불가능한 것으로 보인다.

룩스의 권력 개념은 푸코의 신자유주의 통치성 개념과 많은 점에서 유사하다. 푸코의 신자유주의 통치성은 국가권력 뿐 아니라 모든 사회적 관계에 내재한 권력의 작동을 포괄하는 개념인데, 그런 상황에서 "모든 것이 위험하다" (Foucault, 1983: 231-2)고 말하는 푸코의 모토는 개인의 행위성을 부정하고 개인의 모든 선택은 궁극적으로 권력에 종속되는 결과를 낳는다고 생각하는 그의 입장을 반영하는 말이다. 따라서 이 같은 맥락에서 볼 때 푸코의 권력개념에서 저항의 가능성을 찾기 어렵다는 비판은 일견 타당한 것으로 보인다. 권력의 작동에 대한 푸코의 부정적 이해는 그의 주체에 대한 이해에도 그대로 반영된다. 푸코는 주체가 권력에 의해 구성된 권력의 효과라고 주장하는데 그렇다면 이러한 주체는 권력에 종속된 상태에서 벗어나 저항할 수 있는 행위성을 갖출 수 없게 된다. 그렇기 때문에 푸코의 권력/주체 이론에 대해 권력이 어떻게 사람들의 현실 인식을 왜곡시킬 수 있는지를 깨닫게 해주는 이론이라는 찬사와, 주체를 스스로의 이익에 반대되는 선택을 하는 판단능력이 결여된 자로 묘사한다는 비판의 평가에서 각기 알 수 있듯이, 푸코의 권력/주체 이론에 대한 평가 역시 룩스의 권력 개념에 대한 평가와 마찬가지로 개인의 선택 과정에 대한 구체적인 이론화 없이는 공허한 논쟁이 되기 쉽다는 결론에 이르게 된다 (Lukes, 2005: 149).[2]

통상 후기근대 사회의 개인은 특수한 경우를 제외하고는 각자가 다른 시공간에서 자신의 삶을 이루어나간다. 그렇기 때문에 개개인의 삶의 조건의 공통점에 기반을 두고 각 개인의 동의를 끌어내는 전기근대 사회의 정체성의 정치학 전략으로 후기근대 사회의 개개인의 삶의 미세한 차이를 재단하는 것은 적절치 않게 된다(Connolly, 2002a: xiii). 이러한 후기근대 사회의 삶의 맥락에서 작동하는 권력은, 주어진 상황에서 개인이 자신만이 가진 지식과 정보를 이용하여 자신에게 가장 효율적인 선택을 하는 것이 사회에도 가장 효율적인 결과

---

2 마찬가지로 보편론과 상대론에 대한 논쟁도 개인의 선택과정에 대한 구체적인 이론화 없이는 공허한 논쟁이 되기 쉽다. 페미니스트 정치학의 경우는 조주현(2010b)을 참조.

를 가져올 것이라는 논리를 사회통치 전반에 적용시키는 방식으로 실현된다. 개인의 선택의 자유를 보장하는 방식으로 작동하는 권력은 전기근대 사회에서처럼 개인의 자유를 법과 제도로 통제하는 방식으로 통치하는 것이 아니라, 규칙, 규율과 규범을 통해 개인의 자유를 통제할 수 있는 방식으로 통치해야 하는데 이를 위해서는 개인의 자유와 사회의 규범 간에 적절한 균형이 이루어지게 해야 한다.[3]

개인의 자유와 사회적 규범 간의 균형을 이루는데 나타나는 문제는 사회의 효율성은 주로 개인의 선택에 의존해야 달성될 수 있는 반면에 사회의 공동선은 주로 국가나 사회의 개입에 의존해야 달성될 수 있다는 데 있다. 이때 국가나 사회의 개입과 개인의 자유로운 선택은 상호충돌하게 되는데 이를 해결하기 위해서는 국가나 사회의 개입이 개인의 자유로운 선택을 저해하지 않도록 해야 하고 이를 위해서는 국가의 개입은 "최소화"하고 사회의 개입은 간접적인 방식으로, 즉 사회적 규범에 의해 개인의 선택을 통제하는 방식으로 사회의 공동선이 달성될 수 있도록 하는 것이 필요하게 된다. 이렇게 사회적 규범에 의한 개인 선택의 통제는 법과 제도에 의한 개인 선택의 통제보다 훨씬 유연하고 느슨하며 다양한 방식으로 작동한다. 따라서 후기근대 사회의 권력의 작동방식은 바로 이 개인의 선택과 그 선택에 "느슨하게 관여하는" 규범의 생성, 유지, 변화, 소멸을 구체적으로 보여주는 것을 통해 이해할 수 있다.

권력 개념에 대한 이러한 실천이론적 접근방식은 권력을 고정된 것으로 보고 권력의 세세한 작동과정까지 상세하게 규정한 후 주어진 현상들을 그 상세한 규정에 따라 분류하고 해석하는 접근법과는 완전히 배치되는 방식이라는 것을 알 수 있다. 또한 룩스가 설명했듯이, 상대의 욕구를 조정, 형성, 또는 결정해서 동의를 끌어내는 것으로 권력의 작동을 이해하는 것도 문제가 있다는 것을 알게 된다. 실천이론은 권력을 고정된 것이 아니고 개개인의 수행을 규정

3 이것은 정치경제학에서 다루는 평등과 효율성의 균형(the equality-efficiency trade-off) 문제와 같은 맥락이다.

하는 사회적 실천과 그 사회적 실천을 평가하는 각 개인들의 선택이라는 수행들로 작동하는 것으로 이해하며, 쿤의 과학혁명처럼 늘 변화의 가능성을 내포하고 있는 것으로 권력을 이해한다. 즉 권력, 주체와 자유에 대한 이해는 그 사회적 실천들이 개인의 선택에 어떻게 관여하며 개개인의 선택의 과정에서 그 사회적 실천들은 어떻게 변화되는지에 대한 구체적인 작동과정에 대한 이해로 확장되어야 한다고 본다. 결국 개인들 간의 미시적인 상호작용과 거시적인 사회현상 간의 연관성에 대한 구체적인 이론이 필요하다는 것인데, 그 중에서도 개인들의 선택에 의해 사회적 실천들의 변화가 이루어지는 과정에 대한 체계적인 이해가 필요하다고 본다.

개인은 동의를 선택할 때 자신의 선택의 자료가 되는 신념(beliefs), 선호도(preference), 혹은 구속 조건들(constraints)에 근거해 동의하게 된다(Gintis, 2007). 즉 개인의 동의는 이 신념, 선호도, 구속조건들이 규정한 선택 공간에서 이루어진다. 그러나 개인의 동의를 규정짓는 이 신념, 선호도, 구속조건들은 다시 개개인의 선택을 통해 생성, 유지, 변화, 소멸의 다양한 변화과정을 거친다. 신념, 선호도, 구속조건들과 같은 사회적 실천의 생성, 유지, 변화, 소멸은 그 실천을 구성하는 과거에서부터 누적된 수행들과 그 수행에 대한 평가들로 구성된 미시적 자료들을 설명할 수 있는 분석틀(관점)에 근거해 결정된다. 이때 무한히 다양한 분석틀들 중에서 가장 '효율적'인 분석틀을 선택해야 되는데 '효율성'의 기준은 객관적으로 정해져있는 것이 아니고 다른 사회적 실천들을 포함한 구성원들의 삶의 사회역사적 조건에 의해 정해진다. 그리고 이렇게 선택된 분석틀은 쿤의 정상과학처럼 외부조건의 변화에 대해 미세한 조절과정을 거치면서 지속되지만 다른 한편 쿤의 과학혁명처럼 분석틀이 급격히 변화할 가능성도 항상 존재한다. 분석틀의 급격한 변화가능성은 아렌트(Arendt)가 '성찰적 판단(reflective judgement)의 순간'으로, 그리고 제릴리(Zerilli)가 '앞질러 말하기의 순간(predicative moment of politics)'으로 각기 표현했듯이, 구성원이 매 수행의 순간에 그 수행과 실천 전체를 재해석할 가능성에 직면하는 방식으로 존재한다.

3. 페미니스트 이론에서의 여성 주체성 문제

일반적으로 페미니스트 정치학을 포함한 사회비판 이론들은 자본주의나 가부장제와 같이 분명하고도 심각한 사회문제를 해결하기 위해 사회적 규범과 개개인의 행위의 관계를 단순화시키는 경향이 있다. 즉 사회적 규범이 개인의 자유를 구속하는 과정에 대한 이해가 개인을 지나치게 수동적으로 묘사하는 방식일 뿐 아니라 역으로 개개인의 행위에서 사회적 결과가 나오는 과정 역시 단순히 개인들의 행위의 집합이 사회적 결과를 가져오는 것으로 전제함으로써 개인 간의 상호작용에서 시작되는 정치적 저항의 가능성을 분석에서 놓치기 쉬운 경향이 있다. 개인은 규범을 준수할 때 규범을 따르기만 하는 존재가 아니라 "그 규범을 파악 또는 이해하고, 그 규범에 따라 (자신과 타자의) 각 수행(performance)의 옳고 그름을 평가할 수 있는" 존재다(Brandom, 1994: 32). 페미니즘이 여성종속의 원인을 가부장제적 규범에 의해 구성되는 여성주체의 구성성에서 찾으려고 하거나(Allen, 2007), 비판이론이 노동계급의 자발적 종속의 원인을 허위의식과 이데올로기의 역할에서 찾으려고 하는 것은(Rosen, 2000), 이들 이론들이 개개인의 행위에 대한 정교한 해석들을 반영하지 않기 때문인 것으로 보인다.

앨런(Allen, 2007)에 따르면 1980년대부터 페미니스트 이론은 주체의 문제에 집요하게 매달려 왔다. 앞에서 설명했듯이 푸코를 비롯한 사회구성론자들의 종속(subjection) 개념은 여성이 어떻게 자신을 억압하는 규범에 순응하게 되는지 설명하는 데는 대단히 유용했지만 여성이 어떻게 그 규범을 변화시키는 행위성을 갖출 수 있게 되는지 설명하는 데는 취약했다. 규율권력에 의해 구성된 주체에게서 저항의 실마리를 찾을 수 없다는 푸코의 주장에 대한 의문은 여성 주체의 구성성을 설명한 버틀러의 이론에도 그대로 적용된다. 즉 푸코나 버틀러의 권력/주체 이론을 받아들인다면, 인종, 계급, 젠더, 섹슈얼리티의 상호교차적 권력관계에 의해 구성된 다양한 여성주체들이 어떻게 스스로를 변화시키는 행위성을 발휘하여 그 같은 권력관계에 저항하고 그 권력관계를 변화시키는 것이 가능할 수 있는가 하는 것이다.

정치적 존재로서 여성의 경험과 전망을 주제로 하는 페미니스트 정치이론의 경우 이러한 여성주체의 구성성과 행위성의 문제는 특히 핵심 주제가 된다. 이 문제를 이해하는 것이 다양한 영역에서 서로 대립하고 있는 페미니스트 진영들의 주장을 맥락화시키고 다양한 정치적 대안을 제시하는데 있어 가장 중요한 과제가 되기 때문이다. 예컨대 포르노에 대해 서로 대립적인 주장을 펼치는 페미니스트 진영들이 그 대표적인 예가 된다. 모든 포르노는 여성에 대한 남성지배의 도구라고 보는 드워킨과 멕키넌의 관점이나 포르노에는 여성억압에 대한 저항과 체제 전복적인 측면이 있음을 강조하는 급진주의자들의 관점은, 둘 다 권력을 보는 방식에 있어 권력의 억압적 측면(domination)과 권력의 세력화 측면(empowerment)을 각각 과장되게 이해하는 방식이다. 그러나 포르노에 대한 접근은 포르노 소비를 여성주체를 종속시키거나 반대로 여성주체가 세력화되는 것으로 보기보다는 권력과 쾌락의 상호관계로 보거나(Williams, 1999), 여성 주체의 종속과 여성 주체의 세력화는 서로 뒤엉켜서 작동하기 때문에 세력화가 반드시 종속에 대한 저항으로 귀결되지 않으며 오히려 종속을 더 강화하는 결과를 가져올 수도 있다는 버틀러의 좀 더 정교한 해석에서 볼 수 있듯이, 여성 주체의 종속과 여성 주체의 세력화는 단순하게 이분화될 수 없는 서로 얽혀있는 문제로 보아야 한다. 페미니스트 정치이론의 핵심주제는 바로 이 여성 종속과 여성 세력화의 얽혀있는 방식을 밝히는 것이다(Allen, 2001: 521-528).

여성 주체의 종속과 여성 주체의 세력화 혹은 저항이 서로 어떻게 얽혀있는지를 밝히기 위해서는 정치적 실천이론이 도입되어야 한다. 예컨대 제릴리는 푸코나 버틀러의 주체중심적인 패러다임에서는 진정한 변혁이나 자유로운 정치적 행위성을 기대하기 힘들다고 보고 여성 주체의 앞질러 말하기와 그에 대한 공동체 구성원들의 화답을 통해 변화를 가져오는 것과 같은 정치적 실천의 문제로 페미니스트 정치학의 패러다임을 이동시키자고 제안했다(조주현, 2010a). 버틀러가 페미니스트 정치학의 전선은 '여성'을 의미화하는 지배담론과 규율권력의 정치구조라고 보고 그 정치구조 내의 인식가능한 것과 불가능한 것의 배치를 재배열함으로써 '여성' 정체성을 전복시키는 주체 구성의 정치학을 부각시키려고 했다면(버틀러, 2008: 362), 제릴리는 그 전복적 '여성'을 선언하는 정치적 행위에 화답하는 페미니스트 커뮤니티의 구축을 그것을 실현시킬 수 있는 핵심적인 실천으로 보았다. 즉 새로운 정체성의 구성 혹은 앞질러 말하기와 같은 개인의 수행(performance)은 공동체 구성원들의 화답, 즉 평가에 의해 지배담론과 규율권력의 사회적 실천을 유지, 변형, 혹은 소멸시킨다. 전복적 '여성'은 주체의 정치화만으로 실현되지 않으며 공동체 구성원들 간의 상호작용으로만 가능하다는 제릴리의 주장은, 수행들 간의 상호작용으로 사회적 실천이 유지, 변형, 혹은 소멸되며 다시 사회적 실천은 행위자들의 수행을 제약하고 조정하는 장의 역할을 한다는 실천이론을 반영하고 있다.

그러나 앨런은 이러한 제릴리의 제안이 정치적 행위자들을 구성하는 권력의 지배적 역할을 잘 드러나지 않게 만들 수 있다고 말한다. 제릴리의 제안대로 집단적인 정치 참여는 종속된 여성주체가 자신의 구성된 주체성을 거부하고 해방적인 방향으로 나아가는 순간이기도 하지만, 제릴리가 푸코나 버틀러의 "주체중심의 분석틀(subject-centered framework)"에 내린 비판과는 달리 구성된 주체는 자신의 종속적 정체성에 대한 집착을 통해 그 종속의 고통을 드러내는 기회로 삼을 수도 있으며(Brown, 1995), 설령 집단적인 정치참여를 한다 하더라도 권력의 지배구조에 노출된 상황에서 어떻게 사회적 불평등을 재현하지 않을 수 있는 방법으로 정치적 토의와 참여를 할 수 있는가 하는 반문이 제기될 수 있다는 것이다(Allen, 2007: 10-11). 앨런의 이러한 지적은 밀라노 페미니스트 공동체에 대한 제릴리의 분석(조주현, 2010a)에서 드러나는 그녀의 실천이론적 측면을 제대로 고려하지 못한 편향적인 평가이지만 근본적으로는 제릴리의 이론이 실천이론을 좀 더 철저하게 수용하지 못한데서 야기되었다고 할 수 있다.

페미니스트 정치학에서 여성주체의 구성성과 행위성의 문제는 앨런의 논의에서 드러나듯이 사회적 실천에 대한 연구의 핵심 문제이며 이 문제의 해결은 사회과학적 방법론의 궁극적인 과제이기도 하다(조주현, 2010b, 2012). 실천이론의 최근 연구결과는 사회적 실천이 어떻게 행위자들의 수행과 그 수행에 반드시 수반되는 헌신(commitment), 자격(entitlement), 인정(acknowledgement) 등을 포함하는 평가와 기록, 즉 "의무적 평가기록행위(deontic scorekeeping)"를 통해 유지, 변화, 소멸되는가에 대한 구체적인 이론들을 시도하고 있다(Heath, 2008; Rouse, 2007). 다음 절에서는 실천이론으로 해석한 자유와 주체 개념이 페미니스트 정치학의 오랜 문제인 여성주체의 구성성과 행위성 문제를 이해하는 데 어떤 시사점을 줄 수 있는지 살펴보도록 한다.

4. 실천이론에서의 자유와 주체: 아고니즘 정치

어떤 행위가 합리적 행위인지 판단하는 관점에는 두 가지가 있다. 하나는 각 개인이 자신의 욕망이나 효용을 달성하기 위해 하는 행위를 합리적 행위라고 보는 것이고 다른 하나는 의식적으로 자신을 구성하고 변화시키는 능력의 발휘를 합리적 행위라고 보는 관점이다(Brandom, 2009: 130-155). 전자는 도구적 합리성에 기반한 관점으로서 개인의 욕망의 정당성 여부는 이성적 논의가 불가능하다고 판단하여 논의에서 제외하며 그 욕망의 달성을 위한 가장 효율적인 행위의 선택만이 논의의 대상이 된다고 본다. 반면에 후자는 개인을 언어적 실천의 주체로 보며 개인의 행위와 그것이 수반하는 책임감, 헌신, 자격, 권위 등을 통해서 합리적 행위의 의미가 규정된다고 본다. 또한 후자는 개인이 개념적 규범의 구속을 받아들이고, 헌신을 약속하며, 권위를 행사하고 받아들이는 것이 인간의 자유의 핵심이라고 본다. 이때 자유는 각종 사회적, 자연적 구속으로부터의 해방을 의미하는 소극적 자유가 아니라 무언가를 할 수 있는 적극적 자유이며 이는 개념적 규범의 구속을 받아들일 때 가능한 자유를 의미한다(Brandom, 2009: 142).

브랜덤은 헤겔이 위와 같은 칸트의 적극적 자유의 개념에 세 가지 아이디어를 결합시켜 인간 자유의 개념을 변화시켰다고 해석했다. 브랜덤에 따르면, 헤겔은 첫째, 책임감, 헌신, 권위와 같은 규범적 지위의 사회적 측면을 강조했고, 둘째, 언어라는 사회적 실천이 가능하게 하는 적극적 자유의 측면, 즉 "표현적인 적극적 자유(expressive positive freedom)"를 부각시켰으며, 셋째, 이러한 적극적 자유의 성격 때문에 인간은 자신을 무엇으로 간주하느냐에 따라 자신이 무엇인가가 정해진다는 점, 즉 인간의 "자기의식적인 자기구성적 자기변화의 가능성(self-conscious self-constituting self-transformation)"을 강조했다(Brandom, 2009: 144-146).[4]

브랜덤의 자유에 대한 이상과 같은 간략한 논의에서 우리가 확인할 수 있는 사실은 사회적 실천이 적극적 의미의 자유를 가능하게 해주는 원천이기도 하지만 동시에 '올바르지 않은' 사회적 실천을 지속시킬 수도 있다는 것이다. 예컨대 버틀러가 보여주었듯이 지배/종속 관계를 유지시켜주는 심리적인 애착(psychic attachment)은 인정(recognition)에 대한 갈망에서 기인하는데 이 갈망의 원인이 되는 것이 개인의 삶을 해석하고 의미를 부여하는 기본틀을 제공하는 사회적 실천이다. 여성주체의 종속과 세력화 논의 역시 같은 기제에 의한 것이라고 볼 수 있다. 즉 사회적 실천은 적극적 자유를 통한 여성주체의 자기-세력화를 가능하게 해주는 원천이기도 하지만 동시에 여성주체의 종속을 유지시키는 원인이기도 하다. 그러나 여기서 중요한 사실은 언어라는 "표현적인 적극적 자유(expressive positive freedom)"를 가능하게 해주는 사회적 실천을 통해 그 자유를 가능하게 해주는 사회적 실천들 자체를 변화시키는 것이 가능하다는 점이다.

브랜덤의 실천이론에서 이러한 사회적 실천의 변화가능성은 각 사회적 실천에 속하는 수행(행위)에 대한 "의무적 점수기록(deontic scorekeeping)" 과정 시에 수행 뿐 아니라 그 사회적 실천에 대해 내리는 평가를 통해 이루어진다.

---

4 필자는 이 마지막 강조점이 주체를 권력의 효과로 본 초기 푸코의 실천이론에서 부족한 점이었고, 푸코가 말년에 '존재의 미학' 개념으로 포착하려던 저항의 가능성을 의미하는 것이며, 브랜덤의 실천이론이 읽어낸 중요한 결론이라고 생각한다.

예컨대 개인이 어떤 행위를 할 때 그 선택과정에는 특정 행위를 선택하게 하는 규범의 작동과 함께, 특정 행위의 선택을 통한 규범에 대한 개인의 평가가 동시에 이루어지곤 한다. 대개의 경우 현상을 설명할 때 규범이 개인의 선택에 어떻게 작동하는가의 문제와 이러한 규범에 대한 개인의 평가가 어떻게 이루어지는가의 문제가 각기 별개로 다뤄지고 있지만 규범의 작동과 규범에 대한 개인의 평가는 사실상 간단하게 분리시키기 어려운 것이다. 예컨대 책임감, 헌신, 권위와 같은 규범들이 안정적으로 유지되는 상황에서는 이러한 규범이 개인의 선택에 어떻게 작동하는가 그리고 개인은 이렇게 자신의 선택에 영향을 끼치는 규범에 대해 어떻게 평가하는가를 각기 분리해서 볼 수 있다. 하지만 규범의 영향으로 이루어지는 선택에 대한 평가를 통해 규범의 적절성이 동시에 평가되는 경우는, 즉 개인의 선택에 영향을 끼치는 것과 개인이 규범의 적절성에 대해 평가를 내리는 것이 동시에 이루어져서 그 결과로 규범의 변화가 진행되는 경우는, 규범의 작동과 개인의 선택이 서로 뒤엉켜있기 때문에 규범의 작동으로 인한 행위(주체의 구성성)와 개인의 선택에 따른 행위(주체의 행위성)의 구분은 불가능하게 된다. 그러나 우리가 규범의 작동과 개인의 선택을 구분하는 것은 불가능하다 하더라도 규범의 적절성에 대한 개인의 평가가 이루어진다는 사실 자체는 분명하다는 것을 인정한다면 결국 규범의 변화가 가능하다는 것이 되고 푸코식으로 이야기하면 신자유주의 통치성에 대한 저항이 가능하다는 말이 된다.

실천이론은 앞에서 자유의 개념에서 보여준 것과 같이 이러한 저항가능성을 지적하는 것에 그치지 않고 '표현적인 적극적 자유'를 누리는 개인, 즉 새로운 언어를 창출하고 그 언어를 새롭게 규정하여 자기 자신을 창조할 수 있는 존재라는 점을 강조한다. 이러한 지적은 앞에서 제릴리가 지적했듯이, 정치적 실천을 통해 여성의 자유를 실현하려는 페미니스트 정치학에서 페미니스트 주체의 행위성은 특정 정체성을 갖고 그 정당성에 따라 발언할 때가 아니라 단지 앞질러서 발언하는(anticipatory) 구조로서 주장을 할 때만 나타난다는 주장과 상통하는 지적이기도 하다.

푸코의 실천이론이 권력개념을 통해 주로 주체의 구성성을 강조하려 했다면, 브랜덤의 실천이론은 개인의 수행에는 주체의 구성성과 행위성이 동시에 내포되어 있음을 자유의 개념을 통해 보여주려고 했다는 것을 알 수 있다. 예컨대 브랜덤의 관점에서 권력의 작동을 통해 가능해지는 사회적 실천을 보게 되면 우리는 사회적 실천의 긍정적 측면, 즉 사회적 존재로서의 인간을 가능하게 해주는 기반이면서 그로부터 모든 창의적인 자기 구성과 자기 변화의 가능성을 확보할 수 있게 되는 기반으로서의 사회적 실천의 역할을 볼 수 있게 된다. 즉 브랜덤의 적극적 자유의 관점에서 보면 권력의 작동 또는 규범의 수용으로 인한 소극적 자유의 감소에 따른 손실은 적극적 자유의 증가로 인해 메꿀 수 있게 된다(Brandom, 2009: 52-77).

한편 실천이론의 또 다른 중요한 결론은 앞에서 보았듯이 이 같은 사회적 실천이 항상 옳은 것이라고 보장할 수는 없으며 실천을 수행하는 공동체 전체가 잘못 판단할 수 있는 가능성이 언제나 존재한다는 것이다. 사회적 실천의 오류 가능성은 적극적 자유가 누리는 창의성과 동전의 양면을 이루는 것으로, 개개인의 판단의 근거가 돼줄 어떤 객관적인 기준이나 신의 관점도 존재하지 않기 때문에 발생한다. 모든 수행은 "나쁜 것이 아니라 위험한 것"이라는 푸코의 지적은 바로 이 오류가능성을 강하게 표현한 것이다. 즉 옳고 그름을 판단해줄 객관적 기준이 없는 상태에서의 사회적 실천이 잘못될 수 있는 가능성은, 푸코의 이론으로 표현하자면 중앙집중적인 통치방식으로서의 주권권력과 달리 은밀하게 모세혈관처럼 사회의 모든 영역에 스며들어 개개인의 승인과 용인으로 결정되는 신자유주의 통치성의 오류가능성과 동일한 기제로 작동한다.

아고니즘 정치의 도입은 사회적 실천의 바로 이 오류가능성 때문에 필수적이게 된다. 아고니즘 정치는 절차와 규칙 자체를 포함하여 일상의 삶에서 모든 것을 끊임없이 논의의 대상으로 삼자는 입장이다. 예컨대 토의민주주의의 경우 절차의 중요성을 강조하며 토의와 설득을 통해 합의를 끌어내려하지만 절차의 합의나 정의의 공공적 개념 자체는 사회구성원들이 공동의 '삶의 형식'(form of life)을 이미 공유하고 있을 때에만 가능한 것이다(Schaap, 2006:

264). 반면에 아고니즘 정치는 토의의 절차에 대한 선험적 규정 자체를 배제하고, 절차나 규칙 자체도 토의, 교섭, 논쟁의 대상으로 삼을 수 있도록 하자고 말한다. 이것은 아고니즘 정치가 삶의 형식을 공유하지 않는 소수자의 목소리를 되도록 반영하려는 것일 뿐 아니라 객관적 기준을 전제하는 토대주의(foundationalism)의 오류를 비판하는 실천이론의 입장에 기반을 두고 있음을 말해준다.

후기근대적 삶에서 스스로도 자신의 욕구가 구체적으로 무엇인지 확신할 수 없을 정도로 변화하는 개개인의 욕구를 반영할 수 있는 방법은 미리 우리가 원하는 거시적 목표를 정한 다음 "성찰적 평형(reflexive equilibrium)"(롤즈, 2003)을 거쳐 그것을 구현할 수 있는 처방을 내리려는 방식보다는 상대의 주장을 정확히 이해하려하고 자신의 주장을 명료하게 표현하려는 것만 정해 놓은 토론방식인 아고니즘 정치적 처방이 더 창의적인 공간을 열어주는 수단이 될 수 있다. 결국 실천이론의 관점에서 보면 어떤 개인의 행위가 구성된 것인지 행위성을 보이는 것인지는 그 행위와 그 행위가 속해있는 사회적 실천에 대해 내리는 공동체 구성원들의 평가가 어떻게 이루어지는가에 달려있게 된다. 개인의 행위에 영향을 끼치는 사회적 실천은 그것이 규범이든, 관습이든, 혹은 이데올로기이든, 공동체 구성원들이 그 사회적 실천을 구성하는 수행들에 내리는 평가에 의해 결정되기 때문이다. 아고니즘 정치는 바로 이런 공동체가 원하는 것이 무엇인지를 끊임없이 공론화시키기 때문에 중요하다.

한편, 신자유주의 시대 여성주체의 구성성과 행위성이 미리 정해진 기준에 의해 결정되지 않는다는 실천이론의 관점을 받아들이게 되면 지배/종속의 이분법적인 권력 개념으로는 후기근대 여성들의 다양한 행위를 제대로 포착할 수 없다는 결론에 이르게 된다. 이때 우리가 여성 주체성에 대한 이해를 지배/종속을 의미하는 '무엇에 대한 권력'과 세력화를 의미하는 '무엇을 할 수 있는 권력'으로 권력을 세분한 후 접근한다면, 버틀러가 말한 종속화의 역설(paradox of subjectivation) 즉 종속적 위치에 있는 여성주체의 행위 가능성을 이해하는데 도움을 얻을 수 있게 된다(Butler, 1997; Allen, 2001: 527). 다음 절에서는 실천이론과 아고니즘 정치에 대한 이런 결론들이 최근 한국사회의 페미니스트 실천의 구체적 문제들에 어떤 시사점을 제시하는지 살펴보도록 한다.

5. 후기근대 한국사회와 여성 주체성의 변화

1997년 외환위기 이후 한국사회는 신자유주의 체제로 급속히 전환됐다. 신자유주의적 지구화에 따른 노동시장의 변화는 기존의 젠더관계에 변화를 가져왔을 뿐만 아니라 여성들 간에도 비대칭적인 양극화의 심화를 가져왔다. 이 시기 실업률이 급증하는 가운데 여성 우선 해고와 여성들의 광범위한 비정규직화가 진행됐고, 노동시장은 지속적인 노동유연화로 실업의 가능성을 일상적으로 받아들이는 상태가 되었다. 이 시기에 결혼시점의 연기, 출산율의 저하, 이혼율의 증가가 나타났고, 가족해체에 대한 가족위기 담론들이 확산됐다. 또한 소비주의가 확산되면서 여성들의 몸과 외모관리에 대한 관심이 고조됐다.

이런 위기의 상황에 한국의 젠더정치는 신자유주의 체제와 가부장제에 대한 대항담론을 형성하면서 적극적으로 대응해왔다. 여성우선 해고와 비정규직화에 저항하면서 여성노동자운동과 여성운동을 견인했고(조순경, 1998), 사회 전반에 확산됐던 가족위기 담론에 대해 이것은 가족의 위기가 아니라 가부장제 가족의 위기일 뿐이며 가족의 다양성이 인정되는 계기로 삼아야 한다는 반론이 제기됐으며(이재경, 2005), 저출산은 가족 해체의 징후가 아니고 자녀교육을 통해 가족의 계층상승을 꾀하는 가족전략(황정미, 2005) 임이 주장됐다. 또한 여성들의 몸에 대한 관심과 관계로서의 연애와 성에 대한 관심은 신자유주의 무한경쟁 시대에 개별화된 개인으로 재위치화된 여성들이 자신의 행위성을 확인할 수 있는 하나의 출구로 설명되었다(김은실, 2006). 그러나 2008년 다시 돌아온 경제위기는 그 영향이 여성들에게 집중되고 있음에도 불구하고 젠더정치의 대항담론을 형성하지 못하고 있다(배은경, 2009). 1997년 외환위기 이후 한국사회는 신자유주의 체제로 철저히 전환됐고 여성들은 이미 사회적 위기를 개인적인 방식으로 적응하는 것에 익숙해졌기 때문이다. '남성1인생계부양자-여성전업주부' 모델에 기초했던 전통적인 젠더 보상체계가 1997년 외환위기 이후 급격히 붕괴되기 시작하면서 여성들이 '남성1인생계부양자' 모델을 통해 보상을 추구할 수 있는 기회는 점점 더 적어졌고, '전업주부'는 이제 중산층 이상의 계급적 현상이 되었다(배은경, 2009: 66).

이중에 모성권의 빈곤화는 전통적인 젠더 보상체계의 붕괴를 가장 극명하게 보여주는 현상이다. IMF 위기 이후 국가의 복지정책은 강화되었지만 그것은 사회권으로서의 모성(mothering)을 인정하는 정책은 아니었다(마경희, 2005). 모성은 노동시장의 여성에게 모성으로 손실된 소득을 보상하는 개념으로 산전산후휴가급여나 육아휴직급여를 주는 것으로, 그리고 저소득층모자가정의 가장여성에게 양육비와 교육비의 극히 일부를 주는 방식으로 선별적으로 인정됐다. 이것은 여성은 노동시장 내 개인노동자의 자격으로 연금혜택을 받거나 '남성1인생계부양자모델'에 따른 피부양자의 자격으로 연금수급권을 받지 않는 한 자신을 보호할 수 없게 된다는 것을 의미한다. IMF 위기 이후 여성들은 스스로 노동시장에서 치열한 생존경쟁을 통해 정규직으로 생존하거나, 중상층계급의 전업주부가 되는 길 이외에는 자신을 보호하기 어려운 상황에 놓이게 됐다. 결혼을 통해 가부장제 가족의 아내/어머니 역할을 하는 것만으로는 시장은 물론 국가도 보호해주지 않으며 나아가 가부장도 보호해주지 못하는 상황에 이른 것이다. 사각지대에 놓이게 된 모성은 여성들의 결혼지연과 출산율 저하의 현실로 그 모습을 드러냈다. 출산율 하락은 전반적인 결혼지연과 초산 연령의 상승에 기인하지만 무엇보다 대졸이상 고학력 여성의 결혼 지연과 출산 연령 상승이 주요 동인이다(최경수, 2004). 결혼지연과 출산율 저하는 다른 한편 결혼이주여성의 증가를 가져왔고 이 여성들이 한국가부장제 가족의 모성을 실현하고 있는 것으로 보인다.

이런 상황에서 한국여성들의 생애전망은 전에 없이 다양화되었다. 한국의 여성노동시장에는 정규직과 비정규직의 양극화현상이 나타나고 있으며(김영옥 · 김경희, 2004), 중산층 이상을 중심으로 가족의 계급재생산에 전력투구하는 전문적인 전업주부들이 등장했고(박혜경, 2009), 자신의 능력으로 노동시장의 성차별을 뛰어넘으려는 알파걸들의 전문직 진출이 가시화됐다. 여성들 사이의 이 같은 양극화와 분화는 "여성"이라는 단일한 집합성 아래 젠더정치를 구사할 수 있는 영역이 갈수록 축소된다는 것을 의미한다. 현실은 계급, 젠더, 섹슈얼리티, 가족 체계들 간의 상호교차에 따른 다양한 여성정체성들이 구성되고 있으며, 다시 개별여성들은 각자의 수행을 통해 자신의 정체성을 유지, 강화, 수정, 변화시키는 (재)구성의 정치적 과정이 빠른 속도로 진행되고 있다. 예컨대 저소득층 십대 소녀들의 자기 주체성 형성 방식의 변화가 한 예가 된다. 저소득층 소녀들은 더 이상 가족이나 남성을 매개로 자신의 가치를 확인하려 하지 않으며 다양한 방식으로 사회와 직접 접속하는 것을 통해 자신의 가치를 확인하려하고 있다(민가영, 2009). 그러나 자신을 구속하는 전통적인 젠더역할과 가족규범에 저항하고 개인의 자격으로 시장과 직면하기로 한 이들 십대소녀들의 선택은 기대와는 달리 이들을 더욱더 종속된 상태에 놓이게 하는 결과로 되돌아오고 있다(김연주, 2011). 이것은 십대소녀 정체성의 구성과 재구성이 빠른 속도로 십대소녀들의 선택과 사회적 규범 간의 재귀적 과정을 통해 유지, 강화, 혹은 변형되고 있는 것을 보여주는 것이다. 그러므로 이러한 과정이 규범의 변화로 귀결될지의 여부는 십대소녀들의 선택으로만 설명될 수 없으며 이에 대한 사회구성원들의 호응에 달려있고 이러한 호응을 끌어내지 못할 때는 기존 규범의 강화로 귀결될 수 있다는 것을 알 수 있다.

개개인이 자기 생각대로 자신의 재능을 한껏 펼치기 위해 스스로를 통치하고 또 스스로에 대해 책임지는 자기-세력화 담론은 외환위기 이후 현재까지 한국사회에 끝없는 방식으로 재생산되고 있다. 예컨대 한국의 대학생들은 이미 입학 시점부터 졸업 후 좋은 직장을 얻기 위해 그에 필요한 다양한 자격증과 기술을 쌓아가는 "스펙 쌓기"에 열중하고 있다. 사설학원들은 이런 대학생들을 대상으로 성업중에 있다. 이들 사설학원들은 이미 고객이 고등학생인 시절부터 매년 엄청난 이익을 챙기며 이들을 길들여왔기 때문에 학원에 의존하여 스펙 쌓기를 하는 학생들의 이런 경향을 마음껏 즐기고 있다. 이렇게 법이 보장하는 의무교육의 주체인 학생들을 대상으로 사교육이 번창하고 있다는 사실 자체가 신자유주의 통치성의 지배하에 놓인 개인들의 자기-세력화의 특징을 가장 극명하게 보여준다고 할 수 있다. "스펙 쌓기"에서 특히 여대생들의 경우 미모, 몸매관리와 성형수술 문제가 졸업이 다가오면서 크게 부각된다(임인숙, 2004). 취업 시 외모차별은 법으로 금지된 사안이지만 절대 다수의 여학생들은 외모는 면접에서 가장 중요한 요소 중 하나라고 생각하고 있다(임인숙, 2003).

한국사회가 외환위기 이후 소비사회로 전환하면서 몸에 대한 관심이 고조되었고 여성들의 경우 다이어트, 외모관리와 성형이 폭발적으로 증가하게 되었다. 인구 대비 성형외과 의사가 가장 많은 나라, 아시아에서 성형수술 건수가 가장 많은 나라로 지목되는 한국에서 여성의 몸은 하나의 단위로서의 몸이 아니라 150 부위로 세분화, 결점화되고 각각의 결점을 해결하기 위한 처방이 주어지는 몸이다(최옥선, 2005: 90). "고쳐야할 결점들"을 세밀하게 분류한 몸 명세표는 사설 결혼시장에서 다시 등장한다. 이들 결혼중매회사다시 각 회원들을 분류하기 위해 사용하는 양화된 배우자 지수는 3개의 범주로 었다 구성되어 있는데 이중 신체매력지수는 반드시 포함되며 남성은 사회경제지수에,여성은 신체매력지수에 가중치가 주어진다(김현수, 2006; 이윤주, 2008). 이런 종류의 분류가 의도하는 상업적인 전략은 분명하지만 외모열풍의 강도와 적나라함은 후기근대 한국사회의 여성주체의 구성성과 행위성에 대한 좀 더 깊은 탐구를 요구한다.

한국여성들의 외모관리 열풍에 대해 여전히 남성중심사회에서 유교적 규범에 따라 가족과 가정에 헌신하는 여성적 가치를 내재화한 비이기적인 자기-계발, 즉 가부장제적 지배규범에 대한 순응으로 해석하거나(Park, 2007: 64), 젊은 남성들의 외모가꾸기 열풍에 나타나는 동성애적 이미지나 여성적 이미지는 성차까지도 상품화하는 소비주의의 영향일 뿐 한국사회의 젠더 구분은 여전히 강고한 것으로 평가하는 것(Lim, 2008)은 여성 개개인의 몸관리의 선택에 담겨있는 행위성을 인정하지 않고 가부장제적 규범의 영향력에 종속된 선택인 것으로 해석하는 것이다. 이것은 신자유주의 체제가 가부장제 가족과 가부장제 사회를 압도해가고 있으며 그에 따라 새로운 신자유주의적 여성 주체가 구성되고 있는 점을 과소평가하는 것이라 여겨진다. 여성들의 외모관리 열풍을 유교적 규범에 따른 여성적 가치의 실천으로 보는 것은 외모 관리가 여성 개인의 자기-관리를 통한 자기-세력화를 위한 행위이며 아름다운 외모에 대한 사회의 존중뿐 아니라 사회적 성공과 인정의 맥락이 다르게 전개되고 있는 것을 놓치고 있는 것이다.

광고에 나타난 성형담론은 사회적 성공과 아름다운 외모를 목표로 자기-관리를 하는 것이라는 내용으로 축약된다. 자립심, 삶에 있어 최선을 다해 노력하는 자세, 사회적 예의와 책무 같은 도덕적인 어휘들이 미용시장에 유입되기 시작했고 아름다운 외모를 만들기 위해 노력할 것을 강권하는 어휘로 사용되기 시작했다. 잘 관리된 몸을 만들기 위해서는 인내심과 절제가 요구되므로 잘 관리된 몸은 그 자체로 그 사람의 품성과 자제심을 말해주는 것이라는 담론이 형성됐다. 성형 역시 노력 없이 외모를 바꾸는 것이라는 초기의 인식에서 벗어나 성형에 동반되는 고통 체험의 가시화를 통해 여성의 행위성을 반영할 수 있는 도덕적 용어로 설명되기 시작했다(태희원, 2011). 성형을 하는 여성들은 성형수술자라는 단일한 정체성에 귀속되는 것이 아니라 미용성형 주체로서 시장의 미용성형담론과의 상호주관적인 과정 속에서 특정담론 체계에 의해 강요되기도 하고 역으로 미용성형과 몸의 의미를 변화시켜 내기도 하는 구성성과 행위성의 얽힘을 보여주고 있는 것으로 이해된다(전보경, 2010; 태희원, 2011). 좋은 성형과 나쁜 성형을 구분하고 좋은 성형은 성형에 중독되지 않고 성형을 자신의 합리적 선택의 범위 안에 두는 행위성을 발휘하는 것이라는 새로운 미용성형담론은 여성 개인은 스스로의 노력 여하에 따라 자신을 개조하는 것이 가능하다는 인식과 성형의 결과 역시 여성 개인의 책임이라는 인식을 반영한다(전보경, 2010). 이렇게 성형을 포함한 모든 몸 관리는 여성 개인이 자기-세력화를 하는데 필요한 수단으로 전환되었고 외모가 그 사람을 말해준다는 논리가 후기근대 사회의 보편적 형식으로 자리잡게 되었다.

여성의 성형을 포함한 몸관리의 성행을 순전히 가부장제의 영향 하에 이루어지는 지배규범에 순응하는 현상으로 볼 것인지 혹은 뉴페미니스트들이 주장하듯이 여성의 행위성의 발현으로 인정할 것인지는 결국 이러한 몸관리의 실천이 여성운동에 의해 어느 정도의 근본적인 변화를 겪은 것인지에 대한 판단에 따라 결정되어야 할 것이다. 이런 사회적 실천의 목표는 항상 사회적 변화에 따라 수동적으로 회귀할 가능성이 남아있기도 하고 또 여성을 포함한 사회구성원들의 이러한 실천에 대한 인식변화의 정도에 따라 새로운 창의적인 변화의 출발점이 될 수도 있기 때문이다. 변형된 형태의 여성종속적인 실천으로의 회귀를 견제하고 창의적인 실천으로 가능성을 열어두는 것은 결국 이런 현상에 대한 다양한 해석들의 제시와 그것에 대한 반론 및 호응을 통한 아고니즘 정치의 구현으로 가능하다.

기존의 해석들이 여성의 몸관리라는 실천이 가지는 여성 종속적 측면을 지적하는 것은 여전히 유효한 해석이고 지속적인 퇴행적 회귀를 막기 위한 중요한 작업이지만 새로운 해석의 가능성을 열어두는 것은 필요하다고 여겨진다.[5] 여성의 몸관리 열풍을 포함한 후기근대에 대한 '불평'과 후기근대의 속도가 열어주는 창의적인 공간에 대한 긍정적인 평가는 후기근대 사회의 성격을 동시에 보여주는 것이다(Connolly, 2002b: 179; 조주현, 2012).

6. 맺음말

신자유주의적 합리성이 경제적 논리를 사회문화적 영역에도 확장시키려 한다는 것은 개인의 문제를 사회구조적 접근을 통해 해결하려기보다 개인적이고 주관적인 요소들로 해결하려한다는 것을 뜻하는 것이다. 따라서 후기근대 한국사회의 여성들이 자신감과 자기-세력화를 추구할 때 그 동력은 양화될 수 없는 자존심보다는 양화할 수 있는 자기-평가가 더 강력한 요소로 부상하게 된다. 이것은 여성 개개인이 스스로를 끊임없이 측정하고 판단하고 훈련해서 스스로 자기-세력화를

5 앨런도 언급하고 있듯이 여성들의 몸 관리에 집단행동의 문제(collective action problem) - 몸 관리를 안하는 것이 집단으로서의 여성이익에는 도움이 되지만 외모규범에 순응하는 것이 합리적인 자기-이익이 되는 것. 외모규범에 저항하는 행위의 이익이 그 여성에게 돌아오지 않고 모든 여성들에게 배분되는 것 - 가 작동하고 있다는 것이 합리적선택 이론가들에 의해 지적되고 있다(Allen, 2008: 182).

하는 것이 궁극적으로 집단적 척도에 연동될 수 있는 것이어야 하기 때문이다. 성형시장과 결혼시장의 예에서 봤듯이 문제를 상세하게 분류하고 측정 가능한 자료로 변형시키는 것은 여성 개개인의 자신감과 자기-세력화의 근거인 자기-평가를 편리하고 효율적인 것으로 만들기 위해 필요하다. 그런데 이렇게 양화된 기준은 여성 개개인이 스스로 자신감과 자기세력화를 갖기 위해 필요한 것이기도 하지만 다른 한편 후기근대 사회의 작동방식으로 보면 양화된 기준은 여성 개개인의 세력화를 통해 여성 개개인을 통제할 수 있는 대상으로 만들기도 한다. 이렇게 여성주체의 행위성과 구성성은 서로 얽혀서 작동하며 양화된 기준의 역할에서 볼 수 있듯이 여성주체의 행위에 대한 평가와 해석은 사회적 실천들의 전체적인 틀 속에서 결정된다.

신자유주의의 문제점이 브랜덤이 지적한 규범, 제도, 관습 등을 포함한 사회적 실천의 긍정적인 부분, 즉 적극적 자유를 통해 사회적 실천 자체를 변화시킬 수 있는 가능성을 무시한 결과라고 본다면, 결국 신자유주의의 문제점의 해결은 기존의 사회적 실천의 소멸이나 변화, 혹은 새로운 실천의 창조를 통해서 가능해진다고 말할 수 있다. 그리고 이를 위해서는 새로운 실천의 시작이 될 수 있는 개개인의 수행에 대한 열린 태도가 핵심적이라는 것을 알 수 있다. 사회구성원들의 열린 태도가 가능하기 위해서는 당연히 '의무적 점수기록행위'의 창의적 의미에 대한 사회적 인식 및 합의가 확산되어야 하는데 이것은 결국 아고니즘적 정치의 일상화로 달성될 수 있다.

현재 한국사회에서 진행되고 있는 후기근대 사회의 기본단위는 스스로를 경영하는 개인이다. 여성들은 축소되고 있긴 하지만 여전히 살아있는 유교가부장제 등을 포함한 사회적 실천의 틀 속에서 자신들의 총체적인 미래수입과 인적자본을 극대화하기 위한 선택을 하고 있다. 성형수술을 포함한 새로운 몸실천의 노력들은 좋은 직장을 얻거나, 최대의 만족을 줄 수 있는 배우자를 찾거나, 사람들로부터 인정을 받으려는 것으로 향해있고, 이들의 선택은 문자 그대로 여성 개인에게 자신감과 만족을 생산한다. 신자유주의 체제에서 가장 성공한 개인은 신자유주의 논리를 가장 충실히 내재화한 사람이 될 것이며, 여성 개인의 행위성을 시도할 의사가 전혀 없이 통치성에 자신을 종속시키는 사람이 될 것이다. 그러나 신자유주의 합리성이 한국사회에서 큰 변화 없이 거점을 마련할 가능성은 크지 않다고 생각된다. 젊은 여성들을 중심으로 여성의 몸실천에 대한 해석이 변화되고 있고 이러한 변화에는 단순한 소비주의와 상업주의만으로 해석하기 힘든 행위성이 감지되기 때문이다. 비록 자본주의에 의해 변형되기는 했지만 페미니즘의 교훈은 여성들에게 이미 체득된 경험으로 자리 잡고 있으며 자본주의적 논리에 대한 평가도 맹목적인 동의의 수준을 벗어난 것으로 보인다.

모든 형태의 통치성의 궁극적인 목적은 인구의 행복이며 국가의 유지이다(Foucault, 1991: 100). 통치성 중에 신자유주의 통치성이 두드러진 것은 그것이 미세하고 피할 수 없게 작동하기 때문이다. 미세하다는 것은 직접 개인을 대상으로 통제하는 것이 아니라 개인의 자기-세력화의 형식을 통해 사회 전체에 퍼뜨리면서 개개인에게 내재화하도록 작동한다는 점에서 그렇고, 피할 수 없다는 것은 자기-세력화가 마치 순수한 개인의 이익에 근거한 자유롭고 합리적인 선택의 결과인 것처럼 느껴지며 인간의 욕망이라는 본능적 감정과 너무나 일치하기 때문이다. 페미니스트 정치학의 "위기"는 신자유주의적 지구화로 인해 여성들의 행위의 재귀성이 강화됨으로써 기존의 정체성의 정치학으로 유용했던 젠더정치의 설명력이 약화되는 시점에 이르렀기 때문에 발생했다. 페미니스트 정치학은 이제 더 근본적인 개념틀의 재구성이 필요한 시점으로 보이며, 페미니스트 정치학의 전망과 전략은 지구화의 정치경제적 상황과 새로운 담론적 지형에서 형성되는 여성정체성들 간의 역동적 관계를 파악하는 것을 통해 구체화 되어야 한다. 실천이론의 관점은 페미니스트 정치학의 대안을 찾는데 도움을 줄 수 있을 것으로 판단된다.

참고문헌

김연주(2011), "성매매 경험이 있는 십대여성들의 사회적 배제에 관한 연구: 폐쇄적인 사회관계망을 중심으로", 한국여성연구소, 『페미니즘연구』, 제11권 2호, 239-274쪽.

김영옥 · 김경희(2004), "여성 노동정책의 한계와 새 패러다임 모색", 『한국여성정책의 뉴 패러다임 정립』, 김영옥 엮음, 서울: 여성부, 105-138쪽.

김은실(2006), "지구화 시대 한국사회 성문화와 성연구 방법", 『섹슈얼리티강의: 쾌락, 폭력, 재현의 정치학, 두 번째』, 변혜정 엮음, 서울: 동녘, 18-48쪽.

김현수(2006), 『동아일보』 2006.12.29일자 사회면: 완벽한 신랑-신부감? 꿈에서나 찾아보세요.

롤즈, 존(2003), 『정의론』, 황경식 옮김, 서울: 이학사, Rawls, J.(1973), *A Theory of Justice*, Cambridge: Harvard University Press.

마경희(2005), "사회권으로서 돌봄의 제도화를 위한 대안적 패러다임의 모색", 한국여성연구소, 『여성과 사회』, 제16호, 35-66쪽.

민가영(2009), "신자유주의 질서의 확산에 따른 십대 여성의 성적 주체성 변화에 관한 연구", 한국여성학회, 『한국여성학』, 제25권 2호, 5-35쪽.

박혜경(2009), "한국 중산층의 자녀교육 경쟁과 '전업 어머니' 정체성", 한국여성학회, 『한국여성학』, 제25권 3호, 5-33쪽.

배은경(2009), "'경제 위기'와 한국 여성: 여성의 생애전망과 젠더/계급의 교차", 한국여성연구소, 『페미니즘 연구』, 제9권 2호, 39-82쪽.

버틀러, J.(2008), 『젠더 트러블: 페미니즘과 정체성의 전복』, 조현준 옮김, 서울: 문학동네, Butler, J.(1990), Gender *Trouble: Feminism and the Subversion of Identity*, New York: Routledge.

이윤주(2008), 『주간한국』 2227호, 2008.6.24일자: 당신의 배우자 지수는 몇 등급입니까?

이재경(2005), "공사 영역의 변화와 '가족'을 넘어서는 가족정책", 한국여성정책연구원, 『여성연구』, 제68호, 137-164쪽.

임인숙(2003), "여성의 취업과 용모차별: 기업의 용모차별적 모집추세와 특성의 변화", 한국여성학회, 『한국여성학』, 제19권 1호, 113-144쪽.

______(2004), "외모차별 사회의 성형 경험과 의향", 한국여성학회, 『한국여성학』, 제20권 1호, 95-122쪽.

전보경(2010), "몸-자아 테크놀로지로서의 미용 성형에 대한 계보학적 담론 연구", 이화여자대학교 대학원 여성학과 석사학위 논문.

조순경(1998), "경제위기와 여성고용 정치", 한국여성학회, 『한국여성학』, 제14권 2호, 5-33쪽.

조주현(2010a), "'사회적인 것'의 위기와 페미니스트 정체성의 정치: 린다 제릴리의 대안", 한국이론사회학회, 『사회와 이론』, 제17호, 53-83쪽.

______(2010b), "실천이론으로 본 비판사회학과 페미니스트 정치학의 문제", 한국비판사회학회, 『경제와 사회』, 제88호, 68-93쪽.

______(2012). "후기 근대와 사회적인 것의 위기: 아고니즘 정치의 가능성", 한국비판사회학회, 『경제와 사회』, 제95호, 163-189쪽.

최경수(2004), "출산율 하락 추이에 대한 분석", 한국인구학회, 『한국인구학』, 제27권 2호, 35-59쪽.

최옥선(2005), "여성의 몸 담론과 성형담론의 상호텍스트성에 관한 연구: 여성잡지의 기사와 성형의료광고를 중심으로", 성균관대학교 대학원 신문방송학과 박사학위 논문.

태희원(2011), "미용성형의료 네트워크의 재구성과 소비자/환자 주체의 형성", 연세대학교 대학원 문화학협동과정 박사학위 논문.

프리드먼, T.L.(2003), 『렉서스와 올리브나무: 세계화는 덫인가, 새로운 기회인가?』, 신동욱 옮김, 서울: 창해, Friedman, T. L.(2000), *The Lexus and the Olive Tree*, New York: Anchor Books.

하트, 마이클 · 안토니오 네그리(2001), 『제국』, 윤수종 옮김, 서울: 이학사, Hardt, M., and A. Negri(2001), *Empire*, Cambridge: Harvard University Press.

황정미(2005), "'저출산'과 한국 모성의 젠더정치", 한국여성학회, 『한국여성학』, 제21권 3호, 99-132쪽.

Allen, A.(2001), "Pornography and Power", *Journal of Social Philosophy*, 32, pp. 512-531.

______(2007), "Feminism and the Subject of Politics", in *New Waves in Political Philosophy*, ed. B. de Bruin, and C. Zurn, New York: Palgrave Macmillan, pp.

1-18.

______(2008), *The Politics of Our Selves*, New York: Columbia University Press.

Beck, U., and E. Beck-Gernsheim(2002), *Individualization: Institutionalized Individualism and Its Social and Political Consequences*, London: Sage.

Brandom, R. B.(1994), *Making it Explicit: Reasoning, Representing, and Discursive Commitment*, Cambridge: Harvard University Press.

______(2009), *Reason in Philosophy: Animating Ideas*, Cambridge: Harvard University Press.

Brown, W.(1995), *States of Injury*, New Jersey: Princeton University Press.

Butler, J.(1997), *The Psychic Life of Power: Theories in Subjection*, Cal: Stanford University Press.

Cameron, A., and R. P. Palan(2004), *The Imagined Economies of Globalization*, London: Sage Publications.

Castells, M.(2009), *Communication Power*, New York: Oxford University Press.

Connolly, W. E.(2002a), "Confessing Identity\Belonging to Difference", in *Identity\Difference: Democratic Negotiations of Political Paradox*, Minneapolis: University of Minnesota Press, pp. xiii-xxx.

______(2002b), *Neuropolitics: Thinking, Culture, Speed*, Minneapolis: University of Minnesota Press.

Dean, M.(2008), "Governing Societies: the Story of Two Monsters", *Journal of Cultural Economy*, 1, pp. 25-38.

Foucault, M.(1983), "On the Genealogy of Ethics: An Overview of Work in Progress", in *Michel Foucault: Beyond Structuralism and Hermeneutics*, ed. H. L. Dreyfus, and P. l. Rabinow, Chicago: The University of Chicago Press, pp. 229-252.

______(1991), "Governmentality", *in The Foucault Effect: Studies in Governmentality*, ed. G. Burchell, C. Gordon, and P. Miller, Chicago: The University of Chicago Press.

Gintis, H.(2007), "A Framework for the Unification of the Behavioral Sciences", *Behavioral and Brain Sciences*, 30, pp. 1-61.

Heath, J.(2008), *Following Rules: Practical Reasoning and Deontic Constraint*, New York:

Oxford University Press.

Keohane, R. O., and J. S. Nye Jr.(2002), "Governance in a Globalizing World", in *Power and Governance in a Partially Globalized World*, ed. R. O. Keohane, New York: Routledge.

Lim, In-Sook(2008), "The Trend of Creating Atypical Male Images in Heterosexist Korean Society", *Korea Journal*, 48(4), pp. 115-146.

Lukes, S.(2005), *Power: A Radical View*, 2nd edition, New York: Palgrave.

Ong, A.(2005), "Graduated Sovereignty in South-East Asia", in *Anthropologies of Modernity: Foucault, Governmentality and Life Politics*, Oxford: Blackwell, pp. 83-104.

Park, Sang Un(2007), ""Beauty Will Save You": The Myth and Ritual of Dieting in Korean Society", *Korea Journal*, 47(2), pp. 41-70.

Rodrik, D.(1997), *Has Globalization Gone Too Far?* Washington, D. C.: Institute for International Economics.

Rosen, M.(2000), "On Voluntary Servitude and the Theory of Ideology", *Constellations*, 7(3), pp. 393-407.

Rouse, J.(2007), "Social Practices and Normativity", *Philosophy of the Social Sciences*, 37(1), pp. 46-56.

Schaap, A.(2006), "Agonism in Divided Societies", *Philosophy and Social Criticism*, 32(2). pp. 255-277.

Williams, L.(1999), *Hard Core: Power, Pleasure, and the "Frenzy of the Visible"*, Berkeley: University of California Press.

동아시아 여성과 가족 변동

제2부 동아시아의 여성과 가족 변동

제4장 21세기 초 동아시아의 가족과 젠더 변화의 논리
/에미코 오치아이

제5장 문화 간 협상하기: 홍콩 중국인가족 안의 무슬림 여성 연구
/웡 웨이칭 안젤라

제6장 젠더, 계급, 민족: 홍콩 거주 네팔이주여성 사례연구와 쟁점
/담 시우미 마리아

제7장 한국 여성노인의 세대 간 사회적 지원 유형
/이 신영

제2부 동아시아의 여성과 가족 변동

21세기 초 동아시아의 가족과 젠더 변화의 논리[1]

에미코 오치아이

모두들 동아시아의 가족과 젠더가 변화하고 있다고 말한다. 그렇다면 그 변화의 양상은 어떠한가? 동아시아에서의 변화는 유럽과 북미에서의 변화와 동일한가? 동일한데 그저 좀 더 지연된 것뿐인가 아니면 변화들 간 현저한 차이가 있는가? 또 다른 질문은 변화의 원인에 관한 것이다. 동아시아 변화의 원인들은 유럽과 북미의 원인과 동일한가 아니면 다른가?

본고의 전반부는 동아시아적 특성들에 초점을 맞춰 최근 동아시아에서 나타나고 있는 가족과 젠더의 변화를 살펴본다. 후반부는 서구 이론의 단순한 적용이나 다양한 현상의 단순 열거에서 벗어나 동아시아 현실을 타당하게 반영할 수 있는 이론적 틀을 구성할 수 있도록 동아시아적 특성을 형성하는 요인들

1 이 논문은 계명대학교에서 열린 국제학술대회 발표 자료를 토대로 하여 작성한 것이다. 그 발표 자료는 '21세기 아시아에서의 공 · 사영역 재구성'에 관한 Global Center of Excellence의 프로젝트와 활동을 통해 발전되고, 오치아이(2010, 2013년 출간예정)와 오치아이 · 요시타(Johshita) 공동저(2013년 출간예정) 같은 최근의 연구들을 통해 발표된 나의 생각들을 알리는 데에 그 목적이 있었다.

에 대해 논의한다.

1. 가족과 젠더 변화에 관한 동아시아의 현실

1) 동아시아의 가족 및 인구학적 변화

(1) 최저출산율과 초저출산율

먼저 최근 동아시아 국가들[2]의 상황을 인구통계학적 측면에서 살펴보도록 하자. 오늘날 동아시아는 세계 여러 지역 중 매우 낮은 출산율 하면 가장 먼저 떠오르는 지역이 되었다. 가장 최근의 자료에 따르면 대만, 홍콩, 한국, 싱가포르, 일본, 중국의 합계 출산율은 각각 1.03(2009), 1.06(2008), 1.19(2009), 1.33(2009), 1.39(2010), 1.8(2009)로 나타났다(WHO, 2011; NIPSSR, 2012). 남부 유럽과 독일어권 유럽 국가들이 1990년대에 1.3 명 이하의 출산율을 기록했을 때 사람들은 이를 '최저출산율'로 기술했다(Kohler et al., 2002). 그러나 이제 중국을 제외한 몇 몇 동아시아 국가들이 이 기록을 깨고 있는 실정이다. 대만, 홍콩, 한국 같은 국가들은 '초저출산율' 국가로 분류된다(Straughan et al. eds., 2008).

동아시아에서 초저출산율 내지 최저출산율을 기록하고 있는 5개 국가들의 역사적 추이를 살펴보면 일본을 제외한 4개국이 1970년대에 3.0 명 이상의 합계 출산율을 보였다([그림 1]). 이 국가들은 인구 전환의 한 요소인 출산율 변화의 단계에 있다고 해야 할 것이다. 각국 정부들은 국가 정책으로 가족계획을 실시했으며 이는 출산율 변화의 원동력이 되었다. 일본은 1956년에 인구대체출

2 최근에 '동아시아'라는 지리학적 분류는 두 가지 방식으로 사용된다. 첫 번째는 단어를 좀 더 제한적으로 사용해 중국, 한국, 일본, 대만을 포괄하는 전통적인 방식이다. 두 번째는 좁은 의미에서의 동아시아와 동남아시아까지 포괄하는, 좀 더 망라된 의미로 사용하는 방식이다. 이 논문에서는 넓은 의미에서의 동아시아 국가를 다루고자 한다.

산율에 도달했고, 싱가포르는 1975년, 한국과 대만은 1984년에 도달했다(Suzuki, 2010: 20). 홍콩은 1980년 인구대체출산율에 도달했다. 인구대체출산율에 이른 이후 일본의 출산율은 근 20여 년 동안 그 상태를 유지하다 1974년에 이르러 인구대체출산율 이하로 떨어지기 시작했다. 이는 1970년 즈음 유럽에서 시작된 제 2차 인구 전환의 일부인 제 2차 출산율 감소의 뒤를 잇는 것이었다. 다른 네 국가의 출산율은 일본과는 달리 안정기 없이 대체출산율 아래로 지속적으로 떨어졌다.

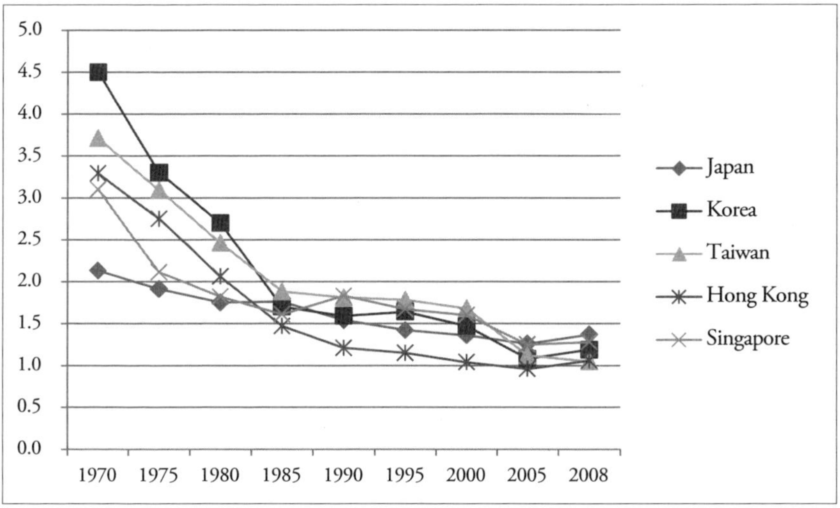

[그림 1] 동아시아 5개국의 최근 출산율 추이

출처: Cabinet Office (2010)

1990년대에는 일본의 출산율은 계속 떨어지는 반면 싱가포르, 한국, 대만의 출산율은 1.6 명과 1.8 명 사이를 오가며 한시적으로 일정 수준을 유지했다. 1997-98년 아시아 재정 위기 이후 새로운 국면이 등장했고 이는 21세기가 시작되자 점점 더 확고해졌다. 대만, 싱가포르, 한국의 합계출산율은 급격히 떨어졌다. 2001년에 이르러 한국은 1.3 명 이하로 떨어졌고 2003년이 되자 일본, 한국,

싱가포르 모두 비슷한 수준을 보였다[3]. 대만, 싱가포르, 한국의 출산율은 일본보다 더 낮아졌으며 일본과 싱가포르가 약간의 개선 혹은 현상유지를 보인 반면, 한국과 대만은 홍콩과 함께 계속 감소해 1.1 명 이하의 세계적인 저출산 국가로 등극하게 된다. 각 국가가 기록한 최저치는 한국 2008년 1.05 명, 대만 2009년 1.03 명, 홍콩 2007년 0.98 명이다. '초저출산율 국가'로 명명된 이들 국가들은 이 시기부터 독특한 행보를 보이기 시작했다. 연구자들이 이에 대한 분석을 이제 막 시작하고 있는데, 1997-98년 아시아 재정 위기가 주요한 역할을 했던 것으로 보인다.

(2) 이혼, 만혼, 독신

인구대체출산율 이하로의 출산율 하락은 유럽의 제 2차 인구 전환의 일부로 인식된다. 그러나 유럽에서의 제 2차 인구 전환은 출산율 뿐 아니라 결혼과 관련된 지표들에서도 나타났다(Lesthaeghe, 1991). 이 지표들은 이혼율의 증가, 결혼율의 감소, 초혼 연령의 증가, 비혼 인구의 증가, 동거의 증가, 혼외출산율의 증가 등을 포함했다. 동아시아에서는 역사적으로 그 전례를 찾아볼 수 없을 만큼 출산율의 급락이 극적이었던 만큼 결혼과 관련된 변화들은 상대적으로 양호하다.

동아시아의 이혼율도 현저하게 증가하고 있다([그림 2]). 유럽에서 이혼율이 증가하기 시작한 1960년대 말 이후로 일본에서도 이혼이 증가세를 보였는데 1980년대에 이르러 이혼율은 1.50을 기록했으며 2002년에는 최고치인 2.30까지 올라갔다. 이는 영국, 독일, 스웨덴, 프랑스 같은 유럽 국가들과 동일한 수준이다. 대만과 한국의 경우 이혼율은 1980년대부터 증가하기 시작했다. 1990년대 초에 이르러 이 두 나라의 이혼율은 일본을 따라 잡기 시작했으며 아시아 재정 위기를 거치면서 일본을 초월해 2003년에 한국은 이미 미국의 3.60과 거의 같

3 홍콩은 1990년대 이후 1.3 명 이하로 떨어졌다. 그러나 1997년 중국에 반환되었기 때문에 출산율 분석에서 그 당시 정치적 상황을 고려해야만 한다.

은 3.50을 기록했다.

그러나 동아시아와 유럽의 이혼을 비교하는 데에 있어서 결혼은 삶에 있어서 하나의 선택에 불과하다는 인식이 커져 결혼율도 함께 감소하고 있는 유럽과는 달리 동아시아에서는 결혼률이 크게 감소하지 않고 있다는 차이를 간과해서는 안 된다. 따라서 이혼비를 봤을 때(〈표 1〉), 남미, 북미, 유럽 국가들이 월등히 높고, 동아시아의 경우는 가장 높은 나라들이 대만 0.45, 홍콩 0.39, 한국 0.36을 유지하고 있는 것을 볼 수 있다. 동아시아에서 결혼은 변화하고 있다. 그러나 결혼 자체는 여전히 비교적 보편적이며, 이 지역의 부부는 한번 결혼하면 북서유럽이나 남미, 북미 부부들보다 이혼하는 경향이 낮다.

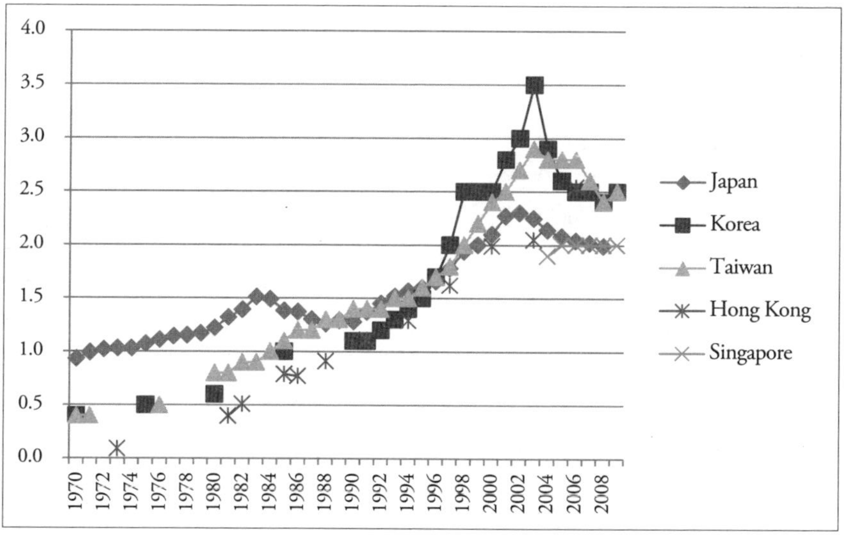

[그림 2] 동아시아 5개국의 이혼율 추이

출처: Japan: NIPSSR (2010), Korea: Chang (2010a) and Statistics Korea (2008), Taiwan: Ito (2010), Hong Kong: Census & Statistics Department(2002)(2007a)(2007c), Singapore: Sigapore Government of Statistics (2009)

〈표 1〉 국가별 결혼율(CMR), 이혼율(CDR), 이혼비(dir/mar)

Area	Year	CMR	CDR	div/mar
Uruguay	(2007)	3.84	4.33	1.13
Belgium	(2007)	4.29	2.83	0.66
Spain	(2007)	4.49	2.80	0.62
Hungary	(2007)	4.06	2.50	0.62
Cuba	(2007)	5.05	3.08	0.61
Austria	(2007)	4.33	2.47	0.57
Czech	(2007)	5.53	3.01	0.54
Russia	(2007)	8.90	4.83	0.54
France	(2007)	4.33	2.22	0.51
Germany	(2007)	4.48	2.27	0.51
Switzerland	(2007)	5.34	2.63	0.49
USA	(2005)	7.50	3.60	0.48
UK	(2007)	5.14	2.37	0.46
Taiwan	(2007)	5.8	2.6	0.45
The Netherlands	(2007)	4.42	1.95	0.44
Sweden	(2007)	5.24	2.26	0.43
Hong Kong	(2007)	–	–	*0.39
S. Korea	(2007)	7.10	2.57	0.36
Japan	(2007)	5.70	2.02	0.35
Macao	(2007)	3.90	1.30	0.33
Singapore	(2007)	5.22	1.48	0.28
Poland	(2007)	6.50	1.75	0.27
China	(2007)	7.50	1.58	0.21
Italy	(2007)	4.21	0.84	0.20
Iran	(2007)	11.80	1.40	0.12
Mongol	(2007)	15.70	0.67	0.04
Vietnam	(2007)	5.70	0.20	0.04

*동아시아 국가들은 결혼과 이혼 비율로 산출했음

출처: Hong Kong, Macau, Vietnam: United Nations Statistics Division (2008), Taiwan: Ito (2010), Others: NIPSSR (2010)

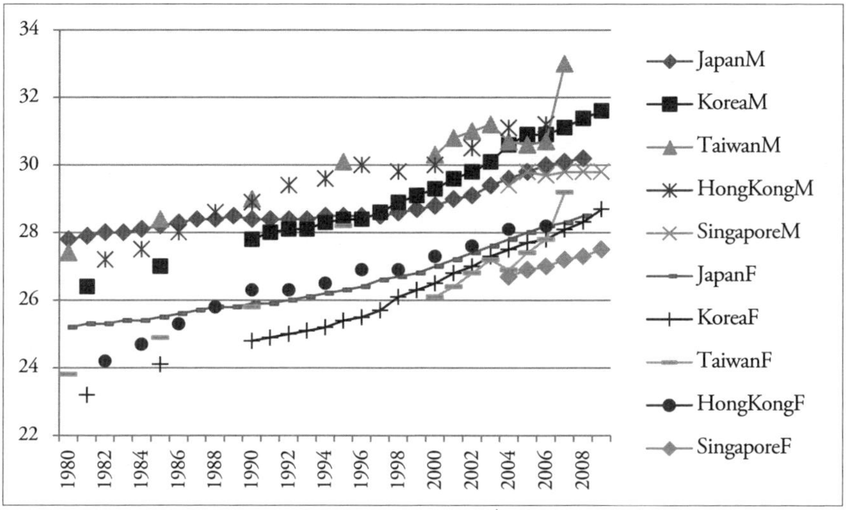

[그림 3] 동아시아 5개국의 초혼 연령 추이

출처: Japan: NIPSSR (2010), Korea: Chang (2010a), Taiwan: Suzuki (2010), Sun (2009), Taiwan Ministry of Interior (2010), Hong Kong: Census & Statistics Department (2002)(2007a)(2007c), Sigapore: Sigapore Government, Department of Statistics (2009),

초혼 연령의 증가와 비혼 인구의 증가 역시 동아시아에서 현저해지고 있다. [그림 3]은 일본, 한국, 대만, 홍콩, 싱가포르에서 초혼 연령의 변화가 일어나고 있음을 보여준다. 일본이 처음으로 초혼 연령의 증가를 보였으나 홍콩, 대만, 한국 역시 급격한 곡선을 나타내고 있으며 남성의 경우는 1990년대에 이미 일본을 앞질렀다. 그러나 여성의 경우에는 2000년대까지도 초혼 연령에 큰 차이가 없었다. 이들 나라에서 초혼 연령은 2005-6년에 남자는 30-31세, 여자는 27-28세였고, 이는 서유럽과 비슷한 수준이다.

비혼 인구는 그 집단이 50세가 될 때까지 측정할 수 없는 관계로 [그림 4]는 처음으로 변화를 보인 일본만 보여주고 있다. 비혼은 남성과 여성 모두에게서 증가했는데[4] 남자 6명 중의 1명, 여자 13명 중의 1명이 결혼을 경험하지 않는 것으로 나타났다. 일본, 대만, 싱가포르, 태국의 35-39세 비혼 여성 인구 비율은 각각 19%, 16%, 15%, 8%인데 이는 "20세기 중반 아시아의 결혼 유형에서 보였던 조혼과 보편적 결혼"과는 상당한 차이가 있음을 시사한다(Suzuki, 2010: 21). 한국은 이러한 상황에서 예외이다. 한국의 결혼은 여전히 보편적 결혼에 가깝다.

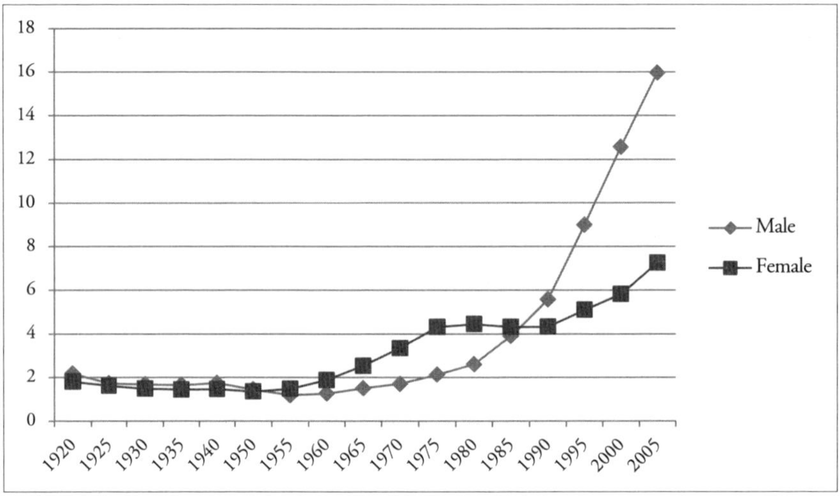

[그림 4] 일본의 비혼 인구 추이

출처: NIPSSR(2010)

(3) 동거와 혼외 출산

여기서 한 가지 더 주목해야 할 점이 있다. 유럽에서 결혼 연령 증가와 비혼 인구의 증가는 동거와 혼외 출산의 증가와 함께 나타났다. 즉, 유럽인들은 결혼은 늦게 할지라도 여전히 성관계와 동거를 하며 이는 "친밀성의 변형"을 일

4 1970년대 비혼 여성의 증가는 남자들이 전쟁동안 죽었기 때문이다.

으키고 있다(Giddens, 1992).

〈표 2〉 국가별 동거 경험 비율

	Japan 2009		Korea 2009		Singapore 2009	
Age	male	female	male	female	male	female
20-29	19.4%	19.5%	10.1%	2.0%	12.7%	9.3%
30-39	33.0%	25.8%	11.1%	1.8%	12.6%	9.2%
40-49	20.8%	12.5%	3.4%	0.6%	8.9%	7.0%
	USA 2005		**France 2005**		**Sweden 2005**	
Age	male	female	male	female	male	female
20-29	48.1%	51.2%	39.1%	53.0%	54.8%	69.0%
30-39	62.0%	61.7%	61.0%	66.1%	80.8%	87.2%
40-49	66.1%	60.5%	51.4%	45.9%	80.8%	77.5%

출처: Cabinet Office(2009, 2005)의 결과를 토대로 만든 Kpjima(2010)의 〈표3〉

이에 반해 아시아에서는 동거나 혼외 출산의 증가가 명확하지 않아 이것이 유럽의 제 2차 인구 전환과 가장 큰 차이로 인식되고 있다. 일본에서 18세에서 50세 사이의 비혼 인구를 대상으로 한 한 조사에 따르면 남성 응답자의 52.2%, 여성 응답자의 44.7%가 "만나고 있는 이성이 한 명도 없다"고 답했으며, 이 수치는 1990년대 이후 아주 조금씩 증가하고 있는 추세다(NIPSSR, 2005). 일본의 결혼 연령의 증가와 비혼 인구의 증가는 "친밀성의 변형"이라기보다는 "친밀성의 부족"을 반증하는 것처럼 보인다.

사실, 동거 인구의 수가 증가하고 있다는 보고서들이 지난 몇 년간 계속 출간되고 있다. 2009년부터 시작된 국무조정실 조사는 일본, 한국, 싱가포르 이 세 나라의 각 세대 집단에서 동거 경험이 있는 사람들의 비율을 비교 조사했다(Cabinet Office, 2005). 〈표 2〉는 이들 세 나라의 2009년 조사 결과와 2005년 미국, 프랑스, 스웨덴에서의 조사 결과를 비교해 보여준다(Kojima, 2010a, 2010b).

혼전 동거가 흔한 유럽과 북미, 특히 스웨덴과는 정반대로 동아시아에서는 동거가 아직은 소수이지만 일본, 싱가포르, 한국에서 시작해 점점 증가하고 있는 추세이다. 한국에서 동거 경험이 있는 남성과 여성 사이의 비율이 큰 차이를 나타내고 있는 이유는 여성 응답자들은 자신들의 동거 경험을 숨기고 싶어 하기 때문인 것으로 추측해 볼 수 있다(Kojima, 2010a). 한국인들은 결혼에서 가장 보수적인 것으로 여겨진다. 그럼에도 불구하고 혼외 출산은 동아시아에서 극도로 드물다. 혼외 출산 비율은 2005년 일본 2.0%, 한국 1.5%, 대만 4.0%, 싱가포르 1.3%였다(Suzuki, 2010). 동아시아와 반대로, 유럽에서 혼외 출산은 북서유럽에서는 총 출산율의 절반 이상을 차지하는 것으로 집계되고 있으며 남유럽에서도 빠르게 증가하고 있다(이탈리아 20.7%, 스페인 28.4%, 포르투갈 31.6%)(Suzuki, 2010). 대신 일본에서는 소위 "혼전 임신 때문에 마지못해 하는 결혼(shotgun marriage)", 혹은 좀 더 일본식의 표현에 충실하게 표현하면 "실수 결혼(oops marriages [5])"이 증가하고 있다. 일본에서는 1990년대 중반부터 혼전 임신으로 인한 결혼이 증가했으며, 결혼 후 9개월이 되기 전에 첫 번째 아이를 출산하는 사례가 1980년에는 10.6%이던 것이 1999년에는 20.9%, 2005년 25.6%. 2009년 25.3%로 증가했다(MHLW, 2010). 짐작컨대 혼전 성관계의 빈도와 보수적인 가치관 간의 격차가 "실수 결혼"의 증가를 만들어내고 있는 것이다.

동거는 가능하나 숨겨야만 한다, 혼전 임신은 가능하나 혼외 출산은 피해야만 한다. 이러한 문구처럼 동아시아에서 결혼과 그 외의 친밀한 관계 사이에는 여전히 매우 강력한 벽이 존재하고 있다. 동거가 결혼을 대체해 결혼 제도가 약화된 유럽과 달리 동아시아에서의 결혼 제도는 불안하긴 하지만 그럼에도 불구하고 강건하다. 이것이 유럽 가족과 동아시아 가족 사이에서 가장 주목할 만한 차이이다.

5 이 결혼 유형은 일본에서 "데키차타 콘dekichatta kon"으로 불려지는데 "Oops, we've done it! marriage."에서 변형되었다고 할 수 있다. 이것은 "혼전 임신으로 마지못해 하는 결혼"과 같은 것으로 "강제 결혼"은 아니다.

(4) 국제결혼과 출산 성비의 심각한 불균형

최근의 동아시아 인구통계학적 변화를 논할 때 우리는 국제결혼과 국경을 넘는 결혼을 반드시 짚고 넘어가야 한다. 코지마 히로시(Kojima Hiroshi)는 이 현상을 "제 2차 인구 전환의 동아시아 모델"을 이루는 한 요소로 보고 있다(Kojima, 2010b). 1980년대부터 국제결혼이 증가하기 시작한 일본은 역시나 동아시아 국가 중 가장 높은 국제결혼율을 보이고 있다. 농촌 남성의 배우자감이 부족한 현실을 타개하기 위해 일본의 지방 정부들은 정부 주도 중매 사업을 통해 필리핀, 스리랑카 등 여러 아시아 국가 여성들과 자국 농촌 총각들의 결혼을 장려했다([그림 5]). 다시 말해, 일본 내 국제결혼 증가는 사랑에 근거한 결혼보다는 전통적인 배우자 선택 방식인 중매결혼의 확장에 기인한 것이다. 결혼 브로커들이 국제결혼 시장에 발 빠르게 등장했다. 2000년대에 이르러 국제결혼은 농촌 지역에서 뿐만 아니라 도시 지역과 산업 지역에서도 증가하기 시작했다(Liew, Ochiai and Ishikawa, 2010).

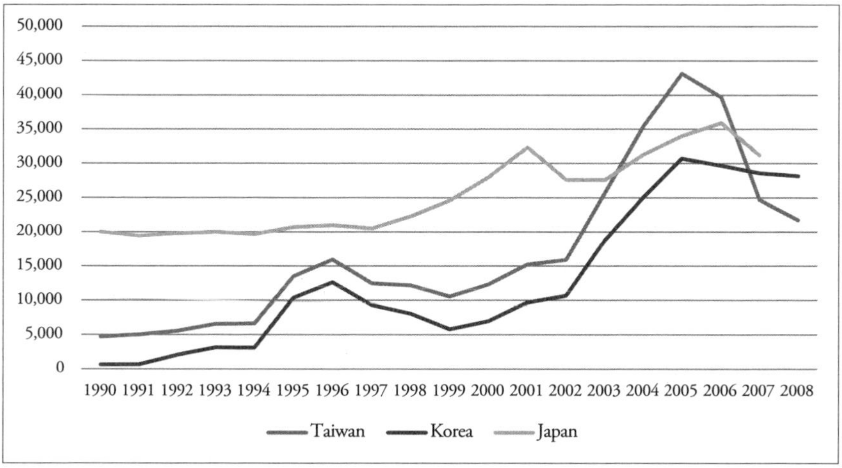

[그림 5] 동아시아 결혼 이주여성 분포도, 1990-2008
출처: Lee(2010)

한국과 대만은 일본보다 조금 늦은 1990년대부터 국제결혼과 국경을 넘는 결혼이 증가하기 시작했으나 이후 급증하여 곧 일본을 크게 앞섰다. 국제결혼이나 국경을 넘는 결혼의 비율[6]은 일본이 5.1%(2008), 한국이 11.0%(2008), 대만이 12.2%(2008)이다(NIPSSR, 2010; Yamaji, 2010; Ito, 2010). 이후 감소하기는 했지만, 2003년 대만 부부의 1/3이 국경을 넘는 결혼을 한 부부였다[7].

일본과 마찬가지로 한국과 대만에서도 국제결혼 증가 현상 뒤에 숨겨진 요인은 농촌지역과 소득이 낮은 남성이 결혼할 수 있는 여성의 부족이었다. 그러나 일본에서는 찾을 수 없었던 또 다른 요인이 있었는데 그것은 바로 높은 출산 성비 불균형이었다. 높은 성비 불균형은 가산제 사회도 아니며 남아선호사상도 강하지 않았던 일본을 제외한 동아시아와 남아시아에서 첫 번째 출산율 저하가 시작된 이래로 지난 30여 년 동안 널리 퍼져 있었다. 코지마는 높은 성비 불균형이 제 2차 인구 변환의 동아시아 모델에서 또 다른 중요한 요인임을 강조한다(Kojima, 2010b). 1990년 출생 성비는 한국이 117, 대만이 110이었다(Suzuki, 2010). 모순적인 것은 이들 국가의 국민들은 늦은 출산율 저하로 인해 성별 검사와 성별 낙태라는 새로운 기술을 이용하게 되었다는 점이다. 이는 우리가 본고의 후반부에서 논의할 압축된 근대성의 대표적인 예라고 할 수 있다.

외국인 아내를 둔 남편들이 국제결혼을 선택한 이유는 주로 대를 이를 아들에 대한 필요성, 노부모 봉양 필요성, 그리고 농사를 위한 노동력의 필요성이었다(Ochiai, 2007). 즉, 동아시아에서 국제결혼과 국경을 넘는 결혼이 증가하는 이유는 전통적인 가족 제도를 유지하기 위함인 것이다.

---

6 "국경을 넘은 결혼"이란 용어는 본토 중국인들과의 결혼을 포함하는 대만에서 사용되는 말이다.

7 2003년 신부의 28.0%가 대만국적이 아니었다.

2) 동아시아에서의 젠더 역할 변화

(1) 서구 국가에서의 전업주부화와 탈전업주부화

이 연구의 또 다른 관심분야는 젠더 분석이다. 서구 유럽과 북미 같은 자본주의 국가들은 근대 가족기와 여성의 노동시장 참여율의 하락을 경험해 왔다. 후자와 같은 현상을 소위 "전업주부화"라 할 수 있다(Mies, 1986). 인도계 경제학자 신하(J. N. Sinha, 1965)는 유엔이 수집한 데이터를 분석하여 경제 발전과 기혼 여성의 노동시장 참여 간 U자 유형 관계에 대한 가설을 세웠다. 1970년대 이후 서유럽과 북미에서 여성의 노동시장 참여율은 증가했다. U자 유형의 오른쪽 면을 따라 올라가며 "전업주부화"의 역방향인 소위 "탈전업주부화"의 증후(Ochiai, 2008a: 4-5)를 보이는 것이다.

서유럽과 북미에서는 1973년 에너지 위기로 인해 심각한 경제 불황이 장기간 지속되었으며 이는 성별 노동 분업의 약화를 촉발시켰다. 남녀 모두 고용 불안에 시달렸으며 성별에 따른 노동 분업은 '사치'일 뿐, 직장을 가진 사람이 일을 해서 돈을 벌어야 했다. 물론 1960년대 학생운동과 여성해방운동이 구축하고 국제 조직[8]이 승인한 가치 변화가 양성 평등을 보편적 가치로 자리 잡게 하는 데 많은 역할을 했지만, 성별 노동 분업 약화의 주된 원인은 경제적 필요성 때문이었던 것 같다. 그 외에도 인구통계학적 상황이 성별노동 분업의 약화를 요구했다고 가정해볼 수 있다. 인구 변화가 급속히 일어나고 있던 유럽과 북미에서는 노령 인구 또한 급속히 늘어났다. 1970년대부터 노령 인구는 전체 인구의 10% 이상을 차지했으며 1980년대에는 15%를 넘어선 나라들도 있었다. 여성 노동의 동원은 인구 노령화에 대처하기 위한 대책으로 필요하기도 했던 것이다.

---

8 1976년 시작된 국제여성의해와 유엔여성주간은 둘 다 중요했다.

(2) 동아시아에서의 젠더 역할의 다양성

다양한 아시아 사회들을 다루기 위해 시각을 넓히다 보면, 우리는 그 다양성에 놀라게 된다. [그림 6]은 동아시아와 동남아시아 여섯 국가의 공식적인 통계자료에 따른 여성의 연령별 노동 시장 참가율을 보여준다. 이들 국가에서 여성의 연령별 노동시장 참가 비율에 따른 유형은 다음과 같이 세 가지 유형으로 분류할 수 있다. 유형1은 생산 활동 가능 기간 내내 여성들의 높은 시장 참여율이 유지되는 국가들이다. 중국과 태국이 이 유형에 속한다. 유형2 국가의 여성 노동 시장 참여율은 30대를 정점으로 감소하기 시작한다. 싱가포르와 대만이 여기에 속한다. 유형3은 20대 후반에 일시적으로 비율이 감소했다가 다시 증가하기 시작하는 사회로 M자 곡선을 보인다. 일본과 한국이 여기에 속한다. 유형1과 유형2 국가의 여성들은 출산과 육아 기간에도 노동을 지속한다. 이는 중국과 태국뿐만 아니라 싱가포르와 대만도 마찬가지이다. 싱가포르와 대만의 경우, 여성의 노동시장 참가율은 영아를 둔 어머니 연령(30대 초반까지) 집단에서도 높게 유지되었다가 자녀가 어느 정도 더 나이가 들면 감소하기 시작한다.

우리가 최근에 관찰하는 다양성은 전통 양식과 근대화 방식의 다양성에 따른 결과이다. 태국은 아무런 변화를 보여주지 않은 채 1960년대의 유형과 현재의 유형이 탁자 형태로 동일하다. 이러한 현상이 태국에만 국한된 것은 아니다. 동남아시아에서는 전통적으로 여성이 노동에 활발하게 참여하고 자산 소유에 있어서도 유리한 위치에 있어 왔다. 이는 탐험의 시대(1450-1700년, 식민지 건설을 위해 유럽 각국이 탐험을 떠나던 시기, 역자주) 때 유럽의 탐험가들이 언급한 것이기도 하다(Reid, 1993). 벼농사를 짓는 남아시아 지역에서 여성 노동은 중요한 것이었다(Sechiyama, 1996, 2013). 동남아시아 국가에서도 근대화 과정 동안 동일한 유형이 나타났으며, 도시 지역 여성들은 소규모 회사와 공장, 근대 사무실에서 끊임없이 일해 왔다.

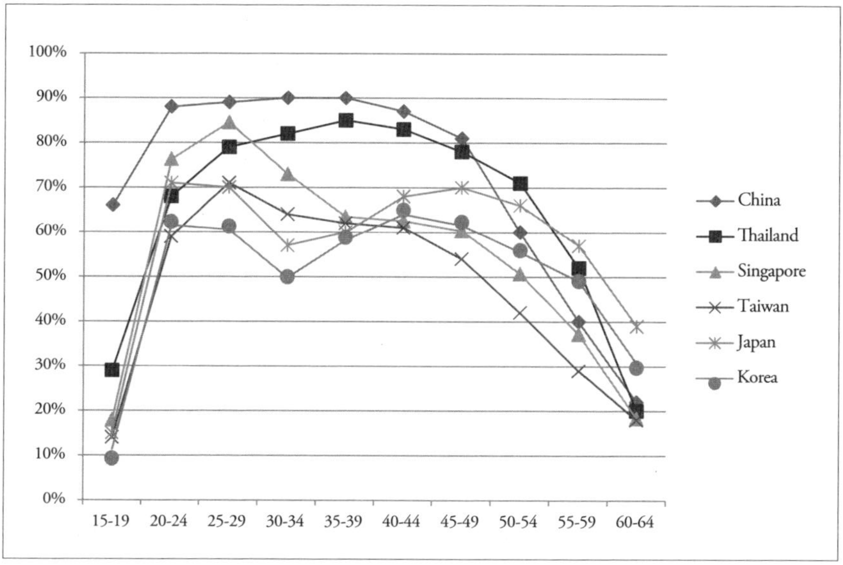

[그림 6] 세대 별 여성 노동시장 참가율

* 한국은 2002년, 그 외의 국가는 2000년 통계임

출처: National Bureau of Statistics, 2000 Census; Thailand: National Statistical Office, Report of the Labor Force Survey; Singapore: Dept. of Statistics, Cnsus of Pupulation 2000; Taiwan: Executive Yuan, Human Resource Survey; Korea: National Statistical Office, Economically Active Population Survey; Japan: Statistics Bureau, Labor Force Survey.

사실 일본도 이러한 유형의 사회였다. 일본에서 여성의 노동 시장 참가는 19세기 후반에 시작된 근대화 과정 이후 감소하긴 했지만 1970년대 초까지 유럽 국가보다 더 높았다.

중국은 생산성을 강조한 사회주의 정책을 펼쳐왔으며 이에 따라 여성의 노동 동원이 촉진되었다. 이 경우 중국은 전업주부화라기보다 사회주의 혁명 이후 노동 동원의 변화라고 본다. 사회주의 국가는 아니지만 싱가포르 역시 여성의 노동 동원을 촉진해왔는데, 이는 강력한 국가 리더십과 경제 발전을 우선시하는 싱가포르의 개발중심정책으로 인한 것이었다.

1960년대 이후 한국은 일본과 매우 비슷한 M자 유형을 보였으나 그전 시기에 일본처럼 감소기를 경험했었는지 아닌지는 명확하지 않다. 한국은 유교 사상의 영향 때문에 여성의 노동 시장 참가는 일본이나 태국처럼 높지 않았던 것 같다.

대만은 국민의 다양한 출신성분 때문에 판단하기가 어려운 국가이다. 섬 원주민과 중국인 사이의 족외혼 결혼의 후손인 타이완 사람과 섬 원주민들은 동남아시아 성향을 가졌으나 제 2차 세계대전 이후 대만으로 건너간 중국인들은 동아시아와 유교사상을 근간으로 하고 있다.

(3) 동아시아에서의 젠더 역할 변화 추세

동아시아에서 근대성이 젠더 조건에 미친 영향이 무엇인가에 대한 질문의 답은 그리 단순하지 않다. 일본에서는 근대성이 전업주부화를 야기했고, 중국과 싱가포르에서는 탈전업주부화를, 태국에서는 아무런 변화도 일으키지 않았다. 아주 최근에는 출산 이후에도 여성들이 일을 계속 하는 중국과 싱가포르, 태국과 같은 국가에서 많은 변화가 일어나고 있다. 실업이나 양육 시설의 부족 때문인지 아니면 자녀 교육에 좀 더 치중하고픈 부모마음 때문인지는 알 수 없으나 많은 여성들이 자발적으로 혹은 마지못해 전업주부가 되고 있다(Ochiai, 2008b). "전업주부의 삶"에 대한 동경이 있는 것으로 보인다. 반대로 한국, 일본, 대만, 싱가포르에서는 탈전업주부화 경향이 진행되고 있다. 동아시아적 맥락에서 전업주부화/탈전업주부화 경향은 서구 사회에서처럼 다른 시대별로 분리되어 일어나는 것이 아니라 동시적으로 그리고 서로 반대되는 양상으로 진행되었고 또 진행되고 있다.

젠더에 관한 의식도 조사 결과는 흥미있는 모순점을 제시한다. 남성은 밖에서 일하고 여성은 집을 지키는 성별 노동 분업에 동의하는지에 관한 질문에 많은 아시아 국가의 여성들은 서구 사회의 여성들과는 사뭇 다른 반응을 보이고 있다([그림 7]). 서구에서는 성별 노동 분업이 시대에 뒤떨어진 것으로 인식되고 있으나, 흥미롭게도 아시아에서는 현재처럼 노동시장 참여가 높을수록 성별 노동 분업에 대한 지지도가 높게 나타났다(그림의 중국과 태국 결과 참조). 이에 반해 성별 노동 분업에 대한 사고와 이상은 서구와 유사하나 여성들의 실제 노동시장 참여율은 높지 않은 한국 같은 나라도 있다.

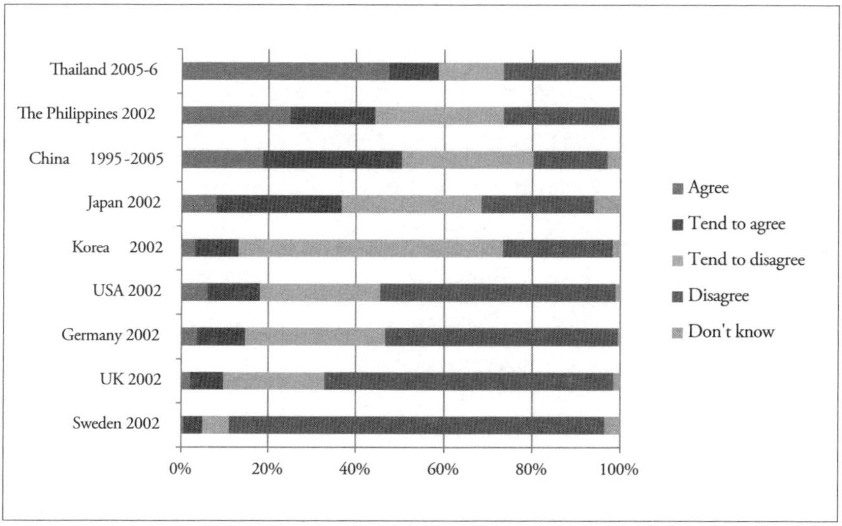

[그림 7] 성별 노동분업에 대한 국가별 여성들의 태도 분포

출처: China: 中国性别平等与婦女発展報告1995–2005; Thailand: International Comparative Research on "Home Education," National Women's Education Center, Japan; Other: International Comparative Survey on Gender Equality, Cabinet Office, Gender Equality Bureau, Japan

2. 아시아 근대성의 논리들

최근 동아시아의 가족 및 젠더 변화 추세는 서구와 크게 다음 두 가지 부분에서 차이가 나타난다. 첫째, 출산율의 급격한 변화와는 대조적으로 결혼에 관해서는 큰 변화가 없어 결혼 제도가 약화되지 않았음을 알 수 있다. 둘째, 현재 전업주부화/탈전업주부화가 동시적으로 일어나는 등 젠더 역할 변화가 복잡하고 혼란스러운 경향을 나타낸다.

본고의 후반에 이러한 동아시아적 특성들을 양산하고 있는 원인에 대해 논의하고 세 가지 가설들을 하나씩 살펴볼 것이다.

1) 유교 사상

(1) 비유교 사회에서 유교사상의 피상적인 영향들

젠더 역할에 영향을 미치는 것에 관한 첫 번째 가설은 문화적인 영향이다. 사람들은 동아시아가 공통된 문화유산인 유교의 영향으로 가족들이 상대적으로 안정되고, 젠더 역할 변화가 서구의 길을 따라가지 않는다고 생각한다.

그러나 일본의 가족사회학과 정치사를 연구하는 연구자로서, 나는 동아시아 사회를 유교 사회로 모두 함께 묶는 서술을 접할 때마다 불편함을 느낀다. 다른 동아시아 국가들과 비교해 봤을 때 전통적인 일본 사회로의 유교사상 유입은 피상적이었다는 것이 일본 학회의 공통된 이해이다. "피상적이다"는 것은 두 가지를 의미한다. 하나는 사회 계급에 관한 것으로서 유교사상은 단지 상위 계급, 즉 *사무라이*나 무사 계급에만 영향을 미쳤다는 것이다. "피상"이 의미하는 또 다른 것은 유교사상의 영향은 이데올로기적인 수준에 머물렀을 뿐 일상생활에는 실제로 아무런 영향을 미치지 않았다는 것이다.

한 예를 들자면, 유교사상의 가르침에는 "덕이 높은 여성은 두 남편을 섬기지 않는다."라는 구절이 있다. 재혼하지 않고 시부모를 모시는 젊은 과부나 좀 더 극단적인 예로 죽은 남편을 따라 죽음을 택하는 여성은 중국과 한국에서 "열녀"로 찬사를 받았고 나라에서 상을 내렸다. 그러나 이혼율이 높았던 일본에서는 남편의 죽음 이후 재혼은 당연한 것이었을 뿐만 아니라 이혼 이후에도 마찬가지였다. 인구통계사 연구는 18-19세기 일본의 북동지역(도호쿠 지역)에서의 이혼율은 최근의 미국 수준만큼 높았다고 평가하고 있다(Ochiai, 1999; Kurosu, Tsuya and Hamano, 1999). 한편, 성적 관계에 대해 좀 더 자유로운 태도를 가진 일본의 남서 지역에서는 젊은 남자와 여자들 사이에서 -때론 그렇게 젊지 않은 결혼한 이들도 포함해- *요바이*(*yobai*, 밤에 남자가 애인의 침소에 숨어들어 성관계 맺던 일 역자주)나 "야간 방문(night calling)"이 만연했으며(Akamatsu, 1994; Ochiai, 2011a) 이는 10%에 육박하는 혼외 출산을 야기하기도 했다(Ochiai and Nakajima, 2010). "남녀칠세부동석" 같은 유교의 가르침은 어디에서도 찾아 볼 수 없었다.

일본에서 유교사상의 영향이 피상적이었던 이유를 파악하기 위해서 우리는 유교사상이 그 사상을 만든 나라인 중국의 사회구조, 특히 중국의 친족 관계를 반영했다는 점을 깨달을 필요가 있다. 중국은 족외혼의 가산제 사회이며 이 사회들은 족장과의 연결을 통해 친족 집단으로의 귀속을 결정한다. 일반적으로 이것은 여성의 섹슈얼리티가 강력하게 통제되고 여성의 상속권이 제한되어 있음을 의미한다. 이와 반대로 일본은 대부분의 동남아시아 국가처럼 쌍무적인 친족사회로서 여성은 상대적으로 높은 사회적 지위와, 상대적으로 많은 성적 자유를 가지고 있었다.

농업 기술 역시 성별 노동 분업에 영향을 미친다. 동남아시아에서부터 중국 남부지역에까지 이르는 쌀생산 지대에서 여성의 농업 생산에 관한 공헌은 상당하다. 그러나 주로 소를 이용하는 밀지대인 중국 북부지역에서는 남성이 농사에서 주된 역할을 하는 경향이 있다(Sechiyama 1996, 2013).

일본 사회의 기본 토대는 동남아시아의 친족 관계와 농업 기술과 상당부분 공유하고 있다. 유교사상은 5세기 혹은 6세기에 일본으로 들어 왔으나 그것의 영향력은 제한적이었다. 중국식 관료 시험 제도(*keju*)는 자리 잡지 못했고, 법조문(*luling*)도 수정되었다. 도쿠가와 막부시대가 시작되던 17세기에 통치 이데올로기의 핵심으로 신유교사상이 도입되어 상황이 다소 변했으나 일본의 유교 학자들은 일본의 현실에 유교사상을 접목시키고자 고군분투해야만 했으며(Watanabe, 2010) 정치 · 사회 제도들은 유교 이데올로기에 크게 영향을 받지 않았다.

일본에서 유교사상은 1868년 메이지 유신 이후에 시작됐던 근대기에 비로소 국민 전체에 영향을 미쳤다. 메이지 정부는 처음 10년 동안은 강력한 서구화 정책을 추진하는데 몰두했으나 그 이후 전통적인 동양식 문화로의 회귀 운동이 일어났고 메이지 정권 지도자들은 유교적 도덕 교육 교재의 활용을 촉진했다. 그럼에도 불구하고 근대 일본 사회로 유입된 메이지 정권의 유교사상은 너무나 복합적이어서 전통으로의 회귀로 범주화될 수 없었다. 유교사상은 근대 일본 정부를 뒷받침하기 위한 이데올로기의 한 방편으로 수정되고 동원되었다.

다른 나라들도 이와 비슷한 역사를 경험했다. 한국은 17세기까지 아들과 딸 사이에 유산을 분할할 수 있는 제도가 있었으나 이후 여성은 그들의 상속권을 잃어 버렸고 국가적으로 여성의 순결에 대한 미화가 더욱 강화됐다. 베트남에서는 여성들이 역사 전반에 걸쳐 경제 활동에 활발히 참여했음에도 베트남 사회는 가족과 남편을 위해 희생하는 것이 여성의 미덕이라고 여겼다(Pettus, 2003; Ochiai and Aoyama, 2013 출간예정). 동아시아의 현 상황을 설명하는 한 요소로서 유교사상을 다룰 때 유교사상은 단순히 전통이 아니라 사회 지도층이 자신들의 목적을 달성코자 외부로부터 수입해 개조하여 사용한 기제라는 것을 반드시 기억해야 한다.

(2) 근대 젠더 역할의 전통화

"좋은 아내와 현명한 어머니"라는 개념인 "료사이 켄보ryosai-kenbo" 이면에 있는 지적 역사는 유교사상과 근대성, 젠더 사이의 얽힌 관계를 잘 보여준다. 이 문구는 이상적인 여성 역할을 지칭하는 것으로 중국("현명한 아내와 좋은 어머니")과 한국("현명한 어머니와 좋은 아내")에서 뿐만 아니라 일본에서도 자주 사용되며 일반적으로 유교사상과 전통에서 온 선조들의 행동 수칙으로 여겨져 왔다(Jin, 2006).

그러나 1980년대 조사에서 이러한 시각이 잘못되었음이 드러났다. 코야마 시즈코(Koyama Shizuko)는 "료사이 켄보"라는 문구는 도쿠가와 막부 시대의 어느 기록에서도 찾아 볼 수 없다는 것을 발견했다. 이 문구는 19세기가 끝나갈 무렵인 메이지 시대 초반에 유럽인들의 여성들에 대한 시각에 영향 받아 처음 등장했다(Koyama, 1991, 2012).

좋은 아내와 현명한 어머니의 핵심 역할 중의 하나는 자녀 교육을 이끌어 가는 것이었다. 반대로 도쿠가와 막부시대의 여성에 대한 유교적 시선은 여성의 지식을 높이 사지 않았으며, 어머니가 자녀를 실제로 교육시키는 것도 여성의 역할로 기대되는 부분이 전혀 아니었다. 좋은 아내와 현명한 어머니의 역할은 실제로 근대 유럽에서 증진된 여성의 역할 모델에 훨씬 더 가깝다(Koyama 1991, 2012). 그때 좋은 아내와 현명한 어머니가 되기 위해 여고에서 교육받은 소녀들은 가족이 아니라 국가 형성에 이바지하는 자신들의 새로운 역할 실행을 자랑스러워했다. 좋은 아내와 현명한 어머니라는 여성의 역할은 19세기 후반과 20세기 초반 거의 모든 아시아 국가들에 유입되었다. 이들 사회에서 "좋은 아내와 현명한 어머니"는 근대적이고 진보적인 여성의 역할로 받아들여졌다(Jin, 2006; Ochiai and Aoyama, 2013 출간예정).

좋은 아내와 현명한 어머니의 지적 역사는 여기에서 끝나지 않는다. "좋은 아내와 현명한 어머니"의 교육적 이상은 제 1차 세계대전 이후 변화를 보였다. 국가를 일으켜 세우고 유교적 여성 가치를 강화시키는 개념이 더욱 강조되어 좋은 아내와 현명한 어머니 개념은 더욱 보수화 되었다.

중국에서 5.4운동(1919)의 영향으로 입센의 인형의 집에 등장하는 노라같은 "독립된 개인" 이미지가 새로운 여성 이미지로 부각되었다(Jin, 2006: Ch. 6). 1920년대 후반 중국의 무분별한 서구화에 대한 비판이 증가하자 좋은 아내와 현명한 어머니가 다시 등장했다. 그러나 이제는 가정에서 여성의 역할에 대한 새로운 강조뿐만 아니라 중국의 전통적인 유교적 이상과의 연결을 내포하고 있었다(Jin, 2006: Ch. 7).

이런 방식으로 중국과 일본 모두 제 1차 세계 대전 이후 좋은 아내와 현명한 어머니의 "전통화"를 경험하게 된다. 여기에서 작용하는 힘은 우리가 "아시아"라고 부르는 문화적 지정학이다. 서구의 우월성과 위협은 유럽의 좋은 아내와 현명한 어머니 이상을 유입시켰으나 동시에 서구에 대한 저항 정신은 여성의 동양적 이미지 창조를 요구했다. "신여성"이 남성과 동등한 개인으로 등장함에 따라 이는 서구 여성의 이미지로 재조명되었으며, "좋은 아내와 현명한 어머니" 이상은 동양 전통의 일부로 재탄생했다. 이러한 변화는 유교사상과 같은 공통의 전통 때문이라기보다는 "동양적 사고관(self-orientalism)"이라고 부르는 기제에 기반한 정체성 정치학 때문으로 볼 수 있다. 사실 이렇게 해서 근대 여성의 가정적 역할이 "아시아적 전통"으로 만들어진 것이었다. 이처럼 매우 복잡한 과정을 거쳐 아시아인들은 "우리의 문화적 전통"이라는, 때로는 유교라는 이름하에 근대의 성별 노동 분업을 정당화하기 시작했다.

그렇다면 첫 번째 가설의 타당성은 어떻게 평가할 수 있는가? 유교사상이 오늘날 동아시아의 가족과 젠더 변화에 영향을 미치는 원인이라고 말하기는 쉽지 않다. 왜냐하면 유교사상은 애초부터 범 동아시아적 전통이 아니기 때문이다. 이 지역에는 적어도 두 개의 서로 다른 사회문화적 전통이 존재한다. 하나는 족외혼의 가산제 사회에 기반한 전통이고 또 다른 하나는 쌍무적인 친족사회에 연원한다. 유교사상은 전자에만 연관되어 있다.

그러나 많은 아시아 국가에서 진행된 소위 "근대성의 전통화"라고 부르는 기제로 인해 아시아인들은 근대의 성별 노동 분업이 자신들의 전통이라고 믿으며 때론 그것이 유교사상에 근거한다고 오해한다. 이것이 바로 많은 사람들이 첫 번째 가설이 타당하다고 잘못 인식하고 있는 이유이다.

2) 근대성의 방향

(1) 압축된 근대성과 덜 압축된 근대성

두 번째 가설은 근대성에 이르는 다른 방향과 연관되어 있다. 모든 사회가 동일한 근대성의 방향을 따른다는, 그래서 결국 한곳으로 모인다는 1960년대 근대화 이론의 가정에 반대되는 "복합적 근대성"은 국가들마다 다른 방향으로 나아간다는 것을 전제로 한다. 그리고 이 서로 다른 방향들은 경로 의존성 효과로 인해 시간이 지날수록 영구적인 차이를 양산할 지도 모른다.

본고의 초반에 출산율 감소 과정에서 일본을 제외한 아시아 국가들의 출산율이 인구대체출산율에 머문 기간이 없었다는 사실에 주목할 필요가 있음을 지적했다. 우리가 거시적 관점에서 세계 다른 지역에서의 출산율 감소에 대한 장기적 추세를 살펴볼 때, 동아시아의 사회적 변화에 관한 이론적 아이디어를 얻을 수 있다.

[그림 8]은 미국과 유럽 뿐 아니라 일본을 포함한 많은 동아시아 국가들의

장기 합계출산율 추이를 보여준다. 첫 번째 중요한 점은 적어도 유럽에서는 두 번의 감소기가 있었으며 하나는 제 1차 인구전환의 일부로 나타났으며 다른 하나는 제 2차 인구전환에 속한다는 것이다.

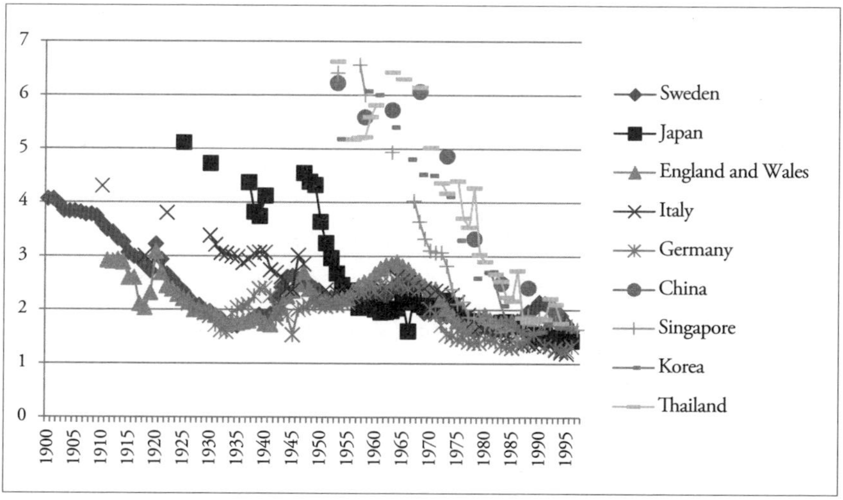

[그림 8] 유럽과 아시아의 장기간에 걸친 출산율 경향

출처: UN, *Demographic Yearbook*

흥미로운 사실은 약간의 예외를 제외하고 유럽과 아시아 등 같은 지역 내에 있는 국가들은 출산율 저하를 거의 동시적으로 경험했다는 것이다. 이 두 지역은-유럽은 프랑스, 아시아는 일본을 제외하고- 50년이라는 시간적 격차를 두고 1차 출산율 감소를 경험한다. 유럽의 거의 모든 국가에서는 1870-80년대와 1920-30년대 사이에, 대부분의 동아시아 국가에서는 1970-80년대에 1차 출산율 감소가 발생했다. 일본은 유럽의 감소기와 동아시아의 감소기의 중간 지점인 1950년대에 감소기를 경험했다.

그러면 2차 출산율 감소는 언제 발생했는가? 유럽과 미국에서는 1960년대 말에 시작되었고 일본에서는 1970년대 중반에 시작되었다. 첫 번째 출산율 저하는 그 발생 시기에 있어서 일본과 대부분의 유럽 국가들이 25년 정도의 차이를 보인 반면 두 번째 출산율 저하는 그 차이가 단지 몇 년이었다. 따라서 한국의 사회학자 장경섭이 지적한 것처럼 후발 국가에서는 근대성이 미루어졌을 뿐만 아니라 "압축되어" 나타났다(Chang, 1999).

그렇다면 일본이 아닌 다른 아시아 국가에서는 두 번째 출산율 저하가 언제 일어났는가? 이 질문에 대한 답을 구하기 위해 [그림 8]을 보면 혼란스러울 수 있다. 아시아 국가들에서는 출산율 저하는 계속되고 있으므로 유럽, 미국, 일본에서 볼 수 있었던 1차, 2차 출산율 저하 사이의 경계를 이들 아시아 국가들에서는 전혀 찾아 볼 수 없다. 우리는 논의를 위해 2차 출산율 감소기를 인구대체출산율 이하로 떨어진 시기로 정의하고자 한다. 이 기준에 따르면 싱가포르의 2차 출산율 감소는 일본보다 불과 몇 년 뒤인 1970년대 중반에 시작되었다. 반면 한국, 태국, 중국은 각각 1980년대 초, 1980년대 하반기, 1990년대에 시작되었다.

만약 우리가 이 두 번의 출산율 감소기 사이의 기간 즉, 출산율이 안정되고 인구대체출산율 수준을 유지하는 기간을 근대성의 "황금기"로 본다면, 유럽과 미국은 약 50년, 일본은 20년의 황금기를 누렸으나 일본을 제외한 동아시아 국가들은 이 황금기를 거의 경험하지 못했다. 즉, 일본 이외의 다른 아시아 국가들은 안정적인 근대성을 경험하지 못한 채 후기 근대성으로 성급히 곤두박질 친 것이다.[9]

인구통계학적 관점에서 보면, 장경섭이 지적한 근대성의 압축을 매우 명확하게 인지할 수 있다. 일본이 "덜 압축된 근대성"을 지나고 있는 반면, 일본을 제외한 아시아 지역은 이 "압축된 근대성"을 경과해왔으며 이러한 현상은

9 제 2의 근대성"이라는 용어는 울리히 백(Ulrich Beck)이 사용했는데 1970년대 유럽에서 등장한 이전의 근대 사회와는 다른 양식을 지닌 근대 사회를 설명하는 것이다. 이전의 전통적인 근대성을 그는 "제 1의 근대성"이라고 명명했다. 벡은 두 인구전환과 이 두 근대성 사이의 관계에 대해서는 정의 내리지 않았다. 그러나 나는 첫 번째 인구전환을 통해 사회가 "제 1의 근대성"을, 그리고 두 번째 인구전환을 통해 "제 2의 근대성"을 이루었다고 가끔 언급한다(Ochiai, 2010a).

이 국가들이 후에 겪게 될 경험에 대한 설명을 제공한다. 장경섭은 "압축된 근대성은 경제, 정치, 사회 그리고/또는 문화적 변화들이 동일한 시공간에 반영되어 극단적으로 압축된 관습을 야기 시키는 사회적 상태이다. 또한 이는 본질적으로 이질적인 역사적, 사회적 요소들을 역동적으로 교합하여 매우 복합적이고 유동적인 사회 체계의 구성과 및 재구성을 이끌어 낸다"라고 정의한다(Chang, 2010a: 24).

(2) 가족주의와 위험 회피용 개인주의화

장경섭은 동아시아의 극도로 낮은 출산율과 결혼에 관한 온건한 변화 사이의 격차를 설명하기 위해 "압축된 근대성"이라는 개념을 사용한다. 그는 "한국은 ... 소위 가족주의[10]라고 불리우는 것이 근대성을 압축하여 사회와 개인의 삶을 가족중심적으로 이끌고 있다"고 서술한다(Chang, 2010a: 24; Chang, 2010b). 이것은 압축된 근대성에서 사회 보장이 충분이 발전되지 못한 탓으로 산업 자본주의, 도시화, 노동계급화, 교육 추구에 있어서의 극단적인 성향, 급속도로 진행된 근대화에서 나타난 복지의 개인화에 적나라하게 노출된 개인들을 지원할 수 있는 유일한 사회적 자원은 가족이 유일하기 때문에 그렇다. 그러나 "가족의 제도적 약화는 가족관계를 사회적 자원에서 위험으로 변화시켰다." 사람들은 경쟁 사회에서 낙오된 가족과 친척에게서 무언가 지원을 받기 보다는 그들을 도와 줄 의무가 있다. 따라서 "위험 회피용 개인화란 개인화된 생활 상태를 점점 확장하고 되살림으로써 가족과 연결된 근대적 생활의 위험을 최소화하기 위한 개인들의 노력이라는 사회적 경향으로 정의할 수 있다."(Chang, 2010a: 25) 이는 1997-98년 아시아 재정 위기이후 출산율이 극단적으로 감소한 나라들에서 실제로 일어났는데, 사람들은 위험을 피하기 위해 결혼, 자녀출산, 이혼을 연기했다. 게다가 코지마는 동아시아에서 증가하기 시작한 동거는 결

10 "familialism"과 "familism"은 동일한 의미로 사용된다.

혼 제도로부터 스스로 자유로워지고자 하는 개인들의 선택에 의한 것이라기보다는 교육 수준이 낮고 고용이 불안한 사람들의 "사회적 배제"에 의해 촉진되고 있다고 주장한다(Kojima, 2010a) 그러나 코지마는 또한 2000년 이후 일본에서 교육 수준이 높은 여성들이 동거를 하는 새로운 경향도 발견했는데 이는 새로운 생활방식의 출현으로 해석될 수 있다(Kojima, 2010a)[11].

장경섭 주장의 핵심은 이러한 경향들이 "한국인들의 생활에서 점점 그 중요성이 부각되고 있는 가족 관계와 가족 가치를 반영하고 있는 것처럼 여겨지기 때문에 이 현상들은 개인화의 필수불가결한 징후가 아니다(Chang, 2010a: 24)"라는 것이다. 장경섭은 또한 "개인주의가 절대적으로 부재한 개인화를 내포한 동아시아에서 자본주의의 집약적인 성장은 압축적 근대화 및 후발주자의 이류 근대화의 역사적 결과물이다."(Chang, 2010a: 35)라고 상황을 종합하면서 위의 경향들이 한국에만 국한된 것이 아니라 일본과 대만에서도 공통적으로 나타난다고 지적한다.

압축된 근대성은 또한 복잡하고 난해한 젠더 역할 변화를 적어도 부분적으로나마 설명한다. 서구의 근대성에서 젠더 역할 변화를 나타내는 두 가지 상-전업주부화와 탈전업주부화-은 아시아 근대성에서는 시기별로 나누어져 등장하지 않는다. 때론 두 유형이 동시에 나타나기도 한다. 그러나 이러한 압축만으로는 모든 것을 설명할 수 없다. 어떤 나라들에서는 원래의 의미가 유럽과 다를 수도 있다. 만약 여성이 전통적으로 사회에서 일을 하지 않았다면 전업주부화를 위한 여지자체가 없다. 또 어떤 사회에서는 근대성이 완전히 다른 방향으로 나아갔는데 이는 사회주의 근대성이라 불린다.

(3) 과도기의 사회주의 근대성

동아시아에는 또 다른 근대성의 방향을 보여주는 사회들을 발견할 수 있다.

---

11 그러나 코지마는 또한 2000년 이후 일본에서 교육 수준이 높은 여성들이 동거를 하는 새로운 경향도 발견했는데 이는 새로운 생활방식의 출현으로 해석될 수 있다(Kojima, 2010a).

바로 사회주의 근대성인데 이것은 특히 현재까지 젠더와 관련한 경로 의존적 영향을 미치고 있다.

사회주의는 맨 처음부터 사회주의 의제에 여성을 포함시켜왔다. 사회주의자들은 "재생산 노동"을 사회 재생산을 위한 필수 요소로 여겼고, 따라서 이를 가구의 범주에서 사회의 범주로 가져와 사회적 노동화하고 여성을 해방시켰다. 사회주의는 전업주부화를 통해 근대 성별 노동 분업을 촉진시킨 서유럽 자본주의에 대비되는 방향을 제시했다.

과거 사회주의를 채택했던 유럽 국가들은 현재 "탈사회주의 사회" 혹은 "과도기 사회"로 불리며 여러 측면에서 큰 변화를 경험하고 있다. 가족과 젠더 측면에서 색슨버그(Saxonberg)와 시로보카(Sirovatka)는 "재전통화"와 "재가족주의" 경향을 발견했다(Saxonberg and Sirovatka, 2006). 시장 자유화라는 변화에 따라 공공 보육시설이 사라졌으며 가계에서 여성의 "전통적인" 역할이 강조되어 여성의 노동 참가율이 감소했다. 사람들이 의지할 수 있는 유일한 사회적 제도가 가족이기에 가족주의가 강화되고 여성주의는 뒤편으로 밀려났다(Dupcsik and Toth, 2008). 국가지원과 사회안전망이 사라지자 사람들의 삶은 더욱 악화되었으며, 이러한 어려움은 이 지역의 출산율 급감으로 나타났다.

아시아의 최근 상황도 이와 비슷하긴 하지만 그 차이 또한 의미심장하다. 가장 큰 차이는 여전히 사회주의가 지배하는 지역이 상당수 있다는 것이다. 그러나 이들 나라 또한 사회주의 시장 경제를 받아들이면서 경제적 변화를 맞고 있다. 젠더적인 측면에서 보자면, 여성의 노동 참여율은 여전히 높고 이데올로기 변화는 유럽처럼 광범위하지는 않으나 그럼에도 불구하고 사회주의 절정기 시설에 창안된 여성의 이미지는 다소 무너지고 있다.

"여성은 하늘의 절반"이라는 마오쩌둥의 유명한 구절로 대변되었던 중국에서의 젠더 변화는 1980년대의 "여성을 다시 집으로"라는 논쟁에서 시작되었다. 중국 회사들이 직면한 노동 과잉 문제를 해결하기 위해 일부 경제학자들과 여러 사람들은 여성이 노동 현장을 떠나 집을 지킬 것을 주장했다(Ochiai, 1989). 그러나 중화전국부녀연합회(1949년 중국 공산당이 설립한 여성조직. 여성의 권익을 대표하고 남녀평등을 촉진하며, 공산당과 정부정책 지지를 목적으로 하는 중국 최대의 여성조직 역자주)가 이러한 변화에 반대했고, 1989년 천안문 광장 사건 이후 자유토론이 사라졌기 때문에 이러한 변화가 그 당시에는 이행되지 않았다. 실질적인 변화들은 중국의 경제 성장이 계속된 2000년대 중반부터 시작되었다. 2002년 강소성 우시에서 진행된 한 조사는 체제 변화로 인해 일자리를 잃은 중년 여성들이 현실을 받아들여 스스로를 전업주부로 부르고 있음을 보여준다(Ochiai, 2005). 2004년 랴오닝성 푸순의 여성들은 그들이 경제적으로 충분한 여유가 있었을 때 자녀를 공부시키는 것에 헌신했다고 말했으나 실생활에서 그런 경우는 별로 없었다(Ochiai, 2005). 그러나 2007년 하얼빈에 있는 신문사가 "좋은 아내 모임(Hao Taitai Julubu: 好太太俱楽部)"을 만들고자 전업주부 모임을 조직했다[12]. 전체 인구와 비교해봤을 때는 아주 일부분이었지만 "전업주부(중국식으로는 全職太太 quanzhi taitai 또는 家庭主婦 jiating zhufu)"는 중국의 현실이 되고 있다. 2000년대 직장 내 보육시설의 폐쇄도 여성들이 일과 가정을 병행하는 것을 더욱 어렵게 만든 또 다른 변화이다(Zhang and Maclean, 2011).

2006년에 실시한 중국, 한국, 대만, 일본 등 동아시아 4개국 가족 비교 조사 결과를 살펴보면, 남편과 아내 모두 노동 시장에 참여하고 있는 비율이 중국에서 가장 높게 나타났고(20-40세 집단에서는 거의 80%에 육박), 가사에 참여하는 남성의 비율 역시 중국이 가장 높았으나, "남편은 밖에서 일하고 아내는 가사를 책임져야 한다" 혹은 "아내는 자신의 일을 가지는 것보다 남편의 일을 도와주는 것이 더 중요하다"는 말에 동의하는 20-40세 집단의 비율이 가장 높은 것도 중국이었다. 나머지 세 국가에서는 집단의 연령이 낮을수록 이 문구에 동의하는 비율이 낮았으나 중국에서는 거의 모든 세대에서 차이가 없었다. 따라서 중국인들은 50세 이상의 집단에서는 성평등 수치가 가장 높게 나타났지만

12 오치아이와 아오야마Aoyama가 쓴 짱 양Zhang Yang 편을 보라(2013 출간예정).

40세 이하 집단은 성평등 수치가 가장 낮게 나타나는 전도 현상을 볼 수 있다(Iwai & Yasuda, 2009: 21, 22, 25, 63).

최근의 변화들로 인해 역사에 관한 논의가 수정되고 있다. 사회주의 전성기의 여성해방은 여성에게 이중의 부담을 줌으로써 여성에게 고통을 준 것으로 다시 해석되고 있다. 그래서 이제는 여성에게 주부가 될 수 있는 선택권을 주는 것이 더 낫다는 의견이다. 과거는 현재를 비추는 거울처럼 여겨지고, 오늘날 우리는 사회주의 시대에 대한 "기억의 정치학"이 사용되는 것을 볼 수 있다. 여성에 대한 유교적 시선과 근대의 성별 노동 분업(좋은 아내와 현명한 어머니)은 서로 조화롭게 결합되어 다시금 등장하고 있다.

아시아의 "사회주의적 근대성"은 유럽에서처럼 단순히 거부당하는 것이 아니라 변형되고 있다. 따라서 성평등 이상은 거부된 것이 아니라 여성에 대한 유교적 시선과 근대 젠더 규범과 점진적으로 결합하여 현실에서 젠더 차이를 넓혀가고 있다. 과연 성평등 이상이 과도기의 다음 세대로 이어질 수 있을 것인가 아니면 그저 반세기 동안 지연되었던 근대 성별 분업의 시작을 알릴 것인가? 역사는 지금도 진행 중이다.

그러면 두 번째 가설은 어떻게 평가할 것인가? 아시아의 근대성은 유럽이나 서구의 근대성보다 훨씬 더 다양하다. 압축된 근대성, 덜 압축된 근대성, 사회주의적 근대성 등 근대성에 이르는 다양한 경로가 유럽과 아시아 각 지역 내의 다양성 뿐 아니라 두 지역 간의 차이를 설명한다. 압축된 근대성 하에서는 국가가 가족의 부담을 덜어줄 수 있는 사회 안전 보장 체제를 발달시킬 시간적 여유가 없기 때문에 사람들은 가족에 더욱 집착할 수밖에 없다. 그러나 바로 그 이유 때문에 사람들은 가족의 책임으로부터 벗어나기 위해 가정을 이루는 것을 피한다. 이를 통해 우리는 극심한 저출산, 높은 이혼율, 만혼, 그리고 가족제도의 온건한 변화들 간의 명백한 모순에 대한 설명을 찾을 수 있다.

젠더 역할 변화에 있어서의 복잡한 경향도 바로 이 가설로 설명할 수 있다. 전통적인 젠더 역할이라는 측면에서 사회를 두 유형으로 나눠볼 수 있는데 바로 여성의 노동시장 참여가 더 높은 사회와 더 낮은 사회이다. 태국과 일본처럼 여성의 노동 시장 참여가 높은 동남아시아 사회는 전업주부화와 탈전업주부화 과정을 거친 유럽 국가와 동일한 과정을 밟을 수 있다. 일본은 20세기 초부터 1960년대까지 전업주부화의 단계를 경험한 반면 태국은 최근까지도 여성의 높은 시장 참여율을 유지했고 현재 전업주부화 단계로의 갈림길에 서 있다. 만약 우리가 탈전업주부화를 교육을 받은 직장 여성 수의 증가로 정의 내린다면, 이 두 나라는 이미 탈전업주부화의 단계를 밟기 시작했다. 이 두 단계는 겹쳐서 나타난다. 반대로 중국, 한국, 싱가포르, 대만처럼 전통적으로 여성의 노동시장 참가율이 낮은 사회 중 중국(사회주의 근대성)과 싱가포르처럼 정부가 국가 정책으로 여성 고용을 추진한 나라들은 탈전업주부화를 일찍 경험한 반면, 다른 국가들은 이들보다 늦게 경험했다. 그러나 국가 주도로 탈전업주부화를 경험한 나라들은 지금 전업주부화라는 전도된 경향에 직면해 있다. 중국이 겪고 있는 과정은 유럽의 탈사회주의 국가들이 경험했던 재가족화(refamilialization)와 재전통화(retraditionalization)와 같은 선상에 있으나 그보다 더욱 미미하게 진행되는 "재전업주부화"라 할 수 있을 것이다.

3) 정책 결정

(1) 가족주의의 다양성

살펴본 바와 같이 정책 결정은 사회가 나아갈 방향을 결정하는데 중요한 역할을 한다. 국가의 미래는 국가가 걸어온 길에 따라 달라지지만 국가는 또한 그 방향을 선택할 수 있다. 이는 복지 제도의 개념에 담겨있는 생각이다. 에스핑 앤더슨은 유럽은 정부의 정책 결정에 따라 3개 혹은 4개의 다른 방향으로 걸어왔다고 주장한다. 유럽과 반대로 동아시아는 가족이 그 구성원의 소득 분배와 보살핌 같은 복지 책임을 가장 많이 져야 한다는 생각에 기반한 "가족주의 복지 체제"로 불린다. 우리는 압축된 근대성이라는 조건 하에서 동아시아 정부들이 과거와 현재에 어떤 정책 결정을 내려 왔고, 내릴 것인지에 더욱 주목해야 한다. 압축된 근대성과 정책 결정의 적절한 결합으로 인한 효과로 동아시아는 유럽보다 더 강력한 가족주의를 발전시켜 왔으며, 동시에 가족주의 다양성을 창조하고 있다(Ochiai, 2010b).

아시아 사회의 복지 체제에 대한 실증적 관찰은 다양한 현실을 그대로 드러낸다. 우리의 국제 교류 조사 프로젝트의 결과는 "케어 다이아몬드(care diamond)"라고 불리는 그래프에 나타나 있다(Ochiai, 2009). 이는 각 사회의 보살핌 유형을 나타내고 있는데 보살핌 서비스가 국가, 시장, 가족(그리고 친족), 사회 이렇게 4가지 다른 영역에서 지원되는 것으로 가정하고 있다(Razavi, 2007).[13]

여기서 가장 눈에 띄는 것은 모든 사회가 공통적으로 가족 및 친족 영역이 컸음에도 불구하고 사회별로 다양한 유형이 나타난다는 것이다. 가족주의도 관찰 대상이 되는 보살핌의 종류에 따라 다양한 유형으로 나타났다. 예를 들어 중국과 싱가포르는 여성 고용을 촉진하기 위해 국가가 양육서비스에서 중요한 역할을 하는 반면, 노인 부양에서는 그렇지 않았다. 또 다른 중요한 양상은 몇몇 국가에서는 시장 부문이 중요한 역할을 한다는 것인데, 싱가포르는 양육과 노인 부양, 대만은 노인부양을 위해 사람들이 가정에 외국인 도우미를 고용했다. 아시아 역내에서 이루어지는 가정부/보모의 초국가적인 이주는 점점 증가하고 있는 추세이다. 우리는 강한 시장 부문을 가진 동아시아 국가의 복지체제를 "자유주의적 가족주의"라 부를 수 있다. 국가 영역이 강한 나라들 중, 중국은 "사회주의적 가족주의"라 부를 수 있다(Ochiai, 2010b).[14]

---

13 오치아이(Ochiai, 2009)에서 인용한 것처럼 아시아 국가 간 케어 다이아몬드care diamond 비교는 2002년 일본, 한국, 중국, 태국의 사회과학자들이 실시했던 연구 프로젝트의 결과를 근간으로 하고 있다. 연구 결과는 Ochiai and Molony(2008), Ochiai, Yamane and Miyasaka (2007), Ochiai and Ueno(2006), Ochiai, Miyasaka, Zhou and Yamane(2010)로 발행되었다.

14 중국 체제는 21세기의 첫 번째 10년 동안 드라마틱하게 변하고 있다. 예를 들어 국영 회사와 밀접한 연관이 있던 공공어린이집 축소는 "자유주의적 가족주의"의 방향으로 내몰리고 있다.

(2) 일본에서의 가족주의 개혁

그렇다면 정책 결정은 어떻게 이루어지는가? 일본의 경우 우리는 1980년대에 진행된 정책 개혁의 중요성을 이해해야 한다. 1960년대 고도 성장기까지 일본 정부는 여전히 개발주의 정책을 추구하고 있었다. 아시아에서는 일본이 사회보장제도의 확립에 있어 앞서있었다고 할 수 있다. 그러나 1960년대에는 사회보장제도의 역할이 여전히 주변적인 것에 머물러 있었다. 성장이 국민들의 복지를 개선할 수 있는 최상의 길이라고 인식했기 때문이다. 우리는 이 체계를 일종의 "근로복지체계"라고 부를 수 있다. 1960년대 말에서 1970년대 초에 이르러 괄목할만한 경제 성장이 이루어 졌을 때에야 비로소 정부는 복지 국가에 도달하기 위해서는 복지 제도를 정비할 필요가 있음을 깨달았다. 그리고 1973년을 "복지 원년"으로 명명했다.

그러나 얄궂게도 "복지 원년"은 에너지 위기로 무너졌다. 정부는 조심스러워졌고 "가족과 공동체 내 자립 및 상호간의 지지"를 중요시 여기는 "전통적인" 일본의 가치를 강조하는 "일본식 복지 사회"라는 새로운 정책을 제안했다. 그러나 정부가 개선하고자 노력한 것은 실제로 복지 "국가"가 아니라 복지 "사회"였다. 사람들은 이러한 움직임에서[15] 복지 축소를 쉽게 떠올릴 수 있을 것이나 변화 이전의 수준이 달랐다. 일본은 긴축재정의 대상이 될 만큼 크게 발전한 부분도 많지 않았다. 오히려 사회 지출 규모는 1970년대 이후 증가했다. 압축적 근대성의 조건 하에서 이러한 복지의 발전과 축소는 동시에 일어났다.

일본에는 이를 가능케 하는 경제적, 인구학적 조건 또한 존재했었다. 경제성장률은 에너지 위기 이후에도 여전히 높았고 유럽과 북미와 비교해 보면 일본의 경제적 풍요는 20년이나 더 지속되었다. 또한 일본은 가구 당 자녀의 수가 이미 감소했고 노인 인구의 수도 여전히 적었기 때문에 1970년대까지도 "인

15 1980년대에 이 의견을 입안한 나카소네 야수히로 수상은 신자유주의의 지도자였던 미국 레이건 대통령과 영국 대처 수상과의 밀접한 관계를 자랑스러워했었다(Ochiai and Johshita, 2013년 출간예정).

구보너스 효과"를 누릴 수 있었다. 이처럼 좋은 조건아래에서 일본 사회는 20년 이상 "근로복지제도"를 유지할 수 있었다.

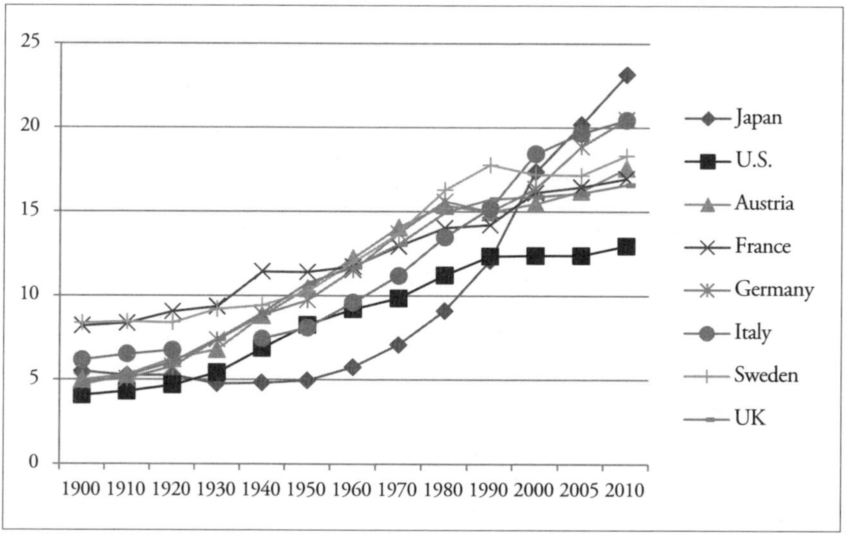

[그림 9] 국가별 65세 이상 인구 추이
출처: NIPSSR (2010)

1980년대에 정부는 "일본식 복지 사회"의 기반을 만들기 위해 "가족"을 정책 이슈화 했다. 일본의 경제 성장이 일본의 문화 덕분이라는 설명에 자신감을 얻어 일본 정부와 이데올로기들은 서양의 제도를 모방하지 않고, 일본만의 독특한 정책 방향을 설정하려고 하였다. 또한 정부는 이혼율과 결혼 연령이 이미 증가하고 있고 출산율이 감소하는 등 인구통계학적 상황이 가시화되자 이 상황을 이미 우려스럽게 바라보고 있었다. "가족 기반 강화(1979)"를 정책 아젠다로 내건 오히라 내각은 일본의 민족적 정체성인 일본 가족을 서양 문화에 오염되지 않도록 지키려는 욕구와 "가족 위기"에 대한 강한 두려움으로 인하여 이른바 "가족 백서"("국민 생활 백서"의 특별호)를 만들었다. 다시 말해, 이러한 정책들은 유럽과 북미에서 시작된 제 2의 인구 전환에 대한 대응이었다. 1980년대에는 "전업주부의 왕좌를 보호"하기 위한 관련 법규들이 차례차례 제정되었다. 1980년에는 아내의 법적 상속한도액을 인상했으며, 1985년에는 대기업에 근무하는 남편을 둔 아내의 연금 보험료를 면제했고, 1986년에는 미취업 배우자를 위한 특별 세금감면이 시행되었다.

이 시대착오적인 가족주의 개혁의 영향은 과히 놀랄만했다. 여성의 전일제 고용은 1950년 이후 증가해오다 에너지 위기와 함께 중단되었고 1970년대 후반부터 현재까지 여성 고용이 확대된 곳은 오직 시간제 고용뿐이었다(Tanaka, 1999; Ochiai, 2010a). 이는 대기업 피고용인의 아내를 남편에 종속된 "피부양자"로 인정할 수 있는 만큼의 소득만 벌 정도로 여성들이 자신들의 노동 시간을 조정한 것에서 연유했다. 제인 루이스(Jane Lewis)가 "1.5명 소득자 모델"(Lewis, 2001)로 명명한 이 새로운 성별 분업은 경제 불황기에 등장해 법률로 확정되었고 20-30년간 지속되었다.

예상과는 달리 1970년대 일본의 여성 노동시장 참가율은 대다수의 유럽 국가들보다 더 높았다(Ochiai, 2010a: 12). 그러나 이후 30년 동안 유럽과 북미에서는 여성의 노동시장 참가율이 대폭 상승한 반면 일본은 거의 변화가 없었다. 일본은 나이별 여성 참가율이 여전히 M자 유형을 보인다. 제 2의 인구 전환과 동시에 대부분의 유럽 국가와 북미에서 일어났던 젠더 역할 변화가 일본에서는 일어나지 않았다. 1980년대의 가족주의 개혁 때문이었다.

1990년대의 일본은 1980년대의 경제적 · 인구학적 조건을 상실했다. 1991-92년에 버블 경제가 결국 붕괴되자 일본 경제는 긴 침체기로 들어갔다. 이후 일본의 성장은 약간의 변동만 있을 뿐 별반 다르지 않은 상태를 유지하고 있다. 경제에 유리하게 작용했던 인구학적 호재 역시 지속되지 못했다. 노인 인구 비율이 1990년대에 급등하여 2008년에는 세계 최고치인 22.1%를([그림 9]) 기록했다(NIPSSR, 2010). 이러한 경제적 · 인구통계학적 변화에도 불구하고 1980년대에 세워졌던 가족주의 정책은 변화를 거부해 결국 "잃어버린 20년"을 초래했다. 정부는 1990년대 후반부터 돌봄의 사회화를 목표로 하는 새로운 정책을 제안했으나 이 정책들은 여전히 가족주의적인 사고에 크게 의존하고 있었다. 예를 들어 2000년에 도입된 장기요양보험(LTCI, Long-term Care Insurance)은 시설이 아닌 가족을 근간으로 해 설계되었다. 가족 내 돌봄 수행자는 이 보험에서 지급하는 보조금으로 하루에 몇 시간 "도우미(Home Helpers)"를 고용할 수 있었다. 그러나 나머지 시간에는 여전히 가족 내 돌봄 수행자가 책임을 져야하고 비용 또한 일정 부분은 가족이 부담하고 있다(Ochiai, Abe, Uzuhashi, Tamiya and Shikata, 2012).

(3) 다른 동아시아 사회에서의 자유주의적 가족주의

다른 동아시아 사회들은 일본과는 다른 경험을 했다. 복지를 긴축하면서 동시에 복지 국가를 건설해야 한다는 역설적인 상황에 봉착했던 이들 나라에서 근대성은 매우 압축적으로 나타났다(Miyamoto, Peng and Uzuhashi, 2003: 301). 예를 들어 한국의 대통령 김대중(1998-2003)은 IMF 위기 이후 신자유주의와 세계화의 접목을 강요당했음에도 불구하고 사회적 투자 혹은 다른 말로 경제 성장 기반으로 사회 복지를 구상하는 "생산적 복지" 개념을 만들어 가야하는 상황에 직면했다.

돌봄 제도 유형에 대한 현장 조사에서 발견한 중요한 점은 바로 몇몇 국가에서는 시장 부문이 핵심적인 역할을 하고 있다는 것이다. 특히 싱가포르의 육아제도와 노인부양제도, 대만의 노인부양제도가 그러한데(Ochiai and Molony, 2008; Ochiai, 2009), 이들은 시장을 통해 외국인 가정부와 도우미를 고용하고 있었다. 시장으로부터 돌봄 서비스를 빌리는 이러한 가족들은 일반적으로 가족이 가정에서 연세든 부모를 부양해야 한다는 가족주의적 이상을 갖고 있다. 그러나 현실은 이주노동자가 돌봄 서비스를 수행하고 있었다. 즉, 이 가족들은 효도를 외부에 위탁한다(Lan, 2002). 우리는 이를 "자유주의적 가족주의" 접근법이라고 부르고자 한다.

싱가포르나 대만 같은 사회와 비교하면 일본은 외국인 노동자를 통해 이런 문제를 해결하는 방안이 절대적으로 부재하다. 일본의 이주 정책은 미숙련 외국인 노동자들에게는 비자를 내주지 않기 때문에 일본에는 외국인 가정부나 보모가 거의 없다(Liew, Ochiai and Ishikawa, 2010)[16] . 일본은 사회가 크게 변화했음에도 불구하고 가족 강화에서와 마찬가지로 여러 부문에서 변화를 거부하고 1960년대 체제를 고수하고 있다. "반-압축적 근대성"과정에서 일본은 1960년대와 유사한 체제를 겨우 만들어냈다. 그러나 그것이 성숙되고, 변화하는 상황에 따라 재구성될 충분한 시간적 여유를 갖지 못했다. 이와 대조적으로 다른 동아시아 국가들은 일본보다 더욱 제한된 시간 내의 "압축적 근대성"이 이루어진 관계로 지속적인 변화의 촉진제가 되는 안정성을 확보할 여유가 없었다. 예를 들어 근대성의 초기 단계에서 가사 노동자를 고용하는 것은 일상적인 관행이었다. 그 집단적인 경험에 대한 기억이 남아있는 동안 일본을 제외한 동아시아 사회에서는 외국인 가사 노동자를 받아들이기 시작한 것이다. 그러나 일본은 견고히 구축된 프라이버시가 장애물로 작용했다.

아시아의 가족주의는 다양한 양식으로 존재한다. 그러나 시장에서 돌봄 서비스를 구입하는 자유주의적 가족주의의 경우에서도 돌봄 비용 부담에 대한 책임은 대게 가족의 몫이다. 이것이 자유주의적 가족주의가 여전히 가족주의로 불리는 근거이며 이러한 사회의 출산율이 낮은 원인이기도 하다. 경제적으로 불리한 지위에 있는 사람들에게 있어 경제 부담은 지극히 크게 작용한다. 1997-98년 경제 위기의 영향은 혹독했다. 왜냐하면 자유주의적 가족주의 사회에서 경제적 압박에 취약한 계층은 바로 경제적으로 낮은 지위에 있는 사람들

16 일본은 최근에 인도네시아와 필리핀의 동의를 얻어 간호사가 될 후보자로 돌봄 노동자를 받아들이기 시작했다. 그러나 이 숫자는 여전히 미비하며 프로그램 역시 다양하지 않다(Asato, 2009).

이었기 때문이다.

3. 마치면서

본고의 전반부에서는 동아시아의 가족과 젠더 변화에 관한 최근의 추세들을 통해 동아시아 사회가 제 2차 인구 전환 양상을 띠고 있으나, 몇몇 측면에서 서구 사회와는 상당한 차이를 보인다는 점을 살펴보았다. 심각한 출생률 저하와는 대조적인 결혼과 관련된 온건한 변화들은 인구학적 변화에도 불구하고 동아시아의 결혼 제도는 약화되지 않았음을 보여준다. 현 시대에서는 전업주부화와 탈전업주부화가 동시에 일어나고 있는 등 젠더 역할 변화와 관련된 다양한 추세들도 주목할 만한 점이다. 일각에서는 이러한 사실을 미루어 동아시아인들은 결혼과 젠더에 있어 상대적으로 보수적인 태도를 가지고 있다고 결론 내릴지도 모른다. 그러나 이는 성급한 결론이다.

본고의 후반부에서는 동아시아인들이 이러한 특성을 보이게 된 원인과 그와 관련된 세 가지 가설에 대해 논하였다. 첫 번째 가설은 문화적 영향 즉, 유교의 영향에 대한 것이다. 유교에 뿌리를 둔 동아시아의 공통된 문화적 전통이 결혼과 젠더에 관한 이 지역의 보수적인 태도를 만들어 왔다는 것은 설득력이 있다. 그러나 이렇게 단순화된 시각은 수용하기가 어렵다. 왜냐하면 동아시아 지역의 문화적 전통은 다양할 뿐 아니라 유교적 영향의 수준 또한 다르기 때문이다. 대신 많은 아시아 국가들에서 작동하고 있는 소위 "근대 젠더 역할의 전통화" 또는 "근대성의 전통화"에 주목해야 한다. 아시아인들은 동양적 사고관(self-orientalism)으로 서술되는 이데올로기적 기제로 인하여 현대의 성별 역할 분리가 자신들의 전통의 한 부분이라고 믿는 경우가 있다.

두 번째 가설은 근대성에 이르는 경로에 관한 것이다. 상대적으로 안정된 동아시아의 가족 제도는 이 지역 사회들이 취한 근대성에 이르는 방향을 통해 설명할 수 있다. "압축된 근대성"으로 인해 사회안전망 구축이 불충분했고 그 이유로 동아시아인들에게는 가족만이 그들이 의존할 수 있는 유일한 사회적 자원이 되었다. 즉, 동아시아인들은 보수적이어서가 아니라 대안이 부재하여 가족 제도를 고수해야만 하는 것이다. 최근의 젠더 역할 변화의 상반된 경향이 동시적으로 일어나는 상황도 압축된 근대성으로 설명할 수 있다. 동아시아의 또 다른 방향인 사회주의 근대성 또한 젠더 역할 변화들에 영향을 미친다. 전업주부화 현상은 과도기적인 사회주의 국가들에서 새로운 경향으로 나타나고 있다.

세 번째 가설은 정책 결정의 중요성이다. 동일한 경로를 통해 조성된 동일한 사회적 환경에서도 의사 결정의 여지는 존재한다. 다른 동아시아 사회들과 일본의 차이가 정책 결정의 영향의 좋은 예라 하겠다. 구조화된 "동아시아적 전통"은 때때로 정책 결정을 정당화하는데 이용된다.

상기 세 가설이 제안하는 세 가지 요인들이 결합되어 최근의 동아시아 가족과 젠더의 현실을 만들어낸다. (번역: 신영희)

참고문헌

Akamatsu, Keisuke. 1994. *Yobai no Minzokugaku* (Folklore of Night Calling). Tokyo:Akashi Shoten.

Asato, Wako. 2009. Gaikoku karano jinzai ukeire no ronten (Issues regarding human resources from abroad). In *Shido suru gaikokujinzai niyoru kango kaigo* (*Cross-cultural care in globalization*), ed. Wako Asato and Noriko Maekawa, Sasakawa Foundation, Tokyo.

Chang, Kyung-Sup. 2010a. "Individualization without Individualism." *Journal of Intimate and Public Spheres*, 0: 23-39.

______. 2010b. *South Korea under compressed modernity: familial political economy in transition*. London: Routledge.

Cabinet Office Director-general for Policies for Cohesive Society. 2005. *Shoshika shakai ni kansuru kokusai ishiki chosa* (*International value survey on low-fertility society*).

______. 2007. *Kodomo, kosodate hakusho 2007* (*White paper on child and childrearing 2007*). http://www8.cao.go.jp/shoushi/whitepaper/w-2007/19webhonpen/html/i1431200.html

______. 2009. *Asia chiiki ni okeru shoshika taisaku no kokusai hikaku kenkyu* (*International comparative survey on low fertility policies in the Asian region*).

Dupcsik Csaba and Olga Tóth, 2008, "Feminizmus helyett familizmus" (Familism instead of feminism), *Demográfia* 5-4:307-328.

Giddens, Anthony. 1992. *The transformation of intimacy*. London: Polity Press.

IMF (International Monetary Fund). 2004. *World economic outlook database 2004*.

Ito, Seiichi. 2010. Taiwan niokeru kazoku hendo no genjo to seisaku (The state of family changes in Taiwan and policy). In *Higashi Asia no kazoku-jinkogaku-teki hendo to kazoku seisaku ni kansuru kokusai hikaku kenkyu* (*An international comparison of family demography and family policy in East Asia.*) ed. Suzuki Toru, 99-135. MHLW Grant Research Report.

Jin, Jung-won. 2006. *Higashi Ajia no Ryosai Kenbo Ron: Tsukurareta Dento* (Debates over Good Wife and Wise Mother in East Asia: An Invented Tradition). Tokyo:

Keiso Shobo.

Kohler, Hans-Peter, Francesco C. Billari, and Jose Antonio Ortega. 2002. "The emergence of lowest-low fertility in Europe during the 1990s." *Population and Development Review*, 28-4:641-681.

Kojima, Hiroshi. 2010a. Higashi Asia ni okeru dosei to sono kanren yoin (Cohabitation in East Asia and its related factors). *Jinko Mondai Kenkyu* (*Journal of Population Problems*), 66-1:17-48.

______. 2010b. Higashi Asia, Obei shokoku ni okeru dosei to sono kanren yoin (Cohabitation in East Asia, Europe and North America and its related factors). In *Higashi Asia no kazoku-jinkogaku-teki hendo to kazoku seisaku ni kansuru kokusai hikaku kenkyu* (*An international comparison of family demography and family policy in East Asia*.) ed. Suzuki Toru, 99-135. MHLW Grant Research Report.

Koyama, Shizuko. 1991. *Ryosai Kenbo toiu Kihan* (The Norm of Good Wife and Wise Mother). Tokyo: Keiso Shobo.

______. 2012. *Ryosai Kenbo*. Leiden: Brill.

Kurosu, Satomi, Noriko Tsuya, and Kiyoshi Hamano. 1999. "Regional Differentials in the Patterns of First Marriage in the Latter Half of Tokugawa Japan." *Keio Economics Studies*, 36-1: 13-38.

Lan, Pei-Chia. 2002. "Subcontracting Filial Piety: Elderly Care in Ethnic Chinese Immigrant Households in California." *Journal of Family Issues* 23:812-35.

Lesthaeghe, Ron. 1991. The second demographic transition in Western countries: An interpretation. IPD Working Paper. Interuniversity Programme in Demography.

Liew, Kao-Lee, Emiko Ochiai, and Yoshitaka Ishikawa. 2010. "Feminization of immigration in Japan: marital and job opportunities." In *Asian cross-border marriage migration* ed. Yang Wen-Shan and Melody Lu. Amsterdam: Amsterdam University.

Mies, Maria. 1986. *Patriarchy and accumulation on a world scale: Women in the international division of labor*. London and New York: Zed Books.

NIPSSR (National Institute of Population and Social Security Research). 2005. Shussei doukou kihon chosa (Basic survey on birth trends).

_______. 2012. *Jinko tokei shiryoshu 2012* (*Demographic statistics 2012*).

Ochiai, Emiko. 1989. "Chūgoku Josei ha Ie ni Kaeru ka: Gendaikan Rosen to 'Fùnǚ Huíjiā' Ronsō no Yukue." *Kindai Kazoku to Feminism*, Keisō Shobo.

_______. 1999. *Kindai Kazoku no Magarikado* (The Modern Family at a Cross Road). Tokyo: Kadokawa Gakugei Shuppan.

_______. 2007. Gurobaruka suru kazoku: Taiwan no gaikokujin kaji rodosha to gaikokujin tsuma (Globalising families: foreign domestic workers and foreign wives in Taiwan). In *Gurobaruka jidai no jinbungaku* (*Humanities in the era of globalization*), ed. Eisaku Kihira.,Kyoto: Kyoto University Press.

_______. 2008a. "Researching gender and childcare in contemporary Asia." In Asia's new mothers, ed. Emiko Ochiai and Barbara Molony. Folkestone: Global Oriental, pp. 1 – 30.

_______. 2008b. "The birth of the housewife in contemporary Asia: Globalization and the modern family." In *Asia's new mothers*, ed. Emiko Ochiai and Barbara Molony. London: Global Oriental, pp. 157 – 180.

_______. 2009. "Care diamonds and welfare regimes in east and southeast Asian societies: Bridging family and welfare sociology." *International Journal of Japanese Sociology* 18: 60 – 78.

_______. 2010. "Reconstruction of intimate and public spheres in Asian modernity: familialism and beyond." *Journal of Intimate and Public Spheres* 0: 2-22.

_______. 2011. "Love and Life in Southwestern Japan: The Story of a One-hundred-year-old Lady." *Journal of Comparative Family Studies* 42-3: 399-409.

_______. 2013 forthcoming. "Intimate Work and the Construction of Asian Women." In Emiko Ochiai and Kaoru Aoyama (ed.). *Asian Women and Intimate Work*, Leiden: Brill.

_______, and Kayoko Ueno, eds. 2006. *21st century Asian Families*, Tokyo: Akashi Shoten.

_______, Mari Yamane, and Yasuko Miyasaka, eds. 2007. *The Asian family and gender*. Tokyo: Keisō Shobō.

_______, and Barbara Molony, eds. 2008. *Asia's new mothers: Crafting gender roles and childcare networks in east and southeast Asian societies*. Folkestone: Global Oriental.

_______, Yasuko Miyasaka, Weihong Zhou, and Mari Yamane, eds. 2010. *The Asian family and gender: Empirical and comparative studies in China, Japan, Korea, Singapore and Thailand (5 countries, 6 areas)*. Shijie Zhishi Chubanshe.

_______, and Mitsuhiro Nakajima. 2010. Children out-of-wedlock in a Japanese seaside village, 18-19th centuries. Presented at the annual meeting of the Social Science History Association, Chicago.

_______, Aya Abe, Takafumi Uzuhashi, Yuko Tamiya, and Masato Shikata. 2012. The struggle against familialism: reconfiguring the care diamond in Japan. The political and social economy of care: research report 5, UNRISD.

_______, and Kaoru Aoyama, eds. 2013 forthcoming. *Asian Women and Intimate Work*, Leiden: Brill.

_______, and Kenichi Johshita. 2013 forthcoming. Prime Ministerial Discourses in Japan' s Reforms since the 1980s: Traditional Confucianism or a Traditionalization of Modernity. Sung, S. and Pascall, G. eds, *Gender and Welfare State in East Asia: Confucianism or Equality?*, Palgrave.

Pettus, Ashley. 2003. *Between Sacrifice and Desire: National Identity and Governing of Femininity in Vietnam*. London and New York: Routledge.

Razavi, Shahra. 2007. "The political and social economy of care in a development context: Conceptual issues, research questions and policy options." Gender and development programme paper number 3. Geneva: UNRISD.

Reid, Anthony. 1993. *Southeast Asia in the age of commerce, 1450-1680*. New Haven: Yale University Press.

Saxonberg, Steven, and Tomas Sirovatka. 2006. "Failing Family Policy in Post-Communist Central Europe." *Journal of Comparative Policy Analysis* 8-2: 185-202.

Sechiyama, Kaku. 1996. *Patriarchy in East Asia: The comparative sociology of gender*. Tokyo: Keisō Shobō.

_______. 2013. *Patriarchy in East Asia*. Leiden: Brill.

Sinha, J. N. 1965. Dynamics of female participation in economic activity in a developing economy. United Nations World Population Conference, Document WPC/285.

Straughan, Paulin, Angelique Chan, and Gavin Jones, eds. 2008. *Ultra-low fertility in*

Pacific Asia: trends, causes and policy issues, London: Routledge.

Suzuki, Toru. 2010a. Post kindaika to higashi Asia no kyokutei shusseiryoku (Post-modernization and lowest-low fertility in East Asia). *Jinko Mondai Kenkyu (Journal of Population Problems)*, 66-1: 1-7.

_______, ed. 2010b. *Higashi Asia no kazoku-jinkogaku-teki hendo to kazoku seisaku ni kansuru kokusai hikaku kenkyu (An international comparison of family demography and family policy in East Asia.)*. MHLW Grant Research Report.

Tanaka, Shigeto. 1999. *Seibetu bungyo no bunseki* (Analysis of sexual division of labor). Ph.D diss. Osaka University.

Watanabe, Hiroshi. 2010. *Kinsei Nihon Shakai to Sougaku (Early-modern Japanese Society and Neo-Confucianism)*. Tokyo: University of Tokyo Press.

Yamaji, Kumiko. 2010. Kankoku shakai no tabunka kazoku to shien seisaku (Multicultural families and their support policies in South Korea). In *Higashi Asia no kazoku-jinkogaku-teki hendo to kazoku seisaku ni kansuru kokusai hikaku kenkyu (An international comparison of family demography and family policy in East Asia.)* ed. Suzuki Toru, 41-63. MHLW Grant Research Report.

WHO. 2011. *World Health Statistics 2011*.

Zhang, Yanxia, and Mavis Maclean. 2011. "The Rolling Back of the State?: Multiple Roles the State Played in Child Care in Urban China." Presented at 'Conference on Shifting Boundaries of Care Provision in Asia' held at Asia Research Institute, National Singapore University on March 14 and 15.

Zheng, Yang. 2013 forthcoming. "The Gender Norms of Chinese Women in the Market Economy in China: Research interviews with wives in three urban centers." In Ochiai Emiko and Aoyama Kaoru (ed.). *Asian Women and Intimate Work*, Leiden: Brill.

문화 간 협상하기: 홍콩 중국인가족 안의 무슬림 여성 연구

웡 웨이칭 안젤라

1. 서론

문화와 종교의 갈등은 9.11테러 이후, 미국이 2001년 아프가니스탄과 2003년 이라크를 대상으로 일방적인 "테러와의 전쟁"을 시행했을 때 특히 폭증했다. 미국의 외교정책이 이데올로기적으로 뿐만 아니라 전략적으로 비서구 문화를 "적"으로 지목했을 때, 사무엘 헌팅턴의 "문명의 충돌"이라는 주장은 자동 주입적인 예언으로 변화되었다. 무슬림 극단주의에 대한 군사 과잉 진압을 지원했던 미국은 이후 서구의 이단자들에 대항하는 국제적 지하드에 대한 이슬람 과격단체의 요청을 더욱 부추겨왔다. 다문화 인구가 존재하는 많은 지역에서 갈등이 계속되고 사상자가 늘어가고 있다는 대중매체의 보도들이 곧 세계를 압도했다. 광범위한 폭력의 영향 하에, 종교적 정체성과 전통은 관련된 커뮤니티에 있어 점점 더 중요하게 되었다. 따라서 민족, 종교, 문화적 배경이 다른 사람들 간의 평화와 갈등에 관한 문제는 동시대의 가장 중요한 관심사들 중 하나로 대두되었다.

위에서 강조된 종교와 문화 사이의 세계적인 갈등에 대한 압도적인 묘사는 유감스럽게 주류 미디어에서 과장되어 표현되고 있다. 부분적으로는 영국의 식민정책으로 인해 그리고 한편으로는 19세기 까지 공산당 통치의 중국과 국민당 통치의 대만 사이에 끼인 종교 커뮤니티들에 대한 정치적 민감성으로 인해, 홍콩은 1997년 중국에 이양되기 전 까지 공식적인 종교 정책이 없었다.[1] 영국의 식민주의로 인해 특정한 사회적 교육적 자원으로 특권을 누렸던 기독교 교회를 제외하면, 종교 커뮤니티들과 기구들은 저자세를 취해 왔으며 서로 뿐만 아니라 정부와도 매우 협조적이었다. 이 시기 동안에는 중국의 반식민지 감정과 정치적 행동에 대한 애국적 지지로 인한 사회 불안이 홍콩 역사에서 중요한 부분을 차지해 왔던 반면, 다른 종교와 문화 커뮤니티들 사이의 갈등은 거의 들리지 않았다. 중국 중앙 정부가 본토의 다른 민족 집단들 간의 "화합"을 이루기 위해 계속적인 단호한 관심을 쏟는 것과는 대조적으로, 홍콩에서는 다양한 문화적 신념과 관습을 행하는 민족 커뮤니티들이 문제가 된 적이 거의 없다. 이슬람교의 경우, 다수가 기독교 신자임에도 불구하고 홍콩에서 다양한 문화적 전통을 지닌 소수 커뮤니티인 무슬림교도들은 한 세기에 걸친 식민지 기간 내내 그들의 이웃들과 평화스럽게 살아오고 있다.[2] 식민 정부가 영토의 안

---

1 1950년대 중국 공산당의 단절 이후 기독교, 불교, 도교, 무슬림 협회를 포함한 중국의 대부분의 종교 협회들이 중국 협회 본부에 가입할 수 없었다는 사실에도 불구하고 홍콩과 중국 사이의 인적이고 비형식적 조직의 유대는 남아 있었다. 동시에 1970년대 후반 중국이 국경을 다시 개방하기 전에 홍콩의 종교 협회와 1949년 이후 대만에서 국민당과 정착했던 사람들 사이의 관계는 꾸준하게 발전되어오고 있었다. 그 결과로서 1997년 홍콩이 중국에 반환되기 전에 홍콩의 전반적인 사회분야와 마찬가지로 종교 분야는 함축적으로 중국 공산당, 대만 국민당, 영국 식민지 정부로 대표되는 반공 서구 세력 사이에서 정치적 영향에 대한 논쟁의 근거가 되었다.

2 2001년의 한 연구에서, 호 와이 입은 위안 랑(Yeun Long District, 홍콩 18개 특별행정구의 하나. 역자 주)에 무슬림 사원 건축을 포함한 몇몇 무슬림 사회 서비스 시설의 확장을 대한 초기 커뮤니티의 저항 사례를 기록했다. 주로 중국인 거주자로 구성된 지역 커뮤니티는 무슬림 사원에서 하루에 다섯 번 기도 시간을 알리는 것으로부터 발생할 수 있는 소음과 그로 인한 부동산 가치의 하락을 염려했다. 그러나 그 연구의 결과에 따르면, 그 때에 이미 무슬림 조직과 지역 커뮤니티 사이에 상호 이해를 추구하는 대화가 진행 중이었다. (참고: 호 와이 입, "홍콩의 무슬림 커뮤니티 발전에 대한 역사적 분석: 식민지 이후 시기의 인식에 대한 논쟁," 무슬림 어페어 저널(Journal of

전과 방어를 위해 인도에서 데려온 남아시아 무슬림들과는 긴밀하게 협력해온 반면에, 이주, 지역 출생, 다른 인종간의 결혼으로 구성된 혼합 집단인 중국인 무슬림교도들은 대부분 방치되었다. 달리 말하면, 영국 기독교가 이끄는 홍콩에서 중국인 무슬림교도들은 "문명의 충돌"이라는 미국의 이데올로기적 표상과 어울리기 보다는 오히려 무슬림의 가르침과 실천의 다양한 측면을 서구적 현대성을 포함한 주변 문화 환경과 더불어 협상하고 수용하는데 전반적으로 성공했으며, 중국적 실용주의가 일상생활에서 커뮤니티 내에 널리 행해졌다.

한정된 지면을 고려하여, 이 논문은 홍콩에서 가족을 전도하는데 있어서 문화들 사이를 협상하는 중국 무슬림 여성들과 그들의 경험에 초점을 맞출 것이다. 내가 중국 무슬림 여성들에게 초점을 맞추는 이유는 그들이 문화적인 전통을 보존하는 것과 종교 간의 갈등을 해결하는데 있어서 항상 중요한 역할을 해왔을 뿐만 아니라, 여성들과 가족 가치에 대한 이슬람교의 문제는 현대적이고 민주적인 서구와 구식이고 전제군주적인 무슬림 세계 사이에서 특히 논쟁이 되어왔기 때문이다. 베일 착용, 일부다처제, 남녀평등을 포함하여 여성들에게 영향을 미치고 있는 이슈들이 인도주의자들과 여성해방론자들 모두에게 강렬한 논쟁을 불러일으켰다. 보편적 여성들의 권리를 위한 자유주의 운동의 측면과 비(非)서구/비기독교 여성들을 향한 오리엔탈리즘의 행사에 대한 저항운동의 측면 모두에서 분노와 불신의 감정이 생겨나고 고조되고 있다. 실제로 전 세계의 열렬한 무슬림 근본주의 정신과 더불어, 홍콩의 일부 중국 무슬림 여성들을 포함한 많은 나라의 무슬림 여성들이 자발적으로 다시 베일을 착용하기 시작했다. 하지만, 홍콩에서의 베일의 의미는 "세계적인" 사진에서 묘사된 것과 동일한가? 이러한 소수의 중국 무슬림 여성들은 그들의 종교적인 열정을 홍콩의 매우 "서구화된"사회 속에서 여성의 현대적 역할과 위치를 어떻게 협상해왔을까? 어떤 면에서 그들은 그 사회에서 중국의 관습과 서구 교육이 강력하게

Muslim Affair) 21, 1 (2001): 63-77)

존재하는 가운데 성공적으로 그들의 신앙을 고양하고 가족을 길러냈을까? 작지만 고도로 복잡한 중국 무슬림 사회 속의 여성들에 대한 주의 깊은 사례 연구가 대중매체가 표현한 무슬림과 무슬림 문화의 획일적인 묘사의 가면을 벗기는데 빛을 발휘하고 여성들의 실제적인 삶에서 전통과 가치의 만남을 위한 논쟁적인 공간을 재구성해줄 것이다.

2. 현존하는 다문화주의: 홍콩의 중국 무슬림 교도들

홍콩 무슬림 커뮤니티의 복잡한 민족적 배경과 문화적 배경은 2010년에 다섯 명의 중국 무슬림 여성들과 가진 나의 인터뷰에서 명백하게 드러났다. 놀랍게도 이 다섯 여성들의 가계 내에 적어도 열두 개의 국적과 혹은 민족적 배경이 관련되어 있었다. 다섯 명의 여성들 중에 만 케이만 중국인과 결혼했다. 야스민은 지금 중국인과 재혼했지만 처음에는 남아시아인과 결혼했다가 이혼했다.[3] 야스민은 민간신앙을 행하는 "전통적인" 중국인 가족에서 태어났다. 다른 세 여성들인, 자미나, 알리자, 라니아는 남아시아 무슬림교도들과 결혼했고 라니아를 제외하고 야스민을 포함한 네 명은 결혼 전 또는 후에 무슬림으로 개종했다. 야스민의 전남편과 알리자의 남편은 "지역 청년들"(本地仔, local boys)이고,[4] 알리자의 시아버지는 미얀마에서 태어난 인도사람이다. 자미나의 남편이 인도 서북지역인 카시미르에서 온 사람인데 반해, 그녀의 친정 가족은 하카(중국의 광둥 북부에 사는 한족의 일파, 역자 주)이다. 그녀는 원래 그녀 어머니로 인해

3 야스민의 구술의 맥락에 따르면, 전남편은 파키스탄 사람이었을 가능성이 많다. 그녀는 인터뷰 내내 전남편을 남아시아인 이라고만 언급했으며 그의 국적에 대해서는 뚜렷하게 밝히지 않았다. 그렇지만 다른 인종간의 결혼에 대한 어려움을 언급할 때 그녀는 파키스탄 남자들과 결혼하는 문제에 대해 몇 번 언급했다.

4 홍콩에서 태어나고 자라서 지역 방언인 광둥어를 유창하게 말하는 인도나 파키스탄 사람들로, 그들 가족의 이전 세대들은 여러 해 동안 다른 이유들로 홍콩에 정착했다. 더 자세한 설명은 아래에서 설명될 것이다.

천주교 세례를 받았고 그녀의 아버지는 독실한 공산주의자였다. 다섯 명 중에 라니아의 조상들과 함께 그녀 남편의 조상들이 아마 가장 돋보인다. 라니아는 그녀의 직계 가계에 세 개의 국적이 있다고 말했다. 그녀의 외조부는 아프리카계 아랍인이었고 그녀의 어머니는 말레이시아계 중국인과 결혼한 신장 자치구 중국인이었다. 그리고 라니아의 남편의 가계는 인종과 국적의 다양성이 더욱 심하다. 그의 조상은 터키, 아랍, 파키스탄, 인도, 말레이시아, 위구르를 포함하는 여섯 개의 국적으로 구성되어 있다.

〈표 1〉 인터뷰 대상자의 가계

이 름[5]	친정 가계	시집 가계
만 케이 (출생 시 무슬림교도)	광둥의 저명한 중국인 무슬림교도들, 외조부가 한국 주재 외교관	광둥의 저명한 중국인 무슬림교도들
야스민 (무슬림교도로 개종) 야스민 (무슬림교도로 개종)	전통적인 민간신앙을 행하는 중국인	현재 남편 : 중국인 전남편 : 남아시아인, 아마 파키스탄 사람, 몇 세대동안 홍콩에 정착한 가족
자미나 (출생 시 천주교 세례 받음, 무슬림교도로 개종)	중국인 하카 족, 어머니 천주교 신자, 아버지 공산주의자	서북 인도, 카시미르의 무슬림교도들
알리자 (무슬림교도로 개종)	중국인 가족	오래 동안 홍콩에 정착한 인도 가족, 남편의 아버지 미얀마에서 출생
라니아 (출생 시 무슬림교도)	모계 : 아프리카계 아라비아인 조부, 신장 자치구 중국인 어머니와 말레이시아계 중국인 아버지	터키, 아랍, 파키스탄, 인도, 말레이시아, 위구르를 포함하는 가계

라니아와 그녀의 남편은 둘 다 그들의 가족이 오랜 기간 동안 다른 인종간의 결혼을 해온 유산을 물려받은 혼혈이다. 내가 인터뷰한 사람들 중에서, 만

5 논문 전체에서 가명만이 사용된다.

케이가 유일하게 태어나면서부터 중국인 무슬림교도이고 비교적 단순한 중국인 가계 혈통이다. 그녀는 지금 미망인이지만 그녀와 작고한 남편은 광둥의 매우 저명한 중국인 무슬림교도 가족 출신이고, 두 가족 모두는 몇 세대에 걸쳐 공무원들이 있었다. 만 케이의 가족 모두는 중국인이었지만, 그녀 외조부는 한국 주재 외교관이었고, 그녀의 어머니는 한국에서 성장했고 일본어를 배워서 유창하게 말했다.

요약하자면, 복합적인 세대의 결혼을 통하여 엮어진 가계로 인해, 인터뷰한 다섯 여성들은 대단히 복잡한 문화적, 민족적, 종교적으로 혼합된 가족을 대변하면서, 지역과 대륙을 가로지르는 무슬림교도의 타문화와의 교류를 전해주었다. 간단히 말해서, 홍콩의 중국인 무슬림교도 여성들에 맞춘 초점은 일상생활에서 다문화주의를 실천하며 살아가는 사람들의 세계를 들여다보는 창의 역할을 할 것이다.

홍콩의 무슬림 커뮤니티의 그러한 매혹적인 역사와 "혼성적"구성이 언제 어떻게 시작되었는가가 논쟁의 주제가 되기 시작했다. 실제로, 개인적인 측면에 대한 몇몇 산발적인 연구를 제외하면 홍콩의 무슬림교도의 역사는 문서로 기록되지 않았다.[6] 인구조사에서 종교 입회를 포함하지 않는 식민정책으로 인해, 홍콩 인구의 종교적 구성에 대한 공식적인 기록이 없으며 오늘날까지 홍콩의 무슬림 인구의 체계적인 산출도 없다. 「2010년 홍콩연감」에 등재된 100,000명이라는 무슬림교도의 수는 홍콩 무슬림 공동체 기금 수탁 법인(the Trustees, 이하 수탁)에 의해 제공된 추산일 따름이다.[7] 이 무슬림교도들이 누구이고, 어

6 현존하는 연구들의 주제는 홍콩의 해외 커뮤니티로서의 인도사람들, 홍콩의 중요한 무슬림 조직들의 역사와 조직, 그리고 "지역 청년들"(本地子)라고 불리는 인도인 집단의 성장을 포함한다. 각각의 연구는 아래 단락에서 언급될 것이다.

7 이 숫자는 취업비자의 허가로 불안정하게 머무르는 약 120,000명의 인도네시아 가정부들의 숫자는 포함되지 않았다. 『홍콩연감』의 숫자는 90년대 후반부터 2006년까지 70,000명에서 90,000명으로 약간 다르고 2007년부터는 (인도네시아 가정부 수 120,000명을 포함해서) 220,000명으로 똑같다. 그 수탁 법인의 서기와의 인터뷰에 의하면, 이러한 판단은 2010년 10월 9일의 그들의"영향" 인터뷰를 근거로 해서 정부에 매년 제공되어왔다.

디 출신이며, 어떤 인종과 민족으로 구성되어 있는지에 대해 자세하게 기록되어있지 않다. 그리고 카우룽(Kowloon) 반도 중앙상업지역의 중심인 젠사쥐(Tsimshatsui)에 있는 멋진 무어풍의 무슬림 사원과, 일요일마다 공공장소에 늘어나고 있는 베일을 착용한 인도네시아 가정부들의 모습을 제외하면, 무슬림교도들은 오랜 동안 취해온 저자세 때문에 일반적으로 하나의 종교적 커뮤니티로는 비가시적이다.

중국에서의 인구학적 조직과는 달리, 홍콩에서 무슬림교도들은 종교에 의해 *후이*(*hui*, 중국 북서부 거주 소수민족으로 무슬림교도, 역자 주) "국적"으로 분류되지 않는다. 오히려, 군사적이고 규율적인 수단을 위해 홍콩으로 유입된 인도사람들로 인해, 1997년 이전의 영국 식민지 홍콩 정부를 인정한다면 무슬림교도의 정체성은 거의 인도사람과 파키스탄사람(1947년 파키스탄의 독립 후)의 정체성과 중복된다. 실제로, 무슬림교도들의 다수가 중국인들이라는 사실에 대한 일반적인 인식에도 불구하고,[8] 오랫동안 홍콩의 무슬림사원(과 관련된 건물)과 공동묘지를 감독하는 명문화된 무슬림교도 대표체인, 수탁(受託, trustees)은 대부분 남아시아 기구들로 구성되어있다. 다른 인종 간의 결혼에 의해 다수의 "지역 청년들"(本地子)과 무슬림 중국인들로 구성된 혼합된 민족체로 성장한 무슬림 연합을 제외하면,[9] 수탁의 다른 세 구성원들은 파키스탄 협회, 인도무슬림교도 협회, 다우디 보라족(인도의 한 종족, 역자 주)을 포함하는데, 모두 분명한 남아시아 민족 소속이다.[10] 모든 기구의 재산의 소유권을 회원들이 수탁에

---

8 「홍콩연감」의 중국인 무슬림교도들의 수는 전체 무슬림교도 수가 70,000명으로 평가되었을 때 "절반 이상"이었고 전체가 90,000명 이상으로 증가된 2004년 이후 30,000명이라는 더 구체적인 숫자가 더해져서 수년 동안 80,000명이었다. 다른 연구들도 똑 같은 결과를 도출했다.

9 무슬림 연합 사무실이 기지를 두고 있는, 완 차이에 위치한 마스지드 아마르와 오스만 람주 사딕 무슬림 센터인, 무슬림 사원은 또한 한 "지역 청년"에 의해 지어진 최초의 사원이다. 1967년에 그의 아버지는 인도사람이었고 어머니는 중국인인 람주 사딕은 그 무슬림 사원을 짓기 위해 재산의 4분의 1을 기부했다. 홍콩에 있는 최초의 두 개의 무슬림 사원인 셸리 스트리트 사원과 카우룽 사원과는 달리, 완 차이 사원은 많은 수의 지역 청년들과 중국인 무슬림교도들을 매혹시킨다. 심지어 완 차이 사원 8층 복합 빌딩과 통합된 중국 식당도 하나 있다. (참고: 호, 67쪽)

10 이 남아시아 기구들의 역사적 배경과 진화는 몇몇 연구에서 상세하게 설명되어있다. 조엘 토라

양도하도록 하는 수탁 조항에 동의할 수 없었기 때문에, 홍콩의 중국 무슬림교도들을 위한 사회적 종교적 서비스의 중요한 협력체인 중국무슬림협회(中華回教博愛社)는 오늘날까지 공식회원이 되기를 거절했다. 그 결과, 식민 지배의 편리함의 목적을 제외하면, 수탁 기구는 남아시아와 수니 커뮤니티를 넘어서는 홍콩 무슬림교도들을 대표한다고 보기는 어렵다.[11]

홍콩에서 남아시아 무슬림교도들이 우세한 대표가 된 것은 주로 식민지 역사에 기인한다. 그 이전의 인도인 집단은 동인도 회사의 선원으로 왔거나, 선원이거나 원래 홍콩에 정착했던 무역상들로서 해협에서 온 이주자들이었다. 피식민지의 사람들은 1930년대까지 영국 제국 전체를 자유롭게 여행할 수 있었으며, 말레이 사람들도 그러한 이동에 동참했다. 20세기가 시작되면서 부터, 훨씬 더 많은 수의 인도사람들이 군대, 경찰, 교도소의 보안 요원의 자리를 얻기 위해 홍콩으로 왔다. 이민의 이유들도 또한 대개는 식민지와 관련이 있다. 첫째, 법과 질서를 유지하기 위해 영국 제국 전체에 인도 군대를 배치하려는 영국 제국의 의도적인 실행이었다. 둘째, 중국인들의 부패에 대한 염려 때문이었다. 경찰이나 교도소 경비원을 할 때 지역적 연고가 없는 인도사람들이 뇌물이나 불법적인 거래를 덜 허용할 것이라고 생각되었다. 사실상, 1898년에 임대로 홍콩이 영국에 양도되었을 때 지역 주민들의 저항을 진압하기 위해 인도인들이 즉시 국경선에 배치되었다.[12] 셋째, 많은 인도인들은 영어로 교육 받았고 영어를 상당히 잘 했기 때문에 언어의 편리함이 있었다.[13] 더 좁게 보자면, 식민지 정부는 우편, 건강, 교육 서비스 등의 일자리에 인도인들을 모집했는데, 이는 정부

발(1991)과 캐롤라인 플러스(2000)를 참조할 것.

11 웨이스, 441쪽.

12 웨이스, 427쪽. 파키스탄 사람들은 19세기 후반에 특히 폭동 통제를 위해 정부의 비상 부대에 합류시키기 위해 계획적으로 모집되었다. 1967년, 가장 폭력적인 폭동의 하나인 삼수이포 폭동 때, 항의하는 사람들에게 발포하지 말라는 정부의 명령에도 불구하고, 많은 시위자들이 비상부대가 사용한 자동기관총에 의해 죽었다. 그 결과, 파키스탄 부대는 지나친 잔학성으로 인해 언론에서 혹독한 비난을 받았다. 참고. 웨이스, 434쪽.

13 웨이스, 419-420쪽.

가 중국인들이 요구되는 영어와 기술 지식에 대한 자질이 없다고 믿었기 때문이다.[14] 20세기 중반에 전쟁이 끝난 후, 매우 많은 상인들과 인도인들이 사설 경비원과 외국 은행과 회사들의 경비원 자리를 포함하여 호황의 경제적 기회들을 얻기 위해 홍콩으로 왔다.[15]

인도인과 중국인 사이의 결혼은 19세기 후반에 이미 발생했었다. 아니타 웨이스는 그녀의 논문에서 20세기 중반까지의 캘리컷(인도 남서부의 항구도시, 역자 주) 출신의 하지 아마드 룸잔과 타밀 나두(인도 남동부의 州, 역자 주) 출신의 엘-아크룰리 가계 혈통의 두 인물들을 제시했는데, 각 세대에 중국인 부인과 결혼한 아들이 하나 또는 둘이 있었다.[16] 그럼에도 불구하고 경찰관과 교도소 경비원에게는, 홍콩의 여성들과 결혼을 금지하는 초기의 규정이 있었다.[17] 이 초기의 이주자들은 주로 고향으로 돌아가서 결혼했으며 아시아 대륙과 가족 관계를 유지했다. 1941년에 일본의 점령으로 그 금지가 마침내 철폐되고, 많은 인도 무슬림교도들이 홍콩에 정착하고 그들의 사업과 가족을 형성하기 시작했을 때, 인종간의 결혼은 더욱 흔한 일이 되었다. 인도 남성들이 중국 여성들(나중에 무슬림으로 개종했음)과 결혼하고 그들의 아이들을 홍콩 현지인으로 기르게 되면서, 그로 인해 "지역 청년들"이라는 새로운 세대가 출현하게 되었고, 그들은 "고향에 기반을 둔" 남아시아인들을 "방문객들"이라고 부르곤 했다.[18]

캐롤라인 플러스에 의하면, 영국의 식민지화 이전에 어느 중국인 무슬림교도 커뮤니티의 전신(pre-existence)도 충분한 기초를 닦지 못했다.[19] 웨이스는 아랍, 페르시아, 인도 상인들에 의해 무슬림이 소개된 8세기 이후로 아마도 광둥

14 바이디, 17쪽.

15 웨이스, 426쪽.

16 웨이스, 421, 429쪽.

17 웨이스, 431쪽.

18 웨이스, 417쪽, 433쪽.

19 캐롤라인 플러스, "홍콩의 무슬림교도 조직: 단체의 정체성 만들기와 표현하기," 『차이나 퍼스펙티브』 29(2000): 21쪽.

에 존재한 한 무슬림 사회가 있었겠지만, 그것은 영국 제국의 결과로서 홍콩에 들어온 남아시아 무슬림교도들과는 거의 관계가 없었다고 말한다. 그녀는 무슬림교도 선원들과 상인들이 도착하고 나서야 무슬림 커뮤니티의 정체성에 대한 개념이 대두되었다고 주장한다.[20] 그러나, 탕 카이지안(湯開建)과 티엔 윙시아(田映霞)는 홍콩에서 무슬림교도가 정착하기 시작한 것은 북쪽으로부터 온 것이라기보다 오히려, 아랍에서 중국으로의 동해안을 따라서 바다의 무역 경로를 경유하여 시작되었다고 주장한다. 그들에 의하면, 그 아라비아 상인들은 17세기 명 왕조 때, 후지안 지방의 콴주(泉州)에 도착하기 전에 홍콩의 툰먼(屯門)을 우회해갔다.[21] 당시 광저우 무슬림교도 공제 협회의 부회장이었던 리우 수윙(劉淑英)에 의하면, 광둥 지방의 광저우(廣州)와 자오칭(肇慶)같은 본토의 도시로부터 더 많은 중국인 무슬림교도들이 홍콩으로 온 것은 1842년에 영국이 도착하기 전이었다.

홍콩의 무슬림교도들 중에 중국인 무슬림교도들이 대중적 관심을 가장 적게 받았다. 영국이 홍콩을 점령한 이후로, 중국인 무슬림교도 사회는 항상 인도 무슬림교도들에 의해 빛을 받지 못했다. 중국인 이주자의 한 부분으로 고려된 중국인 무슬림교도들은 본토에서처럼 *후이* 족이라는 별개의 "국적" 범주로 결코 취급되지 않았다. 중국인 무슬림교도 협회를 책임지고 있는 서기인 아크혼드 영은 중국인 무슬림교도들이 영국인들 보다 먼저 홍콩에 도착했다고 말했다. 그리고 식민지 시기 동안, 이 초기의 중국인들은 대개 영어를 말하지 못했고 대부분 저소득의 직업에 한정되어 있는 이주자들이었기 때문에 사회에서 매우 낮은 입지를 취하고 있었다. 그들은 사회적 및 경제적으로 인도 무슬림교도들에 뒤쳐졌고, 그들 중 대부분이 완 차이의 광차 선로 지역을 따라 거주하는 낮은 계층에 속했다.[22] 그럼에도 불구하고, 탕과 티엔은 또한 부유한 홍콩 중국인 무슬림교

20 웨이스, 419쪽.

21 탕과 티엔 1995 ; 탕 1996

22 2010년 9월 20일의 인터뷰.

도 상인들의 이름을 발견했는데, 그들은 1909년과 1921년의 개혁에 기여했다는 이유로 광저우에 있는 최소한 두 개의 사원의 추모비에 기록되었다. 티엔은 다른 연구에서 최근 10년 동안의 중국인 무슬림교도들의 경제적 · 정치적 영향력의 급격한 증가가 홍콩에서의 비중국인 이슬람 커뮤니티에 의한 정당한 인식과 일치하지 않다고 지적했다. 수년에 걸쳐서, 중국인 무슬림교도협회(1905년에 설립)는 그들의 필요에 대처하는 역할을 "조용하게" 하고 있고 그리고 중국인 무슬림교도협회를 위한 사회적 · 종교적 활동을 촉진해오고 있다. 1997년 홍콩 반환과 함께, 중국인 무슬림교도협회는 홍콩의 중국인 무슬림교도들과 본토의 무슬림교도 기구들 간의 더욱더 중요한 연결처가 되었다. 중국인 무슬림교도들의 지도자들은 점차 저명한 종교적 지도자들로 나타나게 되었고, 홍콩과 본토에서 열리는 국가적인 행사에서 홍콩의 무슬림교도들을 대표하게 되었다.

3. 홍콩의 중국인 무슬림교도 여성들과 그들의 가족

이 장에서 나는 중국인 무슬림교도 가족과 여성의 연구에 집중할 것이다. 문화적 협상의 측면에서, 중국인과 무슬림교도의 이중적 정체성과 그것들이 여성이 가정을 만드는 것과 가정에서의 성의 역할을 이해하는데 어떻게 영향을 미치는가를 살펴보는 것이 특별한 관심사이다. 미국에 의한 논쟁인 "문명의 충돌"이 대중화되기 전에도 무슬림교도 여성들에 대한 연구가 많았지만, 대부분의 연구들은 무슬림 국가들의 여성들에게 초점이 맞춰져 있고 비이슬람 국가와 문화에 살고 있는 무슬림 여성들은 거의 다루지 않았다.[23] 홍콩에서 다문화 가족을 만들고 실천하는 중국인 무슬림교도 여성들의 경험에 관한 연구는

23 와두드 2006; 루그호드 1998. 무슬림 국가에서 서구로 이주해 온 무슬림교도 여성들의 서로 다른 문화 사이의 경험에 대하여 초점을 맞춘 최근의 몇몇 연구는 있다. (참고: 앤, 사르마, 빈셋 2007; 카림 2009)

종교, 문화, 성에 대한 우리의 이해를 높이는 데 기여할 것이다.

2010년 여름 동안, 나는 홍콩 무슬림 연합의 관리인인 바스마 록의 주선으로 다섯 명의 중국 여성들과 만났다. 네 명과의 인터뷰는 완 차이의 마스지드 아마르와 오스만 람주 사딕 센터의 식당과 사무실에서 행해졌고 한 명과의 인터뷰는 코즈웨이 베이에 있는 그녀의 사무실에서 실시했다. 인터뷰 당시 가장 어린 여성은 35세였으며 가장 나이 많은 여성은 73세였다. 한 명이 비록 무급 명예직으로 일하지만 그들 중 네 명은 정규직으로 일하고 한 명만 전업 주부였다. 여성들은 모두 고등교육(post-secondary education)을 받았으며, 그들의 직업은 학교 부교장, 경영자, 센터 책임자, 자기 회사 소유자이다. 다섯 명의 여성들 모두 결혼했는데, 한 명은 재혼했고, 한 명은 미망인이며 한 명은 이혼을 고려하고 있다. 이들 중 세 명은 아이들이 있고 두 명은 아이들이 없다. 그들의 가족 모두 경제적으로 잘 사는 것 같으므로 중류층에서 중상류층으로 간주될 수 있다. 가장 인상적인 것은 그 여성들 모두 무슬림을 남녀평등 종교로 옹호하면서 그들의 다양한 관계에서 그들의 신앙을 꽤 관대하고 유연하게 해석한다는 것이다.

1) 현대 사회에 대처하기

무슬림의 지배적인 견해는 무슬림에는 국가나 교회와 같은 분리된 독립체가 없음을 시사한다. 오히려, 무슬림의 이상적인 정부의 상태는 법률적, 정치적, 경제적 모든 영역을 통괄하는 칼리프 국가이다. 그러므로 국가와 종교는 하나일 뿐만 아니라 국가와 종교의 권위는 같은 사람인 칼리프에게 통합되어있다. 그러나 이러한 국가와 종교의 통합의 강조는 무슬림이 전근대 시대에 머물러 있으며 그리고 무슬림교도들이 낡은 세계에 속하는 종교적 규범을 유연성 없이 따른다는 결론으로 많은 사람들을 유도했다. 현대적이라는 말이 세속적이라는 말과 동일하다는 지배적인 인식에 직면하여, 현대 사회에서 소수로 살아가는 무슬림교도들에게 가장 큰 과제중의 하나는 *살라트*(하루에 다섯 번 기도하기), *할랄* 음식 먹기, 신앙심이 두터운 여성들이 베일을 착용하는 것과 같은 가장 흔한 것을 포함한 종교적 가르침을 실행하는 것이다. 이러한 종교적 관습의 실행은 독실한 신자들을 쉽사리 대중적 응시의 중심과 학교와 직장에서 또는 무슬림교도가 아닌 가족과 친구들과 식사를 할 때 협의의 대상으로 만든다.

약 40살인 야스민은 인터뷰 대상자들 중에 가장 많은 교육을 받은 사람이다. 그녀는 결혼해서 두 아이를 두고 있고 고등학교의 부교장이다. 그녀는 말레이시아에서 공부를 하고 돌아왔을 때, 홍콩의 빈약한 종교적 분위기 때문에 무슬림의 가르침을 실행할 수 없음을 발견했다.[24] 특히 일반 대중의 비우호적인 태도는 무슬림교도 아이들을 키우는 것을 어렵게 만든다. "[학교에서] 다른 아이들이 내 아이들을 무슬림교도로 볼 때, 그들은 더럽다고 말하고 나의 아이들을 부당하게 대했다. 나의 아이들이 종교적 의식을 행할 때, 원치 않는 주의를 끌게 되고, 오히려 불편함을 느낄 수도 있다." 예배 보러가는 것, 사원을 방문하는 것, 할랄 음식을 먹는 것에 대해, "[아이들은] 왜 우리는 다른 아이들과 다르냐고 물을 수도 있다." 비록 홍콩이 학교에서 베일을 착용하지 못하게 하는 프랑스와는 다르다고 해도, 야스민은 그녀의 딸에게 베일을 착용하라고 부탁하는 것은 여전히 매우 불가능하다고 느낀다. 홍콩무슬림교도협회연합(UMAH)의 의장이고 홍콩 무슬림 사회의 저명한 인물인 모하메드 알리 딘에 따르면,[25] 남아시아 무슬림교도 학생들은 종종 지역 학교에서 차별을 받고 따돌림을 받는다.[26] 그러나 UMAH가 위안 랑에 영어로 교육하는 고등학교와 양로원과 통합된 새로운 사원을 지으려고 했을 때, 지역 주민들은 살라트의 소음, 교통 혼

---

24 2010년 7월 17일 인터뷰.

25 그는 무슬림을 해석하는데 있어서 진보적으로 알려져 있으며 다른 무슬림교도들에 의해서 종종 의심을 받는다. 소수민족 죄수와 필리핀 이주 노동자 등을 포함한 소수민족에의 권리를 위한 그의 활동은 지역사회로부터 많은 존경을 받는다. (참고: 호, 67쪽)

26 영어에서 중국어로 가르치는 학교에 보조금을 주는 정부정책의 변화는 남아시아 학생들을 많이 낙제하게 만들었다. 주요 학교에서의 소수민족 학생들은 항상 뒤쳐지고 차별받고 따돌림을 받는다. (참고: 호, 70쪽)

잡, 지역 보안, 부동산 가치의 하락을 언급하며 강력하게 항의했다.[27] 딘의 견해로는, 홍콩이 다문화를 수용할 준비가 안 되었다는 것이다.[28]

할랄과 베일 착용의 문제는 또한 지난 몇 년간 더욱 신실하게 신앙을 받아들이기 시작했던 73세의 만 케이를 괴롭힌다. 만 케이는 평생 전업 주부였고 50세의 나이에 남편이 일찍 죽은 후에 미망인이 되었다. 그녀의 외동딸이 해외에서 공부를 하기 때문에, 그녀는 완 차이 근처에서 혼자 살고 있다. 그녀 가족이 비교적 오래 동안 무슬림교도였고 전업주부로서 그녀가 가진 개인적인 공간 때문에 그녀는 홍콩에서 무슬림 가르침을 실행하는 것이 "어렵지도 쉽지도 않다"고 생각한다. 일상생활에서 그녀는 예배를 정기적으로 드리고, *살라트*와 의식적인 청결함을 행하고, 무슬림교도 식육점에서만 고기를 산다. 그녀에게 더 도전적인 순간은 친구들과 함께 공공의 장소에서 밥을 먹어야 하는 때이다. 그녀는 음식이 어떻게 준비되었는지 알 수가 없기 때문에 집 밖에서 식사를 하는 것을 불편하게 느낀다. 그래서 그녀는 사교적으로 꼭 필요할 때에만 친구들과 식사를 한다. 다른 경우에, "나는 주로 양해를 구해야 한다." 베일 착용하는 것에 대해, 그녀는 아직도 부담을 느낀다. "[베일을 착용하고 있으면] 약간 화나는 것을 느낀다. 그리고 이웃에서 종종 이야기 거리가 된다."고 그녀는 느낀다.

종교적 훈령들이 신실한 신자를 비이슬람교도 이웃들에게는 구경거리들로 만들기 때문에, 그것들이 신실한 신자들을 위한 구별적인 정체성 표식으로 기능한다. 51세의 자영업자인 자미나는 신앙 실천에 대한 도전을 고려해볼 때, 일상생활에서 어려움을 겪게 된다는 점을 인정했다. "예를 들어, 친척이 아닌 성인 남자와 거래를 할 때, 나는 기본적으로 같은 방에 그와 머무를 수 없다. ...내가 먹을 수 없는 많은 것들이 있다. [그리고 나는] 영화를 볼 때도 모든 부도덕한 생각을 조심해야한다." 그러나 그녀는 신앙과 더 깊게 관련된 징표를 음식

27 호, 73쪽.

28 호, 74쪽.

준비에 대한 심각성에서도 발견한다. "[외식할 때] 나 자신의 그릇을 씻었고 가족과 저녁 먹으러 집에 돌아갈 때 가족들에게 해물만 준비하라고 부탁했다." 베일 착용 문제에 대해서는 "베일을 착용하는 것은, 예전의 나 자신과는 아주 다른 차이로, 상당한 투쟁이었다. 당연히 〔주위의 사람들로부터〕 불신의 눈총을 받았다." 다른 인종과의 그녀의 로맨스에 대해서 호의적인 동료들조차도 당황하여 다음과 같이 말하곤 했다. "[무슬림]을 믿는 건 좋지만 정말 이렇게 너 자신을 감쌀 필요가 있는 거니?" 그러나 그녀는 "훨씬 더 많은 사람들이 언젠가 베일 착용하는 것을 받아들일 것이기" 때문에, 개종 이후 즉시 베일을 착용한 최초의 한 사람이었다는 것을 매우 자랑스러워 했다. 그렇지만 여전히 어려운 문제는 도처에서 발견된다. 사람들은 그녀에게 묻곤 했다. "왜 '아차'(阿叉) 종교를 믿고 있어요?"[29] 또는 "[베일 착용하면] 덥지 않아요?" 그러나 그녀는 베일을 계속해서 착용하고 있으며, 이것이 신실한 무슬림교도 여성들이라면 당연히 해야 하는 것이라고 생각한다.

모두 다른 연령 그룹인 야스민, 만 케이, 자미나의 사례에 있어서, 그들은 모두 그들이 알고 있는 무슬림 가르침을 그들이 살고 있는 공적인 공간과의 협상을 위해 자유롭게 변형시켜 왔다. 무슬림 가르침과 현대성 사이의 대결이라는 넓은 환경은 여러 면에서 그들의 종교적 책임에 대한 인식을 형성해왔다. 세 명 모두 일상생활에서 무슬림 가르침을 실행하는 것이 신앙의 진지함을 증명하는 데 필수적이라고 믿고 있다. 야스민은 프랑스의 사례를 기탄없이 언급하면서 오늘날의 소위 문명의 잔학성을 개탄했다. 비록 사람들이 대체적으로 무슬림을 이해하거나 인정하지 않고 무슬림교도들을 볼 때 곱지 않은 시선으로 보더라도 *살라트*, 할랄, 베일을 착용하는 것은 그들의 종교적 정체성을 구성하는 것이라고 세 명은 생각한다. 그럼에도 불구하고, 또한 홍콩의 비교적 느슨한 종교적 분위기로 인해, 세 명 모두 그들의 보조에 맞춰 종교적 실행들을 채택하고 있다. 만

29 인도사람들의 흔한 이름인 "자(jah)"의 소리를 놀리기 위해서, 홍콩의 남아시아인의 별명으로 홍콩의 중국인들은 광둥어 "아차"로 음역했다.

케이는 약 5년 전부터 베일을 착용하기 시작했으나 다른 식구들이 베일을 착용할 필요가 없다는 것을 인정한다. 개종하기 전에 시장에서 가장 화려한 옷을 골라 입었던 자미나는 이제 많은 다른 모양과 형태의 베일을 찾는 패션 감각을 추구한다. "나는 멋지게 보이기 위하여 베일을 착용하는데 많은 시간을 보내곤 했어요." 야스민은 무슬림은 다양한 상황들에 적응해야 한다고 믿으며, 모든 무슬림교도들이 각각의 사회의 법률 아래에서 살아야 한다는 것을 이해한다. 홍콩의 세속적인 환경에서 그녀는 종교적인 훈령들을 그녀 딸에게는 강요하지 않았다. "젊은 여자 아이들은 종종 예쁘게 보이고 싶어 한다. 하지만 나는 딸이 베일 착용의 의미를 점점 알게 될 것이며 언젠가 베일을 착용할 것이라고 생각한다." 중국인들의 실용주의를 활용하여, 야스민, 만 케이, 자미나는 그들의 무슬림 정체성에 애착을 갖고 있으나, 동시에 그들 모두가 개인적 맥락에서는 홍콩의 현대성을 수용하는 유연함을 어느 정도 실천하고 있다.

2) 다른 인종 간의 결혼에 대처하기

베일 착용이라는 열기를 띈 논쟁 외에도, 현대성과의 무슬림의 관계에 대한 많은 논란이 가족 내에서 여성들의 권리와 입장에 집중되어져 있다. 여성주의적 논란의 기본적인 이슈들 중 하나가 여성들이 가사와 출산의 역할에 제한되지 않아야 하며 가정의 영역에만 국한되어서는 안 된다는 것이다. 무슬림 국가 여성들의 상황에 대한 많은 연구는 여성들의 상태가 많이 향상되지 않았음을 보여준다. 남녀평등을 무슬림전통으로 복원시키려고 시도하는 일부 무슬림 현대주의자의 해석에도 불구하고, 무슬림 남성들과 여성들 사이에 여성의 지위에 대한 보수적 의견이 유일한 정통적 무슬림 생활방식이라는 강한 믿음이 널리 퍼져있다.[30] 코란에서 가장 논쟁의 여지가 많은 부분은 수라 4장 34절로, 남

30 에카테리나 야야오우이 크리벤코, 『여성, 무슬림 그리고 국제법: 여성에 향한 모든 형태의 차별의 제거에 대한 전통의 맥락』 내에서(Leiden: Martinus Nijhoff Publishers, 2009), 212쪽. 예를 들

성에게 여성에 대한 '우위'를 허락한다, 또는 남성은 여성의 '감독관'이다로 종종 해석되었다. "복종하지 않는"(*nashiz*, 결혼 의무 위반, 역자 주) 아내의 경우에, 남편은 여자를 훈계하기 위해 더 많은 권위를 부여받으며, 아내를 침대에 버려두거나 때리는 것이 허용된다. 2001년 "무슬림 여성들"에 관한 타임지(*TIME*)의 한 기사는 루이빌 대학교의 종교학 교수인 리팟 하산의 비평을 다음과 같이 인용했다. "무슬림이 수 세기 동안 대부분의 무슬림교도 사회에서 실행해왔던 방식은 수백만 명의 무슬림교도 여성들에게 학대받은 몸, 마음 그리고 영혼을 남겼다."[31]

이러한 묘사가 세계의 수십억 무슬림교도 여성들을 전적으로 대변하는 것은 아니다. 무슬림이 소수 종교인 나라에서는, 무슬림의 가르침이 자리 잡기 위해서는 많은 협상이 이루어져야 한다. 실제로, 아시아에서는 무슬림이 한 가지로만 해석되는 것이 아니라 다양한 방식으로 해석된다는 점이 보편적으로 인정된다. 아미나 와두드는 『코란과 여성』이라는 그의 저서에서 다음과 같이 주장한다.

> ...그들의 수렴 지점들에 의한 다양한 해석을 통해 나타나는 코란 본문 그 자체 속에 영속성과 영원성이 있다. ... 하지만, 코란에 대한 한 가지 해석만 있다는 주장은 텍스트의 외연을 제한한다. 코란은 믿는 사람들에게 보편적으로 유익하다고 주장하기 때문에 수많은 문화적인 상황을 수용할 정도로 충분히 유연성이 있어야 한다.[32]

면, 이집트에서 여성들은 한 명의 배우자만을 취할 수 있는 반면에, 남성들은 네 명의 배우자까지 허락된다. 이란에서 결혼을 할 수 있는 합법적 나이는 여자는 아홉 살이고, 남자는 14살이다. 그 법은 때때로 시골의 가난한 어린 소녀들과 결혼해서 착취하고 버리는 소아성애자에 의해 이용되었다.

31 리사 베이어, "무슬림의 여성들," 『타임지: 세계』 (2001년 11월 25일, 일요일) http://www.time.com/time/world/article/0,8599,185647,00.html#ixzz1uvSuT4i7,에서 검색됨. 2012년 5월 15일.

32 아미나 와두드, 『코란과 여성: 여성의 관점에서 신성한 본문 다시 읽기』 (뉴욕: 옥스퍼드 대학 출판사, 1999), 6쪽.

그리고 이러한 것이 바로 홍콩의 중국인 무슬림교도 여성들이 그들의 결혼에 대처하는 바이다. 어른을 향한 효도, 부모의 의무, 형제와 배우자의 존경과 돌봄에 관한 지역 중국인 사회에 널리 공유되는 가족의 가치를 제외하고, 어떤 보수적인 *코란* 해석도 다섯 여성들의 이야기에서는 분명히 드러나지 않는다. 이것은 무슬림 신앙이 가족을 형성하는데 있어서 아무런 역할을 하지 않는다는 것을 의미하지는 않는다. 그와 반대로 신앙은 성공적인 결혼에 기여하는 가장 중요한 요소들 중의 하나로 묘사된다. 다섯 중 네 명의 경우에 있어서, 그들이 남아시아 남성들과 결혼을 할 때 신앙이 가장 필수적인 역할을 하고 있다. 그들 중 세 명은 남편으로 인해 무슬림으로 개종을 했고, 한 명은 결혼으로 인해 그녀의 초기 무슬림 정체성을 회복한다. 그러나 비록 이 모든 여성들이 가능한 엄밀하게 무슬림의 가르침을 따르려고 애쓰는 진지한 신자이지만, 아무도 가족 내에서 남성의 뜻을 솔직히 최종적인 권위로 받아들이지는 않는다. 오히려, 무슬림 신앙에 대한 그들의 헌신이 종종 일반적인 남성들 그리고 특히 그들의 남편들의 부정한 행동에 대한 어떤 평가와 비판을 이끌어 내는 더욱 높은 권위를 구성한다.

웨이스에 의하면, 일본 점령기 동안에 인도-파키스탄 무슬림 훈련군들과 지역 중국인 여성들 사이의 결혼이 허락된 이래로, 이러한 결혼의 수는 꾸준히 증가되었다. 인도-파키스탄 여성들은 여전히 대부분 결혼을 하면 '가정'으로 돌아가는 반면, 인도-파키스탄 남성들은 그들과 결혼한 여성들이 반드시 무슬림으로 개종해야 한다는 점을 고려할 때, 더 많은 선택권을 가진 것으로 보인다. "지역 청년들"의 경우, 광둥어를 할 수 있으며 중국인 커뮤니티 내에서 홍콩에 살며 직업을 가지고 있다면, 중국인 여성들과의 연애와 결혼은 자연스럽게 이루어진다. 무슬림 연합의 관리자인 바스마는 홍콩의 무슬림교도 사회에서 남 아시아인들의 우세함으로 인해, 야스민, 자미나, 알리자, 라니아의 경우처럼 다른 인종 사이의 결혼은 무슬림교도 사회에서 매우 흔했다는 것을 회상한다. 불행하게도, 그녀의 관찰에 따르면, 이러한 다른 인종 사이의 결혼으로부터 많은 어려움들이 발생했었고, 많은 사람들의 결혼이 행복한 결말을 맺은 것은 아니었다.

사실상 야스민과 자미나는 그들의 다른 인종간의 결혼 상황이 참을 수 없게 되었음을 알게 되었다. 야스민은 결혼 3년 후에 그녀의 남아시아인 남편[33]과 이혼을 했고 몇 년 뒤 중국인 무슬림교도와 재혼을 했으며, 자미나는 결정하지는 못했지만 이혼의 가능성을 심사숙고하고 있다. 야스민은 우리 인터뷰 대상자 중에 가장 많은 교육을 받았는데, 그녀가 젊었을 때 말레이 대학에서 무슬림의 전문적인 연구로 인해 무슬림에서 가장 학식 있는 사람들 중에 한 명으로 간주된다. 그녀는 처음에 같은 회사에서 만났던 직장 동료인 "지역 청년"과 결혼했다. 자미나의 경우에, 그녀의 남편은 카시미르에서 만났던 인도 양탄자 상인으로, 홍콩에 처음 오기 전에는 홍콩에 대해서 아무 것도 몰랐었다. 두 남아시아인 배우자들 사이의 서로 다른 배경에도 불구하고, 야스민도 자미나도 각각 그들의 결혼에서 그들의 남편과 서로 공유한 가치에 만족하지 못했다. 그리고 야스민은 주된 문제가 그들의 문화적 모순에 있다고 생각했으나, 자미나는 그녀의 문제가 신앙과도 관련되어 있다고 생각한다. 즉, 그녀의 남편은 결혼 생활이 가능할 수 있을 정도로 충분히 무슬림의 가르침을 진지하게 받아들이지 않았다.

야스민은 결혼의 실패를 문화의 차이 탓이라고 생각한다. 비록 그녀와 그녀의 남아시아인 남편이 결혼 전에 서로를 잘 알았지만, 그녀는 "그의 사고방식이 중국의 전통적 사고방식과 매우 다르다"는 것을 결혼 후에야 발견했다. 문화적 문제에 대한 견해와 사고방식에 있어서 안 맞는 점들이 많이 있었으며, 따라서 그녀는 "남아시아인들과 중국인들의 사고는 본질적으로 일치하지 않는다."라는 결론을 내렸다. 이러한 차이들은 야스민의 이혼 시도에 대한 두 가족들의 반응에 투사되었다. 야스민은 오늘날 이혼은 홍콩에서 큰 문제가 되지 않으며 그녀의 가족도 그녀의 결정을 받아들일 거라고 생각했다. 그러나 그녀의

33 그녀가 대화에서 파키스탄 남자의 문제에 대해서 강조를 하는 걸 감안하면, 그녀의 전남편이 파키스탄 출신이라는 충분한 근거가 있다.

전남편의 가족은 중국 여성들만이 이혼을 청구할 것이라고 생각했다. 그들은 파키스탄 여성들이 더 신실하고 어떤 상황에서도 평생 동안 결혼을 유지할 것이라고 생각한다. 무슬림에 관한 그녀의 지식을 확신하는 야스민은 파키스탄적 전통 보다 "사실 무슬림 가족이 효도 같은 가치에 [관계된] 중국의 전통 사상과 더 가깝다."고 믿는다. 파키스탄 여성들이 순종적이라고 여기는 것과는 대조적으로, 그녀는 비록 무슬림이 "남성들은 밖에서 일하는 반면 여성들은 가족 돌보기를 장려하지만, 그러나 한 가족으로서, 남성들이 아이들을 돌볼 시간이 있다면, 여성들도 밖에서 일할 수 있다."고 주장한다.[34] 비록 그녀의 이혼 사유에 대해 자세히 설명하지는 않았지만, 그녀가 알고 있는 남아시아의 관습에서 무슬림의 가르침을 현대적으로 분리시킨 것은 그녀의 이혼과 재혼을 정당화시켜 줄 뿐만 아니라 학교의 교감으로서의 역할과 무슬림교도 커뮤니티에서의 종교적 지도자로서의 그녀의 역할 역시 증언해준다.

자미나는 여성들에 관한 무슬림의 가르침의 열렬한 옹호자이다. "모든 사람들이 무슬림은 여성들을 억압한다고 말한다, 하지만 실제로 그것은 [인도의] 문화적 관습이다." 그녀 남편에 대한 그녀의 주요 불평은 그의 신앙의 해이함에서 생겨난다. 그녀는 무슬림의 가르침에 따라 최선을 다해서 살고 있지만, 그녀의 남편은 "진정한" 무슬림교도가 되지 못하는 측면이 많다고 생각한다. 그녀 남편과의 최초의 만남은 로맨스 그 자체였다. 카시미르 해변의 잘생긴 양탄자 상인과 결혼 후 그녀를 위해 삶을 변화시키는 개종과 이슬람에의 헌신. 불행하게도, 그들의 진정한 문화 간의 만남은 단지 결혼 후에 시작되었고, 그 동안에 공통점 보다 차이점이 훨씬 더 많다는 것을 알았다. "그가 처음 홍콩에 왔을 때, 나는 그를 보살피면서 일해야만 했다, 그러나 그는 많은 불평을 했다. 나는 내가 할 수 있는 것을 했다, 시장에 가고 [퇴근 후에] 집으로 돌아와서 요리를 했다. 나는 그 때 내가 다른 사람으로 변했다고 생각하는 사장과 말다툼도

34 2010년 7월 17일 인터뷰.

했다!" 그리고 "나는 그[도] 변할 거라고 생각했다! 그는 처음 홍콩에 왔을 때 홍콩의 모든 것이 혐오스럽다고 생각했다. 나는 그가 점점 바뀔 거라고 생각했다." 그는 단순히 홍콩이 살만한 곳이 아님을 알게 된 것이다. 그러나 자미나에게 문화의 차이만 있는 게 아니다. 카시미르로 이주하는 것은 그녀에게는 생각할 수도 없는 일이다. 그 이유는 그녀가 거기에 머무르고 있을 때 경험했던 문화적 신체적 고립 때문뿐만이 아니라 그곳이 "[그녀의] 신앙을 위한 이상적인 무슬림 환경"이 될 수 있는 곳이 전혀 아니라고 생각하기 때문이다. 그녀의 견해로는, 그녀의 남편과 그의 가족을 포함해서 카시미르의 사람들은 그녀가 알고 있는 무슬림의 원칙과 모순되는 그들의 지역적인 전통과 관습에 깊이 뿌리를 두고 있다. 그가 심지어 홍콩에 있을 때에도 신체적 의식의 청결함에 대하여 유념하지 않는 것은 알라신에게 무례를 표시하는 것으로 그녀에게 보인다. 그들의 격동의 12년간을 돌아보면서, 그녀는 "무슬림 가족이 결혼을 하려면 신앙이 있어야 하며, 그런 경우에만 행복해질 수 있다. [사람은] 진정으로 종교적인 가르침을 따라야 하고 무슬림을 이해해야 한다."라고 생각한다. 사실, 자미나는 그녀 자신의 신앙을 아주 강하게 느끼며 인도-파키스탄 사람들의 생활양식과 종교적인 행위에 있어서 해이함 때문에 그들과 함께 사이좋게 지낸다는 것이 어렵다고 생각한다.

알리자와 라니아, 그리고 그들 각자의 남편들 사이의 다른 문화 간의 결혼은 소수의 성공적인 사례들로 보인다. 그들 남편들의 수입에 의존하는 알리자와 라니아는 많은 시간을 직장과 자원봉사자에 준하는 자격으로 무슬림연합의 활동을 하면서 보낸다. 두 명 모두 가정을 꾸려감에 있어서 종교적 헌신이 하는 역할에 대해서 매우 단호하게 말했다. 그리고 아마 그들의 결혼에 대한 긍정적 경험으로 인해, 그들은 가족 내 여성들의 입장에 관하여 비교적 "전통적인" 견해를 채택한 것 같다. 알리자는 남자가 책임감을 떠맡아야 하고 가족을 부양해야 하고 가족에게 모범이 되는 사람이어야 한다고 생각한다. 그러나 그녀의 어머니와 인도 시어머니를 비교할 때, 그녀의 어머니는 너무 강하고 시어머니는 너무 복종적이라고 그녀는 느낀다. 이 두 여성들에 의해 표현된 역할들 사이를 협상할 때, 알리자는 온건한 접근을 시도하는 중국적 방식, 즉 중용(中庸之道)을 택하는 것을 좋아한다. 사실상, 그녀는 집 밖에서 그녀의 독립된 일을 가지고 있을 뿐만 아니라, 그녀의 직장의 총지배인이고 하루 내내 많은 결정을 해야 한다. 가족의 가장으로서의 남성에 대한 그녀의 겸손한 인정은 아마 일하는 여성으로서 일과 가족의 균형을 맞추려는 소망을 반영하는 것 같다. 라니아의 경우에, 헌신과 신앙에 의해 인정받으려고 하는 그녀의 열망이 가족을 꾸려가는 그녀의 접근 방법에서 충분히 드러난다. 그녀의 신앙에 따라, 그녀는 무슬림 홍보를 돕는 자원봉사자와 아이들의 발달을 지켜보는 전업주부로서 일하기를 결정한다. 그녀의 이상적인 가족에 대한 시나리오에 따르면, 그녀는 남편이 퇴근 후에 TV를 보지 않고 함께 코란을 읽는 것을 더 좋아한다. 그녀는 아이들이 쇼핑몰에서 시간을 보내는 대신에 사원에서 정기 예배에 참여하기를 바란다. 그녀의 아들이 무슬림을 받아들이는 것과 딸이 자발적으로 베일을 착용하는 것을 자랑스러워하고 딸이 무슬림교도와 결혼하기를 기대한다. 그리고 그녀는 모든 사람을 확장된 가족으로 여기며 그들과 그녀의 사랑을 나눈다. 그녀의 신앙 때문에, 그녀에게는 물질적 보상이 중요하지 않고 사랑만이 중요하다.[35]

아이러니하게도 알리자와 라니아는 순수하게 신앙적인 다른 인종간의 관계에 대해서는 비관적이다. 그들은 모두 남아시아 남성들과 괴로운 결혼을 했다가 이혼으로 끝나버린 친구들을 알고 있다. 실망감을 공유하는 야스민과 자미나는 대체적으로 남아시아 남성들을 좋지 않게 생각한다. 인도-파키스탄 배경의 여성 친구들은 홍콩에 있는 인도-파키스탄 남성들이 충분히 좋지 않다고 생각하기 때문에 그들의 딸은 인도와 파키스탄으로 돌아가서 결혼하는 것을 좋아한다고 알리자는 덧붙였다. 라니아는 더 직접적으로 홍콩에 있는 파키스탄 남성들의 많은 문제점을 말한다. "파키스탄 부부들 사이의 관계는 대체적으로 좋지 않다. 신실한 사람들은 모두 파키스탄 [남성들]을 몹시 싫어하고, [그

35 2010년 8월 31일 인터뷰.

들 중] 한명이라도 잘못 행동하면 종교 전체가 고통을 당한다." 분명히 중국인들 눈에는, 파키스탄 남성들의 좋지 못한 행동으로 인해 무슬림의 이름을 더럽히는 파키스탄 남성들이 있다. 많은 실패한 다른 인종간의 결혼을 언급하면서, 알리자는 자미나에 의해 처음 제기된 신앙의 문제로 돌아 간다. 즉 "한 인도-파키스탄 남성이 중국 여성과 결혼했을 때, 그 여성은 그의 종교에 대해 많은 것을 알 수 없을 것이고, 홍콩의 사치스러운 세계에서 신앙을 지켜나가는 것이 쉽지 않다, 실제로 신앙의 공통된 기초가 없기 때문에 더 큰 갈등이 있을 것이다." 알리자, 라니아, 그리고 더 넓게는 자미나의 사례까지 관찰의 결과, 전반적으로 다른 인종간의 결혼은 첫째로 부부가 무슬림의 강한 기초를 공유하지 않으면 성공하기 어렵다. 둘째, 남아시아 배우자가 일상생활에서 무슬림을 실천하는 신앙이 충분히 진지하지 않다면 성공하기 어렵다. 간단히 말해, 다른 인종간의 결혼의 한 요소로서 문화적 차이보다 신앙의 "진정한" 행위의 정도가 더 비중이 높다고 그들은 결론 내린다. 그러나 그것이 어떻게 일어났는가? 다른 인종간의 결혼에서 무슬림 신앙으로의 헌신이 충분조건인가? 아니면 무슬림 신앙에 대한 대중의 부정적인 이해와는 반대로, 무슬림 신앙이 중국 무슬림교 여성들로 하여금 더 높은 효력을 가진 해석적 도구로서 그들의 결혼 위기를 직면할 수 있도록 한 것은 아닌가?

3) 이혼에 대처하기

무슬림사회의 아내들은 이혼 소송을 제기하는데 많은 어려움을 겪지만, 남편들은 "나는 너와 이혼한다."라고 말함으로써 사실상 결혼서약으로부터 해방될 수 있다. 몇몇 경우에, 가난의 두려움과 아이들을 잃는다는 생각이 많은 무슬림교도 여성들을 잘못된 결혼에 묶어 두었다. 그러나 위의 사례에서 알 수 있듯이, 이혼은 문화적, 종교적 어려움으로 인해 홍콩의 무슬림사회의 혼합된 결혼에서는 흔하다. 그리고 무슬림 과정 강의를 자주 하는 야스민은 이혼했을 뿐만 아니라 재혼을 했고 그녀의 결정이 종교적으로 건전하다고 생각했다. 다섯 명의 인터뷰 대상자들은 정도의 차이는 있지만 *코란* 4장 21절에 의해 이혼은 허용된다는 것을 일반적으로 알고 있다. *코란* 4장 21절에는 여성이 임신한지 여부를 명확히 알 수 있도록 하기 위해서 3개월의 냉각기간을 가질 것과, 이혼이 남성에 의해 제기된다면, 여성은 신부지참금(*mahr*)을 모두 돌려받고 아이들의 친권을 유지할 수 있다는 것 등과 같은 몇 가지 상세한 훈령들을 포함하고 있다. 그리고 이혼이 자주적으로 여성들에 의해서도 제기될 수도 있다. 신앙 안에서, 무슬림교도 결혼을 유지하려고 하기 때문에 이혼이 장려되지는 않는다. 이혼은 서로 호의를 가지고 살지 못하는 배우자들을 위한 마지막 수단일 뿐이다. 결혼한 부부 사이에 타협할 수 없는 차이로 인한 법률적 선택으로 하는 이혼은 관련된 당사자들에게 이후 화해를 허락한다. 아미나 와두드에 따르면, 코란의 지혜는 여기서 조화로운 화해를 목표로 한다는 것이다. "부부 사이에 평화의 조건을 만들지 못하면 이혼은 그들에게 죄가 아니다, 평화가 더 낫다(4장 128절)."[36]

이혼과 재혼을 *코란*이 허락하는 것에 대해 야스민이 가장 단호하다. "무슬림은 우리에게 많은 권리를 주었고, 그 권리들 중의 일부는 다른 종교에서는 허락되지 않는다. 이혼을 예로 들어보자, 다른 종교에서는 남성들만 이혼을 제기할 수 있고 여성들은 이혼을 제기하는 것이 허락되지 않지만, 나는 이혼을 제기한 사람이었다." 그녀는 일반적 원칙으로서 *코란*이 이혼을 만류한다는 것을 잘 알고 있지만, 이혼이 필요할 때 *코란*이 이혼을 허락한다는 것도 확실히 알고 있다. "불리한 점이 유리한 점보다 더 클 정도로 전개될 때, 이혼은 허락되는 것이다. 변명으로 들릴 수도 있지만 우리는 이혼을 곰곰이 생각했고, 성급하게 어떤 결정을 내린 것은 아니다. 결혼이 유지되어야 하는 게 적절한지 아닌지 우리는 곰곰이 생각했다."[37] 그 부부는 제삼자의 의견도 구했고 그리고 기도

---

36 와두드, 『코란과 여성』, 80쪽.

37 2010년 7월 17일 인터뷰.

를 통해 영혼을 찾기도 했다. 요컨대, 과정이 가볍게 이루어지지는 않았다. 실제로, 사이좋게 헤어지는 것은 두 당사자들 사이에 평화를 유지하는 방법이다. 야스민은 재혼 했지만 전남편과 친구로 지내고 가끔 딸들과 함께 무슬림 연합의 식당에서 만나고 식사를 한다. 이혼을 심사숙고하는 과정에서, 자미나는 이혼이 알라신이 보기 좋아하는 것은 아니라는 것을 확신한다. "그러나 당신이 부부간의 문제에 부딪힐 때, 무슬림교도 형제자매들은 한 쪽이 이혼을 제기하는 것 외에 다른 방법이 없을 때까지 견뎌내라는 조언을 준다."[38] 최후의 수단으로 코란이 이혼을 인정해주기 때문에, 자미나는 이혼이나 신앙 둘 중에 하나를 선택하기를 강요받을 필요가 없다. 오히려, 신앙이 이혼이라는 선택을 정당화시켜주는 근거가 되었다.

많은 실패한 결혼을 지켜본 알리자는 무슬림교도 여성들이 이혼을 요구할 수 있는 유일한 상황은 남편이 더 이상 무슬림의 방식을 따르지 않는다는 것을 아내가 알았을 때라고 강력히 주장한다. 위에서 언급했듯이, 신앙의 경중이 여성들이 부부간의 위기를 평가하는 결정요소이다. 실제로, 야스민은 그녀의 신앙에 대해 매우 진지했고 말레이 대학교에서 무슬림 교과과정을 마친 후 박식한 교사가 되었다. 인터뷰 내내, 그녀는 이혼한 여자로서 죄책감을 느끼지 않으며 종교적 신념의 관점에서나 지역사회의 사회적 위치의 관점에서 후회를 하지 않는 것으로 보였다. 그녀는 이것을 코란에 의해 보장된 무슬림교도 여성의 권리로 옹호하는 확고한 입장을 취하고 있다. 더욱 궤변적으로, 자미나는 이혼에 대한 그녀의 생각을 최근 그녀의 영적인 우월감에 대한 자부심으로 말문을 열었다. "솔직히 나의 남편은 좋은 신자가 아니다. 나의 종교에 대하여 더 많은 것을 알면 알수록 그와의 관계에서 더 먼 거리감이 느껴진다." 다른 인종간의 부부에게 있어서, 문화적 가치, 개인의 행동, 그리고 생활양식의 충돌로부터, 그 어려움들은 신앙의 방식에 의해 이혼을 제기하는데 있어서 여성들의 권

---

38 2010년 8월 14일 인터뷰.

리를 궤변적으로 옹호하는 것으로 "변형되어진다." 위에서 야스민과 자미나에 의해 표현된 것처럼, 신앙의 평가가 관련된 부부 양측에게 영향을 미치고 이혼이 다음 세 가지 요소로 구성되어 있다면 정당화된다. 첫째, 남성이 "진실한" 무슬림 신자가 아니다. 둘째, 여성이 남성 보다 훨씬 더 앞선 경건의 수준에 도달했다. 셋째, 성서에 지시된 것처럼, 이혼은 화해를 성취하고 서로 평화를 유지하는 마지막 수단이다. 요컨대, 무슬림은 많은 사람들이 생각하는 것 보다 훨씬 더 현대적인 것으로 판명된다. 아직도 이혼을 신성한 의지를 범하는 것으로 간주하는 홍콩의 기독교와 비교하면, 무슬림은 부부간의 어려움에 처한 여성들의 복지라는 측면에서 훨씬 더 개방적이며, 그것으로 인해, 무슬림은 오늘날 사회에서 변해가는 부부간의 관계의 문제를 다룰 준비가 더 잘 되어있다. 가장 흥미로운 것은, 세상 사람들이 가족 내 여성들에게 가장 억압적이라고 생각하는 종교가 곤경에 처한 홍콩의 중국인 무슬림 여성들을 더 자유롭게 하는 도구로 판명되고 있다는 점이다.

4. 결론

1994년 아빈드 샤르마에 의해서 편집된 『세계 종교 속 오늘날의 여성』의 저서에서, 제인 아이 스미스(Jane I. Smith)는 실제로 다양한 문화와 상황에도 불구하고, 여성에 대한 전통적인 역할의 기본적인 이해에 관하여 무슬림이 옹호하는 확실한 보편성이 있다고 주장한다. 그리고 좋든 싫든 간에, 여성의 문제는 무슬림 근본주의, 전통주의, 신앙부흥운동에 호소하는 것과 무슬림의 유산과 서구 제국주의의 유산과 현대 세계의 도전을 화해시키려는 무슬림교도들의 노력 사이의 긴장의 중심에 놓여있다. 그 결과로서, 무슬림교 여성들의 문제는 모든 현대 사회에서 무슬림교도가 되는 것의 의미에 관한 토론과 논쟁에 대한 열쇠가 된다.[39] 그러나 이러한 주장과 논쟁은 그 현장에 대한 더욱 주의 깊은 검토가 없이 행해지고 있다. 즉 공식적인 가르침들 사이의 간극과 그 현장에서의 해석들과 실천들의 다양성을 고려해야만 한다는 것이다. 요컨대, 이 연구에서 다섯 여성들의 경험은, 다소 깊고 심오한 이해를 위해 사회적 태피스트리 속의 많은 문화의 실들을 함께 엮어, 역사적, 정치적, 그리고 사회적 교차로의 중심에 종종 위치하는 종교적 커뮤니티의 필연적으로 복잡한 그림을 소개하고 있다. 이 그림에서, 여성들은 섞어 짜는 과정에서 주요 역할을 하고 그리고 협상하는 능동적인 힘뿐만 아니라 조용히 있는 것으로도 종교와 문화의 이해를 복잡하게 하는데 기여하고 있다.

인터뷰한 다섯 여성들 중에, 순수하게 중국인 혈통 가계를 유지한 유일한 경우는 만 케이의 경우이다. 위에서 다른 인종간의 결혼에 관심을 두었기 때문에, 그녀의 경험은 자세히 설명되지 않았다. 사실상 만 케이의 가족은 중국인과 무슬림교도의 이중의 전통을 지닌 이주한 중국인 무슬림교도의 전형으로 더 적격이다. 대가족 네트워크의 일원들이 긴밀한 관계를 유지하고 있는 것은 바로 "전통적인" 중국 가족의 한 특징이다. 만 케이의 딸, 아들, 남편이 끊임없이 만성 질병과 말기 질병으로 고통을 겪고 그 이유로 결국 그녀의 어린 아들과 중년의 남편을 잃었을 때 대가족은 특히 도움이 된다. 그리고 아들과 남편을 잃은 치명적인 손실에도 불구하고 동시에 종교가 만 케이의 부단한 노력의 핵심 역할을 했다는 것이 신실한 무슬림 가족의 특징이다. 종교가 없었다면 그녀는 인생을 견딜 수 없었을 것이고 종교는 그녀에게 살아야 하는 목적의식을 제공했다고 그녀는 회상한다. "[삶의 의미를] 꿰뚫어 보라고 저에게 가르친 알라신 덕분입니다." 그리고 "지금 내가 잘하고 있다면, 우리가 나중에 만날 때 나는 알라신에게 해명할 수가 있습니다."[40] 그러나, 홍콩 무슬림교도 사회의 내재

39 제인 아이 스미스, 『세계 종교 속 오늘날의 여성』에서 "무슬림의 여성들," 아르빈드 샤르마에 의해 편집.(뉴욕: 뉴욕 주립대학교 출판사, 1994년), 303쪽.

40 2010년 8월 31일 인터뷰.

적 그리고 명백한 다문화적인 면모들을 참고할 때, 만 케이와 그 밖의 경우에 중국인이나 무슬림교도 가족에 대하여 거론하는 것이 실제로 의미가 있을까?

그 점을 논의하기 위하여 중국인과 무슬림교도 가족의 신앙과 실행의 다양성을 개관하는 풍부한 자료들을 거론할 필요는 없다. 중국인의 전통과 무슬림 중에 어느 것이 더 여성에게 억압적인가라는 문제를 다루는 것도 소용이 없다. 한 때 리타 그로스는 모든 남성 지배 사회가 여성 구성원들을 포함하기 때문에, 다소 무력한 상태에 있는 여성들이 공적인 전통에 의하여 인가된 그러한 남성 지배에 어떻게 반응하고 있는가를 이해하는 것이 중요하다고 주장했다. 우리들에게 그 질문은 여성들이 그들 자신 뿐 아니라 그들이 사랑하는 사람들을 위해서 그들의 인생을 의미 있고 살만한 것으로 만들기 위해 공식적인 권위와 구별되는 그들의 "비공식적" 힘을 행사해온 방식을 검토하는 것이다.[41] 실제로, 그것의 "순수한" 의미에서 중국인 가족이나 무슬림교 가족은 없다, 또한 일반적으로 믿고 있는 것처럼 각 체제에서 완전히 복종하거나 완전히 자유로운 여성은 없다. 위의 야스민, 자미나, 알리자, 만 케이, 라니아의 경우에서 우리가 보게 되는 것은, *살라트*, *할랄* 음식 먹기, 현대 도시의 가치와 함께 베일 착용하기의 관점에서 그들의 종교적인 헌신을, 일과 가정의 균형, 융통성 있는 양육, 이혼에 대한 여성의 권리, 그리고 더 평등한 젠더 역할 등을 포함하는 현대적인 도시적 가치들과 함께 혼합하는 것이며, 그리고 이런 모든 것들은 효심, 형제자매 관계에 대한 배려와 남성의 강한 책임감 같은 중국 가족의 관습이라는 넓은 맥락에서 행해진다는 것이다.

이 연구를 위해 인터뷰한 여성들의 일상적 현실 속에, 가부장제와의 접점에서 발생된 이중적 효과보다는 오히려, 어떤 단일한 전통도 결론적으로 최종적 결정권을 갖지 못했기 때문에, 그것들의 수렴으로부터 창조되어 나온 새로운 공간이 존재한다. 야스민과 자미나가 이혼의 결정이나 의도를 방어하기 위해 무슬

41 리타 엠 그로스, 『여성해방운동과 종교: 도입』(보스톤: 비컨 출판사, 1996년), 68-69쪽.

림의 가르침을 인용했을 때, 종교는 부부간의 위기로부터 탈출할 수 있도록 남편들과 협상하기 위한 대안을 그들에게 제시해 주었다. 그리고 그들이 다른 인종간의 결혼에 갇혀 있다고 느낄 때, 그들은 그들의 사정에 맞게 중국인과 남아시아인의 전통과 관습 사이의 차이점을 이용한다. 결론적으로, 나는 홍콩의 혼혈의 역사와 사회에서 문화들의 혼합이 여성들에게 기대되는 가족의 역할과 책임감과 협상할 수 있는 추가적인 논거를 제공했고 그리고 홍콩의 기독교의 경우보다 부부간의 위기의 사례들에 있어서 협상을 위한 훨씬 더 많은 여지를 여성들을 위해 열어 주었다는 것을 발견할 수 있었다. (번역: 정박은자)

참고문헌

Beyer, Lisa. 2001. "The Women of Islam." *TIME: World*, November 25. http://www.time.com/time/world/article/0,8599,185647,00.html#ixzz1uvSuT4i7.

Gross, Rita. 1996. *Feminism & Religion: An Introduction*. Boston: Beacon Press.

Ho, Wai-Yip. 2001. "Historical Analysis of Islamic Community Development in Hong Kong:Struggle for Recognition in the Post-colonial Era." *Journal of Muslim Affair* 21(1):63-77.

Hong Kong Yearbook 2010.

Karim, Jamillah Ashira. 2009. *American Muslim Women: Negotiating Race, Class, and Gender within the Ummah*. New York: New York University Press.

Kristin, Aune, Sonya Sharma, and Giselle Vincent, eds. 2007. *Women and Religion in the West: Challenging Secularization*. Hamphire: Ashgate.

Krivenko, Ekaterina Yahyaoui. 2009. *Women, Islam and International Law: Within the Context of the Convention on the Elimination of All Forms of Discrimination against Women*. Leiden: Martinus Nijhoff Publishers.

Lughod, Lina, ed. 1998. *Remaking Women: Feminism and Modernity in the Middle East*. Princeton: Princeton University Press.

Pluss, Caroline. 2000. "Hong Kong's Muslim Organization: Creating and Expressing Collective Identities." *China Perspectives* 29 (May-June):19-23.

Smith, Jane I. 1994. "Women in Islam." In *Today's Woman in World Religions*, ed. Arvind Sharma, 303-325. New York: State University of New York Press.

Sharma, Arvind, ed. 1994. *Today's Woman in World Religions*. New York: State University of New York Press.

Vaid, K. N. 1972. *The Overseas Indian Community in Hong Kong*. Hong Kong: Centre for Asian Studies, University of Hong Kong.

Wadud, Amina. 1999. *Qur'an and Woman: Rereading the Sacred Text from a Woman's Perspective*. New York: Oxford University Press.

Wadud, Amina. 2006. *Inside the Gender Jihad: Women's Reform in Islam*. Oxford:

Oneworld.

Weiss, Anita M. 1991. "South Asian Muslims in Hong Kong: Creation of a "Local Boy" Identity." *Modern Asian Studies* 25(3):417-453.

杜瑞樂(Thoraval, Joel)著、張寧譯。1991。〈葬禮與祈禱之安排：香港回教信托基金總會歷史概貌〉。收《廣東民族研究論叢》，廣東省民族研究學會、廣東省民族研究所編(第五輯)；221-248。廣州：廣東人民出版社。

湯開建(Tong Kaijian)。1996。〈兩次戰爭時期香港穆斯林的發展和變化(續上期)〉。《東南亞研究》，1:57-60。

湯開建、田映霞(Tong Kaijian and Tien Yingxia). 1995.〈香港伊斯蘭教的起源與發展〉。《東南亞研究》，6:48-51。

劉淑英(Liu Shuying)。1998。〈興學育人，桃李輩出：記香港中華回教博愛社辦學歷程〉。《回民研究》，29, 1: 84-85。

젠더, 계급, 민족: 홍콩 거주 네팔이주여성 사례연구와 쟁점[1]

담 시우미 마리아

1. 들어가는 말

본 논문은 네팔이주민이 홍콩에서 생활할 때 직면하고 있는 어려움들, 특히 네팔이주여성의 젠더, 계급과 민족정체성 3자 간의 상호작용으로 인해 야기된 곤경에 대해 논한다. 네팔이주여성은 더 나은 삶을 쟁취하는 과정에서 자신이 처해 있는 이민 환경이라는 외적 요소의 영향을 받는 것 외에 또 원생(原生)문화의 제한과 자양분을 계속 받는다. 한 개인으로서, 동시에 하나의 젠더계급으로서 그녀들은 한편으로 홍콩사회가 제공하는 각종 자원을 통해 인생의 새 단계를 만들고 있으면서, 또 다른 한편으로는 주류사회의 소수민족 차별로 인해 많은 좌절을 겪고 있다. 이민 적응 과정에서 전통네팔문화네트워크는 안전망

1 저자는 중앙민족대학교 중국당대민족문제연구기지 민족발전과 민족관계문제연구센터가 본 센터에서 주최한 강좌 때 저자가 발표한 일부 내용을 사용하도록 허락해주신 것에 감사를 드리며, 그 때 토론해주신 베이징대 학교 장징(張靜) 교수께도 감사드린다.

을 제공해주지만 보수적인 가치관은 또 그녀들로 하여금 남성중심의 사회관계를 연속시키거나 심지어 반복적으로 강화하게 한다.

본 논문은 네팔이주여성이 홍콩에서 직면하게 되는 사회문제들을 서술하면서 더 심층적인 문화구조 형성 원인을 탐구한다. 학계에서 이민문제에 대한 연구는 이민집단이 어떻게 주류사회에 융합되어 들어가는지 혹은 이민 후 그들의 민족정체성이 강화되었는지 아니면 약화되었는지 등에 대해 논의하는 것에 비교적 많은 관심을 두고 있다. 젠더, 계급, 민족 3자를 연결하여 그들 상호간의 영향과 역동적 관계에 대해 논의하는 연구는 비교적 적다. 저자는 이주여성의 위치성(positionality)은 젠더, 계급, 민족 정체성의 상호작용 위에 구성되었다고 본다.

네팔의 남성중심 가족제도 및 그 연속 요소는 네팔여성들이 제한 받는 주요원인인데, 그 중 다음과 같은 몇 가지 측면이 비교적 뚜렷하다. 첫째, 네팔 주류문화의 혼인제도는 안배혼인(安排婚姻)이다. 둘째, 가장은 긴밀한 가족관계 내에서 제한적 권력을 갖고 있다. 셋째, 여성 개인은 가족에 대해 강한 책임감을 갖고 있다. 이 세 측면은 개인, 사회제도, 의식형태 차원에서 한 고리 한 고리 채워져 있어 사회문화 자원분배에서 남녀의 주요한 차이를 만들어낸다.

그밖에도 홍콩사회는 이민사회로서 민족 식별과 민족정체성 등 문제에 관해 오히려 줄곧 상대적으로 모호했다. 우선은 정부가 주도적으로 이런 방면의 토론을 유도하지 않고 있다. 예를 들어 교육제도 안에 민족에 관해 구성된 교과과정 내용은 극히 드물다. 일반적으로 말해 학생들은 오직 책에서 하나의 대략적인 인식을 얻을 수 있을 뿐이다. 즉 홍콩인구 중 95%가 화인(華人)이고 남은 5%는 '기타민족' 이다. 다른 민족의 역사, 생활방식과 가치관에 대해서는 종래로 정식 교과과정에 포함시킨 적이 없다. 따라서 주류사회의 인지형성 과정에 소수민족은 존재하지 않았다고 말할 수 있다. 그 다음은 중국대륙에서 일반적으로 사용하고 있는 민족개념과 다르다는 것이다. 홍콩정부는 중국대륙에서 일반적으로 사용하는 민족개념과는 달리 국외로부터 홍콩에 와 정주하고 있는 비화인(非華人)을 통틀어 '소수민족' 이라고 부른다. 이런 분류도 실은 매우 혼란스럽다. 이는 한편으로는 혈통으로 인구집단의 차이를 이해하는 것인데, 예를 들어 '화인' 과 '비화인' 의 구분이다. 하지만 이는 혈통 외에 또한 하나의 국적분류이기도 한데, 예를 들어 '영국 사람', '일본 사람', '한국 사람' 등이 바로 그러하다. 혈통과 국적의 혼용 외에도 어떤 분류들은 또 정치문화를 기초로 하는데, 예를 들어 인도인과 파키스탄인을 통틀어 '인파적(印巴籍)' 이라 부른다. 이는 홍콩정부가 소수민족에 대한 지식이 매우 부족할 뿐 아니라 마음대로 표기화 하는 경향이 있어 실질적으로 다문화정책을 진정성 있게 보고 있지 않다는 것을 보여준다.

이런 사회문화 분위기 속에서, 인구 수가 가장 적은 한 소수민족인 네팔인들의 상황은 어떠한가? 홍콩 주류사회에 비해 네팔인은 몇 가지 특징이 있다. 첫째, 그들의 경제발전은 억제되었다. 둘째, 그들은 사회에서 주변화 되었다. 셋째, 그들의 문화는 오해를 받았다. 이외에 이상 세 방면의 불공정 대우로 인해 네팔인은 현실 생활 속에서 상대적으로 뚜렷한 문제들에 직면하게 되는데 바로 교육, 취업, 건강 등 몇 방면의 생활에서 비교적 중요한 사회자원 분배과정에 차별 받는 상태에 놓이게 되는 것이다. 네팔인 공동체 내에서 여성은 또 남성과 다른 하나의 뚜렷한 차이 상황을 생산하게 된다. 일반적으로 남성은 독립개체로, 또한 가족의 경제적 지주로 여겨진다. 남성은 성장과정에서 사나이로 습득되고 외향적 인격을 갖추며 사회에서도 보편적으로 가족에 대한 남성의 책임은 가족식구를 먹여 살리는 것이라고 여긴다. 여자아이는 일반적으로 독립적 개성을 갖고 있는 사람으로서가 아니라 아내와 어머니 이 두 역할로 키워지고 남편과 아이가 생명 중의 중요한 타자로 위치된다. 네팔인 집단의 사회적 · 도덕적 가치는 생활단위기도 하고 생산단위기도 한 부계가족 틀 위에 놓여 있다는 것을 우리는 분명히 볼 수 있었다. 이는 가족분업에서도 표현되는데 "남자는 바깥일, 여자는 집안일"이라는 성별의식형태를 주도로 한다. 따라서 만약 네팔인이 홍콩에서 전체적으로 차별 받는 민족이라면 네팔여성은 그녀들의 성별로 인해 주류집단과 네팔 민족집단으로부터 이중차별을 받는다. 주류 화인(華人)사회로부터 배척을 받을 뿐 아니라 또 같은 민족집단으로부터 억압받는 이런 상황은 어떻게 만들어졌는가?

본 연구는 2006년부터 2008년까지 진행한 현장조사에서 26명의 다양한 연령층의 여성을 면담한 내용을 중심으로 논의한다. 가장 연소자 19세부터 가장 연장자 72세까지, 그 중 21명은 이미 홍콩에 정주한지 10년 이상이 된다. 교육수준으로 보면 연장자 세대가 정식 교육을 가장 적게 받았는데 보통 미취학과 초등학교 정도가 포함되어 있었다. 비교적 젊은 층은 주로 중학교 교육을 받았는데 소수의 대학교 4년제 졸업생도 소수 포함되어 있었다. 종족 성씨 분류를 보면 내담자들은 주로 구룽(Gurung), 림부(Limbu), 라이(Rai) 세 개 종족성/종족집단에 집중되어 있었다. 종교적으로는 비교적 다양화되어 있는데 주로 장전불교(藏傳佛教, 라마교라고도 부름–역자주)와 힌두교인데, 이외에 일부 기독교 신도들도 포함되어 있었다. 경제면으로 볼 때 여성내담자들은 주로 노동자계층이었고 오직 한 명이 전문직종사자이라고 정의할 수 있었다. 내담자들의 아버지들은 모두 홍콩에 주둔해 있었던 영국군대에 용병(Gurkha Soldiers)으로 고용됐었고, 그녀들의 가족 배경은 서로 비슷하여 상당히 공통적인 이민경험과 계급가치관을 갖고 있었다. 아래 장과 절에서는 네팔여성들에 대한 면담자료를 통해 민족, 젠더, 계급정체성의 구성이 어떻게 일상생활 속에 체현되는지를 논의하고, 또 여성주의 현장연구의 몇 가지 문제를 탐구한다.

2. 이주혼인과 여성의 곤경

언급하였듯이, 네팔 주류문화의 혼인제도는 안배혼인이다. 일반적으로 부모가 서로 비슷한 종족 성씨 등급 내에서 자녀를 위한 결혼 대상을 물색한다. 자녀들은 부모가 가장 자신을 생각해준다고 여기기에 가장의 안배에 따르는 것이 가장 좋은 선택이라고 생각한다. 더욱이 여자아이는 사회화 과정에서 상대적으로 본분을 지키고 수동적인 성격으로 키워지기 때문에 안배혼인을 더 쉽게 받아들인다. 게다가 사회적 · 도덕적 제약 하에, 특히 대부분 네팔인들이 신봉하고 있는 힌두교와 불교 교리의 영향 하에, 긴밀한 가족관계와 개인적으로 웃어른에 대한 존경도 가장이 갖고 있는 제한적 권력을 강화시켰다. 여성 개인의 가족에 대한 강한 책임감은 그녀들로 하여금 이주혼인을 통해 식구들을 데리고 출국할 수 있는 것이 가족의 일원으로서 가족에 대해 할 수 있는 의무라고 믿게 했다. 따라서 여성은 이민과정 중에 종종 새로운 역할을 충당하는데 바로 초국적 이주네트워크의 중개인이 되는 것이다. 주목할 만한 것은 그녀들의 '식구'는 자신의 원래 부계가족과 남편의 부계가족 둘 다를 포함한다는 것이다. 이렇게 두 개 부계가족은 그녀를 중심으로 국외로 나가서 새로운 생활을 창조할 수 있다. 그리고 이주혼인을 기초로 한 네트워크는 세계 각지에 형성한 네팔공동체의 유대가 되기도 한다.

그러나 초국적 네트워크의 중요 중개인으로서 여성들은, 국외에 도착한 후 오히려 종종 이중으로 주변화되는 곤경에 맞닥뜨리게 된다. 우선 사회의 소수민족으로서, 그녀들은 주류사회로부터 네팔인에 대한 차별을 감담해야 했고, 그 다음은 여성으로서 자국의 민족공동체, 즉 네팔인의 부권중심제도로부터 차별에 직면해야 했다. 아래에서 몇 가지 예를 들어 젠더, 이주민족과 계급의 상호영향을 설명하겠다.

네팔인은 본래 고산민족이다. 고향을 떠나 평지(홍콩)에 온 후 그들의 생활은 어떠한가? 우선 이민 1세대 네팔여성들은 모두 영국군 용병의 아내들로 군대 대우대로 남편을 따라 홍콩에 와 군영 안에 거주했다. 군대 내에서 남편의 계급이 높을수록 그녀들이 홍콩에 머무는 시간이 더 길었다. 그러나 군대 계급이 낮은 용병이 상대적으로 많았기 때문에 일반적으로 이들 아내들은 모두 홍콩에서 2년 동안 거주하고 한두 명의 아이를 낳았다. 그녀들은 모두 스무 살 내외의 젊은 아내이고 친척 방문 기간 후 어린 아이를 데리고 네팔로 돌아간다. 후에 그녀들은 일반적으로 남편 측 집에 거주하거나 도시에 새 집을 마련해서 식구들을 데려와 같이 거주하기도 하면서 남편과의 상봉을 위한 길고 긴 기다림을 시작한다. 우리가 본 현상은, 여성들이 이민혼인으로 인해 원래의 사회네트워크를 떠나 홍콩으로 왔다가 2년 후 네팔로 돌아가는데도 오히려 여전히 원래 사회네트워크를 떠나 있다는 것이다. 젊은 여성 혼자서 어린 아이를 데리고 장기적인 분리가족을 형성하고 있다.

홍콩에 와 남편을 방문하는 기간 동안 이들 용병 아내들은 남편과 함께 군영 안에 머문다. 그녀들은 평소에 군영 밖으로 나갈 수 없기 때문에 홍콩 도시 구역 내에서는 그녀들의 종적을 볼 수 없다. 그녀들은 홍콩 주민이 아니기에 거주권이 없고, 일할 권리도 없어 군영 밖에서 아르바이트를 할 수 없다. 오직 주말이나 남편이 휴가일 때만 그녀들을 데리고 나오는데 일반적으로 일주일에 한 번 나올 수 있다. 부대 안에서 그녀들은 비록 군인은 아니지만 군인과 마찬가지로 많은 군대의 생활 규정들을 지켜야 했다. 그녀들은 군의 대외 이미지를 대표하고 네팔인의 문화도 대표한다고 여겨지기 때문에, 그녀들은 반드시 옷차림을 깔끔히 하고 네팔 전통의상인 사리를 입어야 했다. 이렇게 일종의 정체성 표현문제가 생산됐다. 참군한 네팔인은 주로 구룽족인데, 구룽족 여성들의 전통 민족복장은 사리가 아니다. 하지만 영국군관의 개념 속에는 네팔여성들이 입는 것은 인도여성이 입는 것과 같이 모두 사리다. 때문에 사리를 입어야 한다는 규정을 만들었고 사리가 네팔여성의 '제복'이 되게 했다. 네팔남성에 대해서는 임무시간 외에 '전통의상'을 입게 하는 규정이 없었다. 분명하게 이것은 일종의 외재 권력을 여성의 몸에 전가하는 훈육이다. 연구자의 면담과정에 한 여성은 이렇게 말했다.

> "장관은 우리 여성들을 병사들과 똑같이 관리해요. 반드시 그의 요구를 들어야 하고 그의 관리를 받아야 하는데, 많은 규정들이 있어요. 그는 우리에게 사리를 입을 것을 요구했어요. 사리를 입어야만 나갈 수 있고 다른 것을 입으면 안 돼요. 그래서 우리는 나갈 때마다 매번 옷차림이 매우 불편해요."

오랫동안 홍콩사람들은 네팔인에 대해 적잖은 오해가 있었는데 그 중 하나는 그들이 인도사람과 똑같다는 것이다. 따라서 네팔인은 홍콩에서 인도인과 비슷한 차별을 받는다. 예를 들면 그들에게 '아차(亞差)'라는 비하의 칭호를 써

운다. 사실상 영국인은 네팔인과 인도인의 복장에 대한 통제와 요구를 통해 홍콩에서 이 두 민족집단에 대한 전형적인 인상을 만들어냈다. 이런 민족집단에 대한 오해는 옷차림의 외관뿐 아니라 기타 문화영역에서도 똑같이 발생하고 있다. 예를 들어 음식습관에 대해 오늘날까지 많은 홍콩인은 아직도 인도인과 네팔인들이 카레만 먹는다고 생각하며 그 두 문화의 요리 사이의 차이를 구분해내지 못한다. 이런 여러 가지는 홍콩 정부의 남아시아 민족집단에 대한 무지와 광범위한 차별을 반영한다. 이런 문제들은 뒤에서 논의할 것이다.

지금 이 네팔인 아내들의 처지로 돌아가보자. 그녀들은 홍콩에서 2년간 거주한 후 네팔로 돌아가지만, 보통 다시 산재지구에 있는 전통 집으로 돌아가기를 원하지 않고 대도시에 서양식 집을 사서 현대화된 생활을 하며 지낸다. 이런 상황은 또 남편의 군대 내 계급이 비교적 높고 홍콩에서의 체류기간이 비교적 긴 여성일수록 더욱 뚜렷하게 나타난다. 그런데 군대 내 계급의 높고 낮음을 떠나 용병은 대략 16년 동안 일을 해야 퇴역하게 되는데 이 기간 동안 해외의 여러 지역에서 복역하게 된다. 다시 말해 이 아내들은 귀국 후 평균 14~16년이라는 기간 동안 남편과 장기적으로 떨어져 있으며 남편 얼굴 한번 보기가 쉽지 않다. 남편이 집으로 돈을 부쳐 올 것이고, 이는 온 식구의 생활에 근심걱정이 없을 만큼 충분하다. 하지만 일상생활에서 아내는 혼자 아이를 데리고 네팔에서 생활해야 하기 때문에 실제로는 혼자서 남편이 부재한 부계가족을 지탱하고 있다.

이는 곧 다른 한 가지 현상이 나타나도록 했는데, 2세대 네팔인들의 경우 그들의 성장환경이 어머니 세대의 성장환경과 매우 다르다는 것이다. 어머니 세대는 산재구역의 농촌에서 성장했고 교육 정도가 상대적으로 낮아, 종종 교육이라고 할 것도 없고 일부가 초등학교를 다닌 적 있다. 그녀들이 익숙한 것은 전통적인 양육방식인데 상향사회로의 이동의 욕구는 그녀들로 하여금 2세대에게 매우 다른 성장 환경을 제공하게 했다. 남편의 수입이 상대적으로 높기 때문에 그들의 자녀는 도시에서 비교적 비싼 사립학교에 다닐 수 있고 영어를 아주 잘한다. (네팔에서 조사할 때 5, 6학년 초등학생들은 연구자와 매우 유창한 영어로 응답할 수 있었고, 면담 중에 연구자를 위해 통역도 해줄 수 있었다.) 그러나 국가의 통치문제로 인해 그들은 네팔에서 일자리를 찾을 수 없어 수입이 거의 없었다. 이렇게 많은 공부를 했는데도 보람이 없다. 이 네팔 아이들은 비록 홍콩에서 태어났지만 어려서부터 네팔에 돌아가 생활했기 때문에 모두 광동어를 할 줄 모르고 중문을 읽거나 쓸 줄 모른다. 단지 홍콩에서 태어났기 때문에 그들은 홍콩 거주권이 있을 뿐이다. 따라서 1997년 홍콩 반환 5년 전인 대략 1992년부터 1997년 동안 그들 중 많은 사람들이 이주혼인을 통해 홍콩으로 이민 왔다. 이 2세대들이 다시 홍콩으로 이민 왔을 때는 그들의 어머니와 매우 달랐다. 그들의 어머니들은 용병에게 시집왔기 때문에 홍콩에 단기 이민을 온 것으로 비교적 수동적 상태에 처해있었지만, 2세대들은 바로 홍콩인이고 그들은 출생지로 돌아온 것이다. 그러나 왜 그들은 여전히 이주혼인 형식으로 홍콩에 오는가?

홍콩 반환 후 네팔 용병은 영국군을 따라 떠났다. 하지만 일부 퇴직한 네팔인은 가족들과 홍콩에 남아 생활하는 것을 선택했다. 경제적 능력 부족으로 그들이 정주한 지역은 일반적으로 시 중심과 멀리 떨어지거나 비교적 허름한 지역인데, 주택 임대비가 상대적으로 싸기 때문이다. 일부는 서로 돌볼 수 있도록 원래의 군영 부근에 집단 거주했다. 비록 홍콩이 지역은 작지만, 거주 장소는 주변 집단이 얼마만큼의 사회적 자본을 효율적으로 획득할 수 있는지에 대한 영향은 큰 곳이다. 왜냐하면 시 중심과 멀리 떨어져 거주하면 그녀들의 공공 참여 기회가 상대적으로 적게 되고 사회계급과 사회자원 획득의 악순환을 형성하기 때문이다. 네팔여성에게 있어서 성별은 중층으로 이중 주변화되는 독특한 곤경에 처하게 했다. 예를 들어 사회서비스단체에서 주최한 광동어반은 네팔인이 문화자본을 늘려 교육과 취업기회를 높이도록 도와주는데, 주최단체는 종종 언어반에 참가하는 사람이 모두 남성이라는 것을 발견하게 된다. 설령 학생들을 위해 교통 도구를 제공했다 하더라도 여성들은 밖으로 나와 참가하기를 원하지 않았다. 원인을 알아보니 이런 학습반은 보통 저녁에 수업을 하는데 저녁은 바로 여성들이 식구들을 위해 밥을 하고 아이들을 돌볼 때였다.

게다가 이런 활동에 참가하는 사람들이 모두 남성이다 보니 여성이 와서 참가하면 부덕(婦德)을 안 지키는 것이 되고, '양가부녀(良家婦女)'가 하는 행위가 아닌 것처럼 보일 수 있기 때문이다. 이 사례로부터 우리는 소수민족 여성이 직면하고 있는 문제가 다차원적이라는 것을 볼 수 있다. 우선 효과적인 정보전달 통로가 부족하다. 그녀들은 자신들이 이용할 수 있는 사회자원이 어디에 있는지 전혀 모른다. 다음은 설령 알고 있다 하더라도 반드시 이용하는 것은 아니다. 왜냐하면 민족적 가치관과 규범으로 인해 반드시 본분을 지켜야 하며 그렇지 않으면 집단 내에 발붙일 수가 없기 때문이다. 셋째, 여성의 가족책임의식이 강하여 자신을 가사노동 역할에 한정시키기 때문에 젠더계급을 벗어날 수 없고 변화의 의미와 효과도 보지 못한다.

하지만 사회변화는 막을 수 없는 것이다. 홍콩에 있는 네팔인 3세대 인구 수가 갈수록 많아지고 있다. 표면적으로 볼 때 그녀들은 1세대, 2세대 여성들과 매우 다르고 옷차림도 서구화 되었다. 많은 3세대들은 여전히 네팔에 돌아가 생활한다. 왜냐하면 그들의 부모는 홍콩에서 직장에 다니느라 그들을 보살필 시간이 없어 그들을 고향에 보내 조부모가 돌보도록 하기 때문이다. 홍콩에 남아 있는 네팔 3세대들은 홍콩 주류학교를 다니는 것이 아니라 소수 민족을 위한 지정 학교에 다니며 영어로 공부하고 있다. 그들은 네팔문화와 역사에 대해 모두 아는 게 별로 없다. 그들은 네팔 원생문화에도 속하지 않고 홍콩의 '화인' 문화에도 속하지 않는다. 문화적으로 그들은 일종의 주변 상태를 형성하고 있다.

교육과 취업의 상호작용 속에서 3세대의 내담자 여성들을 비교해보면, 1세대는 기본상 교육이라고 말할 것도 없고, 2세대는 교육수준이 많이 높아져 보통 다 중학교 과정을 마치고 일부는 네팔에서 대학 학사 학위를 따냈다. 하지만 학력이 어떠하든지 막론하고 그들의 경력은 홍콩에서 인정받지 못해 이상적인 일자리를 찾을 수 없다. 더욱이 학력이 낮은 집단은 모두 수입이 적고, 지위가 낮고, 안정성이 낮은 '3저' 업종에 집중되어 있는데, 예를 들어 유치원 교사, 청소부, 건설현장의 잡역부 등이다. 민족적 배경이 여성의 취업 경향에 영향을 주어 그녀들로 하여금 악성 업종에 한정 되도록 하는 것을 볼 수 있다. 또한 그녀들의 성별은 그녀들을 소위 '여성적' 업종으로 유도하고 돌봄자의 역할로 나타나게 한다.

취업문제 외에 네팔여성이 홍콩에서 좋은 아내 역할을 하고 한 가족을 잘 운영하는 것도 쉽지 않다. 왜냐하면 부부는 결혼 전에 서로 이해가 부족하고 심지어 서로 알지 못한 채 이민혼인 후에 홍콩으로 이민해 온 것이기 때문에 함께 지내면서 적응하는데 많은 어려움이 있다. 게다가 소수민족으로서 그들은 가족의 경제 부담에 직면해야 하고 일상생활에서 주류사회의 차별에 직면해야 한다. 원가족이 네팔에 있기 때문에 원래의 사회적 지원네트워크가 모두 작용을 발휘할 수 없다. 여성은 또 가구 내 역할로 규정되어 공공참여가 부족하고 보편적으로 사회적 자본이 부족하다.

아래 비나의 예를 들어 설명해보자. 그녀는 서른이 갓 넘은 여성인데 아버지는 전 용병이었다. 그녀는 어머니의 안배 하에 고향사람과 결혼을 해 곧 홍콩에 왔다. 그녀가 직면한 많은 문제 중 우선 직면해야 했던 것이 바로 가정폭력이었다. 남편은 직장에서 눈치를 받고 사업이 순탄하지 못하자 집에만 오면 술 마시고 술 취하면 늘 그녀를 때렸다. 연구자가 그녀에게 이 문제를 어떻게 대응하는가 물었을 때 그녀는 이것은 매우 사적인 문제고 또 집안의 허물은 밖으로 드러내서는 안 되기 때문에 단지 어머니나 자매들한테 하소연하지 사회복지기구에 가서 도움을 청할 계획도 없었고 경찰에 신고하는 것은 더 말할 나위도 없었다고 말했다. 그녀는 가정폭력 문제를 개인화하여 가족 내에 국한시켰다. 알다시피 사실상 가족은 그녀에게 아무런 도움을 줄 수 없다. 여성들은 네팔인 조직에 가서 도움을 청하지도 않는다. 왜냐하면 비록 네팔인 조직이 매우 많지만 이런 조직들은 단지 오락 성격의 활동, 예를 들어 불고기 파티, 영화 상영 등의 활동만 개최하기 때문이다. 여성들을 도와 가족 모순을 해결해주는 조직이 없다. 뿐만 아니라 이런 소위 문화조직은 모두 남성들이 가는 곳이라 여성들은 대개 가지 않는다. 따라서 그녀들에게는 기본적으로 도움을 청할 곳이 없다고 할 수 있다. 어떤 여성이 가정폭력 때문에 경찰에 신고했는데 현장 출동 경찰은 흔히 젠더의식이 없어 늘 가정폭력을 집안일로 규정하고 그냥 좀 설득하다 신고자를 집으로 보낸다.

네팔여성에 대한 가족과 혼인의 영향을 보자. 연구조사 중 20여 명 내담자의 혼인은 모두 집에서 안배한 것이고 그녀들은 이에 대해 달갑게 받아들인다고 했다. 이론적으로 볼 때 우리가 반드시 구분해야 할 것은 안배혼인은 사실상 많은 유형이 있다는 것과 그 특징과 표현 형식은 모두 다양하다는 것이다. 만약 소위 안배혼인을 한 개의 연속체로 이해한다면, 한 극단은 사람의 선택부터 혼인 후의 생활 안배까지 전체 과정을 모두 가장이 결정하는 것이고, 다른 한 극단은 딸이 원래 이미 어떤 남성을 알고 있었는데 남자 측에서 여자 집에 혼담을 꺼내 여자 측 가장의 동의를 얻은 후 결혼을 하는 것이다. 두 양 극단 사이에는 많은 다른 유형의 가장 참여가 포함된다. 예를 들어 가장이 어떤 사람이 좋은 대상이라고 생각되어 딸에게 그 사람과 알고 지내도록 격려하고, 일정 기간 왕래 후 혼례를 치러준다. 그러나 어떤 종류의 안배혼인이든지 막론하고 공통점은 안배혼인은 어머니를 통해 수행된다는 것이다.

그 중 비교적 극단적인 예 하나를 들어보자. 고등학교를 다니던 내담자가 어느 날 방과 후 집으로 돌아갔는데 어머니가 그녀에게 이미 그녀를 위해 결혼 상대를 물색해놨다면서 3일 후 결혼하고 남편을 따라 홍콩으로 이민을 가라고 했다. 홍콩으로 이주한 후 안배혼인과 그녀의 교육(수준)과의 관계는 매우 뚜렷하게 부각되었다. 이민혼인은 여성들의 교육받을 기회를 단절시키기 때문에 그녀들의 경력 발달에 대한 동경을 중지시킨다. 연구자의 또 다른 한 내담자는 원래 카트만두의 한 전문대학에서 상과(商科)를 다니고 있었는데 회계사가 되는 것이 꿈이었고 일본에 가서 사업을 하고 싶어했다. 그러나 홍콩에 시집온 후 한 이류 초등학교에서 교사를 할 수밖에 없었다. 우리는 이런 예에서, 첫째는 혼인안배에서의 어머니의 역할과 가족 역할의 중요성, 둘째는 네팔여성은 자신의 생명과 전망에 대해 흔히 일종의 숙명론을 갖고 있으며 매우 수동적인 태도를 취한다는 것을 볼 수 있다.

상술한 내용을 종합하자면, 이주혼인은 여성의 생애궤도에 막대한 영향을 미친다. 1세대 네팔여성들은 군영에 갇혀있었기 때문에 밖으로 나와 취업할 수 없었고 자기발전의 기회도 부족했다. 1997년 홍콩이 중국에 반환된 후 2세대 네팔인은 모두 홍콩시민이기 때문에 사회에서 취업할 수 있었지만, 그녀들은 전도 유망한 일자리를 찾을 수 없었고 대부분 가사노동을 전담 할 수밖에 없었다. 일자리를 찾았다 하더라도 일반적으로 가사와 관련 있거나 매우 '여성화' 된 업종인데 특히 돌보는 역할이었다. 유아를 돌보고, 혹은 초등학생 과외를 하고 유치원 교사, 미용사, 이발사도 있었다. 그녀들은 돈을 좀 번 후에 작은 장사를 원하기도 하는데, 예를 들어 네팔 특유의 액세서리 파는 가게나 작은 미용실을 열어 고향사람을 대상으로 장사를 하는 것이다. 네팔여성은 타향에서 안배혼인과 이주혼인에 대해 반항할 수 없는 것이 아니라 그녀들이 진정으로 반항을 제기하지 않은 것이다. 여러 가지 상황을 따져본 후 여성들은 이것이 비록 일종의 강요당한 선택일지라도 여성에게는 가장 좋은 선택이라고 생각한다.

3. 네팔이주여성의 다양성

이중 주변화라는 곤경에 직면해 네팔여성들은 천명에 따르면서 부계가족의 연속을 중복하고 있는가? 아니면 개인의 능력을 발휘하여 자신과 다음 세대 여성을 위해 다른 환경을 창조하고 있는가? 면담결과를 놓고 볼 때 사실 이주혼인 여성들은 경력이 다양하다. 비록 그들이 직면한 어려움은 체계적인 공통점이 있지만, 개인의 기회와 행위 선택으로 인한 차이도 있었다. 본 연구는 이런 여성들의 다른 경험과 다 방면의 행위성(능동성)을 힘껏 드러내고자 도모한다.

우선 여성의 행위성부터 얘기해보자. 여성은 네팔 가부장제도의 중요한 구성 부분이고 사실상 그녀들도 가부장제도의 지속에 참여했다. 그러나 홍콩에서의 이민자 생활은 네팔여성들로 하여금 새로운 사회자원을 찾아내어, 자신을 위해 예전에 몰랐던 권리를 쟁취하도록 했다. 혹은 원래의 문화경계를 모호하게 만들어 과거에는 없었던 사회공간을 협상해내도록 했다. 그 중 그녀들은 자신이 홍콩인이라는 것, 홍콩시민으로서 응당 갖고 있어야 하는 권리를 행사하는 과정에 자신과 아이들의 운명을 변화시킬 수 있다는 것을 깨달은 것 보다 더 뚜렷한 것이 없다. 여기서 우리는 네 가지 다른 차원을 볼 수 있다. 우선은 가부장제도 안에서 수동적인 사람으로서, 다음은 사회에서 새로운 자원을 개발하고, 그 다음 자기를 비롯해 여성들을 위해 공간을 확장하고, 그리고 홍콩시민으로서의 권리를 쟁취하는 것이다.

아래 예를 하나 들어보자. 산디는 홍콩에 이민 오기 전에 홍콩에 친척이 한 명도 없었기 때문에 매우 두려워했다. 그녀의 아버지는 용병이었고, 그녀는 홍콩에서 태어나 홍콩 거주권을 갖고 있었다. 그녀의 집안 식구들은 그녀 자신의 앞날과 집안 식구들의 생활을 개선할 수 있도록 그녀에게 이주혼인을 통해 홍콩으로 갈 것을 제의했다. 하지만 그녀는 혼자서 홍콩에 가는 것은 매우 불안전하다고 생각했다. 하나는 외지에서의 인신의 안전을 걱정했고, 둘째는 다른 사람들이 그녀에 대해 관리해주는 가족이 없는 양가부녀가 아니라고 험담할까봐 걱정했다. 그래서 산디는 6개월 동안 알고 지낸 사람과 결혼했다. 홍콩에 와서야 남편이 원래부터 도박을 즐겼고, 직업이 없는 남동생이 있다는 것을 발견했다. 그녀는 자신은 아내이자 큰 누나로서 반드시 집안 식구들을 먹여 살려야 하고 두 동생을 돌봐야 한다고 생각해서 일자리를 찾으러 나갔다. 홍콩에 온 지 사흘째 되던 날 그녀는 침사추이(尖沙咀) 지역의 한 맥도날드 가게에 가서 매니저를 설득해 아르바이트 자리를 얻어냈다. 4개월 정도 아르바이트를 한 후 그녀는 또 부근의 비교적 고급인 미국 레스토랑 〈Ruby Tuesday〉에 가서 종업원을 했다. 이어 그녀는 또 한 건설현장에 가서 작업반장을 했다. 그녀는 "비록 일이 매우 힘들지만, 매일 400위안의 수입이 있어요."라고 말한다. 아이를 낳은 후 다시 현장에 나가 일할 수 없어서 그녀는 술집 객실부문에서 아르바이트를 했다.

분명히 산디는 경영을 잘하는 사람으로서 매우 빠르게 사회적 네트워크를 발전시켜 사회자원들을 파악할 수 있었다. 이런 자원들은 원래 그녀가 속해 있던 네팔 원생 가족에서 그녀에게 제공해준 것이 아니라, 그녀 스스로 지구화 이념을 이용해 생산해 낸 새로운 자원이었다. 지금 우리는 모두 지구화를 비판하고 있지만, 여성들에게 있어서 지구화는 좋은 역할을 하기도 한다. 산디는 종업원이라는 이런 새로운 것이 어떠한 것인지를 알고 있다. 이밖에 그녀는 끊임없이 자신의 사회적 자본을 늘리고 있었다. 또한 그녀는 비록 일이 매우 바쁘고 힘들지만 자주 노인센터에 가서 자원봉사를 하고 있었다. 왜 이렇게 해야 하는가? 그녀는 반드시 주류사회에 융합되어 들어가야 한다고 생각하며, 일하는 곳에서 마다 반드시 자신의 사회적 네트워크를 넓혀야 한다고 생각한다. 그녀는 이런 과정을 통해 끊임없이 자신을 위한 공간을 늘리고 있었다. 지금 그녀는 미용사 공부를 하고 있는데 미용사 교습을 받을 뿐 아니라 다 배우고 나서 남아시아 여성에게 가르치고자 한다. 그녀는 지금 남편과 이혼했다. 이혼은 네팔여성들이 일반적으로 이용할 수 없는 방법이고, 네팔에서 사람들은 일반적으로 이혼할 수 없다. 그러나 그녀는 홍콩에서는 홍콩인으로서의 권리를 이용할 수 있다고 생각해 이혼장을 제출하였다. 홍콩에 오기 전 그녀는 여성들이 홍콩에서는 자유가 없고 결혼을 해야만 홍콩으로 올 수 있다고 생각했는데, 홍콩에 온 후 그녀는 자신의 이런 생각이 완전히 틀렸다는 것을 발견했다. 그녀는 한 여성의 경우 홍콩에서 실은 매우 많은 자유가 있다는 것을 느꼈다. 그녀는 공부 과정을 끝낸 후 미용실을 열 생각이고, 뿐만 아니라 기타 남아시아 여성들에게도 스스로 강해지도록 가르치고자 한다.

연구자는 산디의 사례를 통해, 국경을 넘는 이민 과정에서 여성은 단지 수동적 역할로서가 아니라 행위성이 매우 높은 개인이며, 이런 사회문화적 자본들을 이용할 뿐 아니라 끊임없이 강화하여 자신의 사회네트워크를 넓힌다는 것을 설명할 수 있다고 본다. 자원봉사자의 한 명으로서 그녀는 자신을 위해 돈을 벌 뿐만 아니라 그녀가 생활하고 있는 그 주류사회를 위해 공헌을 하고 있었다. 연구자가 "당신이 홍콩에서의 생활이 순조롭지 않을 때, 정부가 당신을 위해 어떤 일을 해야 한다고 생각합니까?"라고 물었을 때 보통 여성들은 "별 요구가 없어요, 좋아요."라고 대답하는데, 산디는 비교적으로 특별했다. 그녀는 "첫째, 정부는 자신과 같은 독신여성, 한부모 어머니에게 복지주택을 제공해줘야 하고, 둘째, 여성들을 위해 중국어반을 열어야 하고, 셋째, 유아들을 돌보는 비교적 저렴한 시설들을 제공해야 한다."고 말한다.

이 말은 또한 아래에서 이야기하고자 하는 다른 점을 상기시킨다. 비록 여성들이 자원을 파악할 수 있는 하나의 개체이지만 사실상 아직도 가족 내 일원이라는 역할에서 벗어날 수 없고 그녀의 가사 책임감은 아직도 매우 강하다는 것이다. 커리의 예를 들어 설명해보자. 커리는 원래 네팔에서 장전불교를 믿었고 19세 때 지금의 남편에게 시집오면서 남편을 따라 홍콩에 왔다. 남편의 아버지는 원래 용병이였는데 1997년 후 부대를 따라 귀국하지 않고 홍콩에 남아 기독교 목사가 되어 한 작은 교회를 관리하고 있었다. 따라서 커리도 홍콩에 온 후 종교를 기독교로 바꿨다. 연구자가 그녀에게 왜 바꿨냐고 물었을 때 그녀는 "모두 상관없어요. 어쨌든 저의 시아버님이 좋아하니까."라고 대답했다. 사실 그녀의 변화는 사상의 변화나 혹은 신앙의 변화가 아니라 비교적 분명한 것은 가족의 필요에 따른 변화라는 것이다. 그녀는 가족의 화목을 위해 자신도 종교를 기독교로 바꿔야겠다고 생각했다. 둘째는 그녀의 일자리 문제다. 그녀는 원래 인근의 한 레스토랑의 작은 바에서 바텐더 일을 했는데, 남편과 시아버지가 바에서 얼굴을 노출하는 이런 일자리를 싫어해 결국 그녀에게 다른 일자리를 찾아주었는데 공장 청소부였다. 그녀는 일할 때 큰 수건으로 머리를 감싸고 그 위에 밀짚모자를 쓰고 있어 기본적으로 눈만 보일 뿐이다. 연구자는 이 상태가 매우 상징적 의미를 갖고 있다고 생각한다. 첫째, 집안의 남성들은 그녀가 하는 일이 양가집 규슈로서 응당 해야 하는, 여성으로서 비교적 적당한 일이기를 요구했다. 즉 청소하는 일, 돌보는 일처럼 그녀가 원래 집에서 하는 가사와 비교적 비슷하다. 둘째, 여성은 바에 드나들어서는 안 되고, 공장에서 일하면 비교적 정직하다는 것이다. 청소를 할 때 그녀는 기본적으로 온 몸을 다 가리는데, 이는 바로 그녀의 사회 정체성도 기본적으로 가려 버려 우리는 모두 그녀가 누군지를 모른 다는 것이다.

다른 한 예는 만누다. 그녀도 불우한 혼인에 직면했지만 이혼을 하지 않고 끊임없이 인내해 나가는 것을 선택했다. 그녀는 기실 모든 여성의 혼인 후 경험은 모두 이렇다고 생각한다. 그녀의 모든 여자 친구들도 다 이렇게 참아낸 것이다. 만누가 유일하게 한번 반항했을 때는 자신을 위한 것이 아니라 그녀의 딸을 위해서였다. 한 번은 딸이 눈이 아파 그녀는 딸을 데리고 병원에 갔는데 만누는 영어만 할 줄 알고 광동어를 할 줄 몰라 병원의 간호사와 커뮤니케이션을 잘 할 수 없었다. 결국 딸아이의 병이 제대로 치료되지 못 하자 그녀는 "이건 안 되죠. 나는 참을 수 있지만 아이는 참을 수 없죠."라고 말했다. 그래서 그녀는 의사를 찾아 영어로 도리를 따졌고, 후에 아이의 병은 나아졌다. 이것은 그녀의 유일한 단 한 번의 반항이었다.

위 몇 사례를 통해 우리는 대부분 여성의 생활은 모두 가족의 수요를 에워싸고, 모두 남편의 가족을 에워싼 생활이라는 것을 볼 수 있다. 그러나 일상생활 속에서 그녀들은 집에만 남아 있을 수 없고 반드시 가족 밖에 나가야 했다. 그녀들의 생활 상태는 비록 부계가족의 영향을 받고 시부모들의 제한도 받지만 사실상 그녀들이 파악할 수 있는 시간과 공간은 그래도 넓힐 수 있는 것이다.

3세대 네팔여성들은 성장하고 있는 중인데 성장할수록 그녀들의 독립적 인격은 갈수록 뚜렷해진다. 옷차림에서도 이런 상징적 의미를 볼 수 있다. 예를 들어 명절이나 축제에 참가할 때 그녀들은 자신이 네팔인이라는 것을 의식하지만 축제활동에서 그들은 자신이 완전히 네팔인이 아니라는 것도 의식한다. 3세대들은 축제 때 종종 활동 배후에 있는 종교적 의미를 무시하고 단지 재미있다고 생각한다. 그녀들이 입은 옷은 더는 전통복장이 아니고 어떤 여성은 심지어 중국 치파오(qipao, 旗袍: 원래 만주족 여성들이 입는 전통복장인데, 후에 중국의 여성전통복장으로 보편화됨. 역자주)에 청바지를 입는다. 그녀들은 이런 옷차림이 적합하다고 생각하는 전통적 요구에도 부합되고, 또 단지 전통을 단순히 반복하는 것만도 아니고 돌파하는 지점도 있기 때문이다. 이런 상황에서 우리는 이러한 전환이 갈수록 뚜렷해지고 있음을 볼 수 있다.

4. 외적 요소

홍콩정부의 네팔인에 대한 정책은 어떠한가? 100여년의 식민역사 속에서 정부의 통치관은 경제발전이 바로 사회발전이라고 생각하면서 지금까지 문화적 다양성 문제를 중시하지 않았다. 2006년에 많은 사회공직자들은 갈수록 사회복지기구에 와서 도움을 청하고 일부 사회자원을 지원받기를 원하는 남아시아계 사람들(인도인, 네팔인, 파키스탄인 등을 포함)이 많아지고 있다는 것을 발견했다. 그래서 사회공직자들은 고민하기 시작했다. 홍콩의 복지정책은 이런 소수민족의 필요에 부합될 수 있는가? 다른 한 요소는 인구 수로 볼 때 화인의 출생률이 끊임없이 낮아져서 평균 한 쌍의 부부가 0.8~0.9명의 아이를 낳게 되어 인구의 마이너스 증가 현상이 나타났다는 것이다. 그러나 남아시아계 인구 증가율은 14%로 양자의 격차는 매우 컸다. 따라서 홍콩정부는 소수민족계와 주류사회 간에 모순이 발생할 수도 있다고 느꼈고, 2006년부터 인종차별조례(the Race Discrimination Ordinance)를 기획하기 시작해 2008년에 공포했다. 그러나 이 조례가 있을지라도 사실상 입법자는 홍콩의 종족문제에 대해 잘 알지 못한다.

본 연구에서 연구자는 이런 시각을 제기하고자 한다. 즉 모든 인종차별조례나 정책이 공포되기 전에는 사실 두 가지 일을 할 필요가 있다. 첫째, 영향을 미칠 민족집단과 민족집단관계에 대해 반드시 심도 있는 연구를 진행해야 하는 바, 즉 인류학에서 말하는 심층관찰을 해야 한다. 둘째, 젠더감수성이 있는 연구를 기초로 할 필요가 있다. 반드시 이 두 지점을 정책의 입지점으로 해야 한다. 정책 수립 후 정책 실행 시 소수민족과 여성을 사회복지 수혜자로서나 도움 받는 사람으로서가 아니라 협력 파트너로 봐야 한다. 연구자는 그들을 변화의 파트너로 봐야 한다고 생각한다.

일반적으로 홍콩의 기존 소수민족에 관한 연구는 대개 종교, 축제 등 전통문화에 중점을 둔 연구로, 소수민족을 불변의 상황으로 보고 그들이 자신의 전통문화를 갖고 있다고 생각 해왔다. 100여 년 전 홍콩은 하나의 식민지로서 이런 현상이 아마 존재할 수도 있었다. 그러나 최근 100년 동안 간 초국적 이민이 이미 하나의 매우 뚜렷한 현상으로 되었는데 우리는 아직도 소수민족을 100년 전의 인지 위에 놓을 수 있는가?(주: 홍콩에서 '성별(性別)'은 젠더를 가리키는 것이고, '성(性)'은 생물학적 성차를 가리킨다.) 이외에, 이민 자체가 매우 젠더화된 과정으로 우리는 매우 분명하게 기존의 소수민족에 대한 이해는 모두 남성중심적인 것을 볼 수 있다. 많은 소수민족들의 대외 활동자는 모두 남성이다. 그간 조사의 내담자는 모두 남성이고 우리는 모두 남성의 시각으로부터 이 민족을 이해한 것이다. 인구의 절반을 차지하는 여성에 대해서는 이해한 적이 없다. 이렇게 우리의 소수민족에 대한 이해는 비교적 편파적인 것이다. 이것으로 보아 홍콩에서 소수민족은 단지 주류사회가 그들을 주변화 시킨 것이 아니라 우리가 구성한 소수민족에 대한 인지 또한 주변화 된 것이다. 여성의 경우 그녀들은 주변적 상태에 처해있다. 남성중심의 이해는 여성을 수동적인 사람으로 보며 외국으로 이민해 가는 것은 모두 남성이라고 여긴다. 왜냐하면 일, 사업의 필요에 의해 나온 것은 모두 남성이고 집에서 가사를 하는 것은 모두 여성이기 때문이다. 따라서 여성은 종종 수동적이고, 집에 남아 있는 사람으로 여긴다. 이외에 여성이 국외에 이민을 갔다 하더라도 그녀들을 수동적인 개인으로 본다. 왜냐하면 그녀들은 남편을 따라 출국한 것이고 소위 '남편을 따라가는 아내(trailing wife)'기 때문이다.

비교적 최근 연구는 여성들도 이민 과정에 매우 중요한 행위자라는 것을 발견한다. 이주여성에 관한 연구는 갈수록 많아지고 중요해지고 있다. 그러나 이주여성의 진정한 심층 생활경험에 대한 이해는 아직도 충분치 않다. 특히 구조적 이론의 영향을 받아 비교적 많은 논의들이 "여성은 가부장적 구조 속에서 직면하는 어려움을 돌파할 수 있을까?"라는 문제에 머물러 있다. 하지만 현재 우리는 구조가 운명을 결정하는 시각이 흔들린다는 것을 볼 수 있다. 이 문제는 오직 단일 방향의 이해만이 있는 것이 아니고 이주여성들이 반드시 구조의 제한을 받는다고 할 수 없다. 오히려 우리는 여성의 다양한 계급, 다양한 이민사회에서의 역할과 지위가 모두 차이가 있다는 것을 볼 수 있다.

역할과 지위의 변화 외에 아래 몇 가지 방면에 대해 비교할 수 있기를 기대한다. 우선 원래의 사회문화는 여성들에게 어떻게 요구하는가? 예를 들어 의식형태 상 여성은 어머니, 아내 되기를 요구 받는다. 그러나 일상생활에서 그녀들의 선택은 비교적 많고 역할이 다양하다는 것을 볼 수 있다. 그녀들의 지위도 변화할 수 있는데 어떤 때는 상향 이동이고 어떤 때는 하향 이동이 어떤 때는 상 · 하향 이동 모두 있다. 우리는 지금의 연구가 더욱더 여성자체의 경험, 느낌과 시각, 그리고 그녀들이 어떻게 사회개혁을 이용해 자신들에게 권리를 부여하는지에 대해 더 중시할 것을 기대한다.

정부 측 인구통계를 보면 홍콩의 네팔인은 1만5천 명밖에 없다. 이 1만5천 명은 단지 홍콩 신분증을 가지고 장기 거주할 수 있는 사람을 가리키는 것이다. 실제로 친척 네트워크와 무역의 필요 때문에 홍콩에 거주하고 있는 네팔인은 3만 명에서 4만 명에 이른다. 그들은 매일 홍콩에서 근면하게 일하며 국가 경계 사이를 끊임없이 유동하고 있다. 그들의 생활이 어떠한지 우리는 잘 알지 못 한다. 우리가 겨우 파악할 수 있는 자료는 1948년부터 영국인이 홍콩에 용병을 유입시키기 시작했다는 것이다. 1948년부터 1997년까지 대략 50년 기간 동안 네팔사람은 홍콩에서 주로 영국군 부대 내 일종의 용병으로 존재했다. 영국인 마음 속에서 네팔병사는 매우 존중을 받는다. 영국인이 네팔 침략을 시도했을 때 네팔인과 싸웠는데 결국 영국인이 패배했다. 이 전쟁을 겪으면서 영국인은 네팔인이 흔히 얻기 어려운 전사라고 생각하게 되었다. 군대로서 그들은 규율이 엄격하고 명확하며, 싸울 때는 강하고 용맹스럽다. 그래서 영국인은 그들을 영국군 부대 안으로 유입하여 네팔병단을 구성했다. 현재 전 지구적 영국군 주둔군 부대에는 모두 네팔 병단이 있다. 영국 학자 카플란(Caplan)은 그들을 '전사 신사(warrior gentleman)'라고 부른다. 네팔병사들은 비록 전투에서는 용맹하지만, 일상생활에서는 아주 예의 바르고 말소리가 작고 말투와 태도가 점잖다는 것이다. 따라서 오랫동안 네팔인에 대해 홍콩인은 모두 이렇게 이해하고 있었다. 그들은 용병이고 잘 싸운다. 이 공동체 안에 그 밖에 다른 사람이 있는지에 대해서는 모두 그다지 잘 알지 못 했다. 싸우는 것은 모두 남성이고, 그들은 50년간 끊임없이 홍콩에 거주하며 번식하여 그들의 식구, 그들의 아내, 그들의 아이들도 홍콩에 있게 되었다. 물론 군인이 되는 것 외에 또 다른 업종의 네팔인이 있는데 예를 들어 금 가공 장인, 학교 교사, 레스토랑 요리사 등이다. 그러나 홍콩인은 그들의 생활이 어떤지를 모른다. 네팔인에 대한 이해는 아직도 영국군대가 우리에게 만들어준 상상 속에 머물러 있다.

아래에 또 종족차별문제를 보자. 홍콩정부는 2008년이 돼서야 인종차별조례를 통과하고 인종 간의 융합을 도모하고자 했다. 사실 홍콩 내 민족집단 사이는 줄곧 융합이나 불화라는 것이 없었다. 단지 소수민족에게 관심이 없을 뿐이다. 따라서 이 5% 소수자들의 경우, 비록 그들이 홍콩에서 태어났기 때문에 정당하게 홍콩 주민이어야 하고 그들의 권익이 있어야 하지만, 실제로 주류사회는 그들의 권리를 존중하지 않았다. 홍콩의 한 소수민족으로서, 경제적 문제 이외에 소수민족은 기실 홍콩에서 줄곧 사람들의 인정을 받지 못했고 오랫동안 은폐되어 왔다. 우리에게 있어 소수민족은 홍콩에서 숨겨진 인종집단이다. 교육, 직장, 건강 등 여러 방면에서 그들의 권익은 경시 당했다. 총체적으로 말해, 인종차별조례가 정식으로 공포 된 후 정부는 민족전통명절 등 활동에 대한 경제적 지지와 지원은 비교적 많이 했지만 기타 지원은 매우 적었다. 그런데 소위 민족융합 활동이라는 것은 많은 사람들이 볼 수 있는 공개적인(public) 것이고, 이렇게 하면 많은 사람들이 모두 정부가 뭔가를 하고 있다는 것을 볼 수 있는 것이다. 반면에 정말로 소수민족생활을 개선할 수 있는 기타 범주, 예를 들어 교육, 취업, 건강 등은 관심을 많이 받지 못해 지원 폭이 훨씬 적다. 인종차별조례는 이런 식으로 일종의 정책경향이 형성됐다.

일반적으로 말해, 이 제도는 비화인 소수민족들이 각종 차별을 받지 않도록 보호하기 위해 마련된 것이지만 실제로 이 조례가 큰 효과를 보였다고 볼 수 없으며 특히 여성에게 큰 효과를 보이지 못했다. 홍콩의 젠더연구를 하는 학자들은 이 조례가 소수민족여성들이 직면하고 있는 비교적 특수한 문제, 즉 그녀들이 집안에서 어떻게 제한과 억압을 받는지, 예를 들어 전통풍습이 어떻게 그녀들에게 집에 남아 아내와 어머니 역할을 하게 했는지 등에 대해 초점을 맞추지 않았음을 지적했다. 가족이 어떻게 그녀들이 밖으로 나와 사회문화공간을 이용하지 못하도록 제한하는지, 그 어려움에 대해서는 지속적으로 귀 기울이지 않은 것이다. 이런 점에서 볼 때 이 조례는 비교적 실패한 것으로 평가할 수 있다. 다른 한 지점은 설령 이 인종차별조례가 있을지라도, 이것이 법률적으로 사람을 차별하는 사람들은 징벌할 수 있겠지만 어떻게 본격적으로 지속 가능한 변화를 추진할 수 있는지에 대해서는 전혀 방법을 제시할 수 없다는 것이다. 조례는 단지 소극적으로 차별을 해소하려는 행위일 뿐 능동적이고 심도 있는 문화적 개선을 시도하지 못했다.

5. 연구에 대한 생각

마지막으로 홍콩에서의 네팔이주여성 세대 전환 상황을 정리해보자. 재작년에 나는 네팔인 설 명절 활동에 참석하여 재미있는 현상을 관찰할 수 있었다. 무대 위 합창단에는 1세대 조모들만 있었고 앞줄은 모두 손녀들이었는데, 흥미로운 것은 2세대가 안 보이는 것이다. 어디 갔을까? 1세대와 3세대가 설 명절의 즐거움을 누릴 때 2세대는 여전히 직장에 나가거나 축제 물품들을 챙기고 있었다. 3세대 가운데 2세대 네팔여성들이 직면하고 있는 어려움이 가장 많고, 동시에 그녀들이 직면한 변화도 가장 많으며 전환할 수 있는 자발성과 행위성도 가장 강하다.

2세대와 3세대 네팔여성들은 몇 가지 비교적 뚜렷한 특징을 갖고 있었는데 첫째, 비교적 익숙한 체계를 이용할 수 있었다. 예를 들어 네팔에서 비교적 익숙한 양쪽 가족이 그녀들에게 주는 도움 등이다. 또한 홍콩에서도 일부 새로운 환경 자원을 이용할 수 있었다. 둘째, 국경을 넘는 공동체로서, 그들이 중간인과 핵심인으로서 어떻게 가족 조건 개선을 추진하는지, 그리고 어떻게 주위 사람들의 생활을 개선하는지, 이 과정에서 그녀들은 억압받는 제2의 성이 아니라 자신과 공동체, 자신의 나라를 개선할 수 있는 국경을 넘어 이동하는 사람이었다. 셋째, 그녀들은 모두 새로운 테크놀로지를 이용할 수 있다. 핸드폰, 인터넷 등 테크놀로지를 통해 새로운 상황을 파악할 수 있었다. 넷째, 종족 통혼이 비교적 뚜렷했다. 3세대들은 다른 민족과의 혼인이 좀 많아졌다. 일반적으로 네팔여성이 네팔이 아닌 남성에게 시집가는 경우가 비교적 많고 반대인 경우는 비교적 적으며, 수직 상승 이동이 상대적으로 비교적 뚜렷하다.

우선 우리도 주류사회 홍콩인으로서 일정 정도 사회적 책임을 져야 한다. 우리는 문화적 다양성이 일종의 부담이 아니라 우리의 자산이라고 생각할 수 없는가? 이 개념은 매우 중요하다. 둘째, 서로 다른 종족의 개인을 대할 때, 그들의 시민으로서의 권리로, 우리는 진정으로 그들을 존중할 수 있는가? 아니면 단지 그들을 비교적 저속하다고 생각해서 그들을 도와야 하는 일종의 시혜적 입장인가? 필자는 이런 태도는 시급히 시정되어야 한다고 본다. 우리는 이것은 그들의 권리이고 그들이 응당 누려야 할 것이라고 생각해야 한다. 셋째, 특히 소수민족 여성의 경우, 그녀들의 공공 범주 안에서의 공간을 확장할 필요가 있다. 넷째, 어떻게 확장할 것인가? 어떻게 그녀들의 필요에 부합할까? 우리는 또한 그녀들을 우리의 파트너로 여겨야 한다. 마지막 하나는, 홍콩에서 '화인'을 중심으로 하는 민족중심주의가 매우 뚜렷하고 중산계급 의식이 매우 강하다는 것이다. 비화인, 비중산 계급은 종종 차별 받는 집단이다. 따라서 새로운 인종 정책을 제정할 때에 우리는 또 다시 우리가 이런 화인중심주의, 중산계급중심주의로 정책을 제정하고 있지는 않는지 다시 자세히 살펴봐야 한다.

마지막으로 우리의 연구가 정책 추진이나 소수민족여성들을 이해하는 데만 머무르지 말고 이론적 변화를 추진하기를 기대한다. 예를 들어 여성문제, 빈곤문제, 소수민족 정체성 문제에 대해 여러 방면의 이론을 통합하여 추진할 수 있지 않을까? 여성의 역할에 대해 새롭게 이해해야 하지 않을까? 즉 단지 수동적인 것이 아니라, 능동적인 것, 혹은 어떤 때는 수동적이고 어떤 때는 능동적인 것이라고 이해하는 것이다. 이른바 관념이라는 것과 사회집단 분리라는 것은 사실은 매우 인위적인 것이다. 이러한 개념이 반드시 서로 모순적이지만은 않다. 어떤 때는 공존할 수 있는 것이다. 우리가 한 개인을 볼 때 우리는 종종 오직 각 개인만을 본다. 사람은 각각 개인으로서 특징을 갖고 있지만 실제에 있어서 개인과 개인 간에 형성한 네트워크는 종종 그들의 사회생활이 형성되는 가장 기본적인 조건이다. 따라서 반드시 그 중요성을 다시 제기해야 한다.

우리는 이론적으로도 연구를 많이 해야 한다. 이른바 지구화에 대해 우리는 단지 경제, 변화, 발전, 소비 등의 방면만 연구할 것이 아니라 심도 있게 이해를 해야 할 필요가 있다. 반드시 그것을 개인, 가족, 여성의 역할과 지위 차원에까지 심화시켜 이해해야 한다. 여성의 역할, 지위가 변하는지 안 변하는지를 이해하고 이론적으로 많은 연구를 해야 한다.

6. 결론

본 논문은 네팔이주여성들이 홍콩에서 직면하는 보편적인 문제들을 서술했고 특히 이주여성의 젠더, 계급, 민족집단 정체성의 3자 간 상호작용으로 인한 곤경을 지적해냈다. 그녀들의 몸이 처해 있는 이주 환경, 외재적 요소의 영향 외에도, 예를 들어 이민사회의 정책과 주류가치관, 그녀들도 계속 원생문화의 제한과 자양분을 받는다는 것을 밝혔다. 여성은 억압 받는 젠더계급으로서 주류사회의 인종차별을 훨씬 더 받으며 동시에 네팔의 전통적인 보수문화는 그녀들로 하여금 남성중심의 사회관계를 연속시키고 강화하도록 한다. 본 논문은 젠더, 계급과 민족 정체성의 상호작용 위에 놓여있는 이주여성의 위치성을 통해, 이민문제에 대한 연구는 반드시 여러 가지 사회제도의 상호작용을 종합해서 개인, 사회제도, 의식형태 각각의 층위로부터 남성과 여성의 사회문화적 자원 분배에서의 주요한 차이를 탐구해야 한다고 지적했다. 본 논문은 네팔의 남성중심가족제도 및 안배혼인, 가장의 제한적인 권력과 여성 개인의 강한 가족책임감은 홍콩 거주 네팔여성이 직면한 곤경의 주요한 요소라고 지적한다. 주의를 기울여야 할 것은 여성이 비록 가족의 일부이지만 우리는 그녀들을 가족구성원들이 직면한 사회문제와 동일시해서는 안 된다는 것이다. 매 여성이 직면하는 문제는 모두 독특하다. 가족이 직면한 공통문제 외에 그녀들은 또 종족집단, 계급의 제한을 받기 때문에 이중부담을 받는다.

좀 위안이 되는 것은 이 연구로부터 볼 수 있듯이 여성들은 이미 이용 가능한 사회자원을 넓히고 독립성과 사회적 네트워크를 증가시키고 있다는 것이다. 이외에 문화적 다양성에 관한 문제도 매우 중요하다. 홍콩은 정부의 정책 입안자를 포함해서 아직 문화적 다양성을 완전히 이해하지 못하고 있다. 다양성은 사회의 재산이자 자원이다. 사회는 반드시 여러 종족집단의 역사를 인식하고 다양한 문화를 이해하기 시작해야 한다. 우리는 반드시 정책, 법률 문제에 대한 성찰을 통해 여성이 실제적으로 사회발전의 파트너이며, 각 차원에서 젠더평등과 민족간 평등이 추진돼야 한다는 것을 인식할 필요가 있다. (번역: 이해응)

참고문헌

Blake, C. F. 1981. *Ethnic Groups and Social Change in a Chinese Market Town*. Honolulu: University of Hawaii Press.

Caplan, L. 1995. *Warrior Gentleman: "Gurkhas" in the Western Imagination*. Providence: Berghahn Books.

Cheung, D. C. 2005. "School in the Sky: Hong Kong Girl Bringing Warmth to Nepal Mountain Region." *Ming Pao Weekly*, December 24, 36-50.

Coleman, J. S., and T. Hoffer. 1987. *Public and Private Schools: The Impact of Communities*. New York: Basic Books.

Constable, N. 1994. *Christian Souls and Chinese Spirits: A Hakka Community in Hong Kong*. Berkeley: University of California Press.

______. 1997. *Maid to Order in Hong Kong: Stories of Filipina Workers*. Ithaca: Cornell University Press.

Corporal, L. L. 2008. "NEPAL: Gender Inequality in Education Has Deep Roots." http://www.ipsnews.net/2008/06/nepal-gender-inequality-in-education-has-deep-roots/.

French, C. 1986. *Filipina Domestic Workers in Hongkong: A Preliminary Survey*. Hong Kong: Centre for Hong Kong Studies, Institute of Social Studies, the Chinese University of Hong Kong, Hong Kong.

Frost, S. 2004. "Building Hong Kong: Nepalese Labor in the Construction Sector." *Journal of Contemporary Asia* 34(3):364-376.

Hong Kong Census and Statistics Department. 2001. *Population Census Thematic Report – Ethnic Minorities*. Hong Kong Special Administrative Region Government, Hong Kong.

______. 2005. *Bi-Census*. Hong Kong Special Administrative Region Government, Hong Kong.

Hong Kong Home Affairs Bureau. 2006. *Joining Hands for Social Harmony with Respect, Affection, Care and Equality: An Introduction to the Race Discrimination Bill*. Hong Kong: Hong Kong Special Administrative Region Government.

______. 2006. *Legislative Council Brief – Race Discrimination Bill.* Hong Kong: Hong Kong Special Administrative Region Government.

Hong Kong Polytechnic University Department of Applied Social Sciences, and Hong Kong Christian Service Project SASA. 2007. *A Research Report on the Social Situations of Ethnic Minority Women in Hong Kong*. Hong Kong: Hong Kong Polytechnic University.

Lotter, S. 1997. "The Nepalese Community in Hong Kong after July 1997." MA Thesis, University of London.

Majupuria, I. 1996. *Nepalese Women*. Bangkok: Tecpress Books.

Rana, B., and N. Singh, eds. 2005. *Mother Sister Daughter: Nepal's Press on Women*. Vol. 2. Kathmandu: Sancharika Samuha.

Rana-Deuba, A. 2005. *A National Study on Changing Roles of Nepali Women due to Ongoing Conflict and its Impact*. Kathmandu: Samanata Institute for Social and Gender Equality.

Sangraula, L. N. 2003. *Foreign Employment for Women: Challenges and Opportunities*. Kathmandu: Sancharika Samuha and UNIFEM.

Smith, C. 1995. *A Sense of History: Studies in the Social and Urban History of Hong Kong*. Hong Kong: Hong Kong Educational Publishing Co.

White, B. S. 1994. *Turbans and Traders: Hong Kong's Indian Communities*. Hong Kong and New York: Oxford University Press.

Yung, K. P. 2002. "We Have No Choice! Social Exclusion and Citizenship of the Nepalese Community in Hong Kong." MPhil Thesis, Chinese University of Hong Kong.

한국 여성노인의 세대 간 사회적 지원 유형

이 신영

1. 서론

1) 문제제기

한국사회는 2000년 고령화사회에 도달하였고, 2018년에는 고령사회, 2026년에는 초고령사회에 진입할 전망이다.[1] 통계청 자료에 따르면 노후생계의 책임에 대한 노인들의 생각은 가족돌봄 38.3%, 가족과 정부 · 사회 공동 37.8%, 스스로 해결 18.4%로 나타났다. 이는 4년 전에 비해 가족이 돌보아야한다는 생각은 감소되고 부모 스스로 해결과 가족과 정부 · 사회 공동해결의 비중이 증가된 수치이다. 그런데 노후준비가 되어 있지 않다고 응답한 경우는 61%로 노후준비가 되어 있다고 응답한 노인 39%보다 약 20%가 더 많았다. 노후준비가 되

1 고령화사회(aging society)는 노인인구가 전체인구의 7%, 고령사회(aged society)는 14%, 초고령사회(super-aged society)는 20%를 차지하는 것을 말한다.

어있지 않은 노인들은 준비할 능력이 없어서가 54.4%로 절반을 넘었고, 자녀에게 의탁할 계획도 39.5%로 나타났다. 생활비 마련 방법은 본인이나 배우자 부담 51.9%, 자녀나 친척지원 37.6%, 정부나 사회단체로부터의 도움 10.4%로 나타났다(통계청, 2011). 이를 볼 때 노후준비가 되어있지 않은 노인들에게 자녀는 노후를 책임져주는 자원으로 중요하다고 볼 수 있다. 특히 노인복지가 미발달한 경우 노인 부양의 책임은 가족에게 전적으로 달려있다 하겠다.

노인을 둘러싼 비공식적 관계망에는 자녀와 배우자를 포함하는 가족, 혈연관계의 친인척, 비혈연관계에 있는 친구나 이웃 등이 있다. 선행연구들은 비공식적 관계망으로부터 받는 사회적 지원[2]이 노인의 삶의 질과 정신건강을 결정하는 중요 요인으로 보고하고 있다. 농어촌 여성독거노인 대상의 연구결과에서는 자녀의 전화빈도가 많을수록, 이웃의 수가 많고 만남빈도가 많을수록 삶의 질이 높은 것으로 나타났다(김수현 · 강현정 · 김윤정, 2008). 다른 연구에서도 여성독거노인의 삶의 질에 영향을 주는 요인은 노인의 가족과 이웃 간의 친밀감, 사회적 지지의 교환정도로 나타났다(김윤정 · 안정신 · 강인, 2008). 사회적 지원과 노인의 우울과의 관계를 살펴본 연구결과는 가족에 대한 인식이 높을수록, 친구와 연락이 많을수록 우울이 낮게 나타났다(노병일 · 모선희, 2007). 독거노인의 정신건강수준에 영향을 미치는 변수는 경제와 건강 이외에 자녀 접촉빈도와 주변사람들로부터 받는 도움 정도 등의 사회적 지원이 중요변수이었다(한혜경 · 이유리, 2009; Yeh and Lo, 2004). 또한 다른 연구에서는 노부모와 성인자녀와의 사회적 지원 교환이 생활만족도 및 심리적복지감과 관련이 있음을 보고하고 있다(이형실, 2003; 한민아 · 한경혜, 2004). 노인의 삶에 있어서 친척, 친구, 이웃보다는 가족과의 관계에서 친밀감을 느끼고 자주 접촉할수록 삶의 질이 높은 것으로 나타났다(최용민 · 이상주, 2003).

---

2 사회적 지원(social support)은 노인이 비공식적으로는 가족이나 친구, 이웃으로부터, 공식적으로는 정부나 복지기관으로부터 받는 심리적, 신체적, 경제적 도움을 말한다. 사회적 지지와 동일한 의미로서 본 연구에서는 사회적 지원이라는 용어를 사용하였다.

사회적 지원에 관한 초기의 연구들은 노부모가 자녀로부터 받는 사회적 지원의 양과 종류에 초점을 두었지만, 최근의 연구들은 세대간의 사회적 지원의 상호교환적 특성에 주목하고 있다. 즉 노부모들은 자녀들로부터 일방적인 지원을 받기만 하는 것이 아니라 손자녀 양육 등 성인자녀에게 도움이 되는 지원을 제공하고 있다는 것이다. 이에 따라 노인들과 성인자녀와의 관계에서 사회적 지원의 제공과 수혜를 포함하는 세대간 지원교환 또는 상호지원 등에 관한 연구들이 행해지고 있다(윤현숙, 2003; 이형실, 2003; 임효연, 2009; 정병은, 2007; 한민아 · 한경혜, 2004). 사회적 지원을 받는 것보다 지원을 제공하는 노인의 삶의 만족도가 높다는 연구(김윤정 외, 2008; Lowenstein, et al., 2007)가 있는 반면에, 지원을 주고 받는 것의 균형이 유지될 때 삶의 만족도가 높다는 연구(김정석 · 김익기, 2000)가 보고되었다.

사회적 지원 교환에 관한 연구는 노인전체를 대상으로 하는 연구들이 대부분이고 여성노인만을 대상으로 한 연구는 소수이다. 여성노인은 남성노인에 비해 숫자가 1.6배 더 많고, 평균수명이 길지만, 반면에 건강이 나쁘며, 경제적으로 더 어렵다. 또한 여성노인은 남성노인에 비해 자녀와의 가족관계에 불만족하다는 응답률이 높았다(통계청, 2011). 따라서 열악한 위치에 놓여 있는 여성노인의 사회적 지원에 관한 연구는 노인을 동질성을 가진 집단으로 보는데서 벗어나 다양한 욕구를 가진 노인들을 위한 맞춤형 서비스 개발의 기초자료로서 의의가 있다고 본다.

한편 노인의 가구유형의 변화가 빠르게 진행되고 있다. 2004년과 2008년 전국노인생활실태조사 결과를 비교하여 보면, 독거노인가구와 노인부부가구의 비율은 증가하는 반면 자녀동거가구는 감소하는 것으로 나타났다. 즉 독거노인가구는 2004년 20.6%에서 2008년 26.7%로 6.1% 증가하였고, 노인부부가구는 34.4%에서 39.7%로 5.3% 증가한 반면, 자녀동거가구는 38.6%에서 28.6%로 10% 감소하였다(보건복지부, 2009; 정경희 외, 2005). 통계청조사(2010)에 따르면 65세 이상 노인 10명 중 6명은 향후 자녀와 같이 살고 싶어하지 않는다고 응답하여 독거노인 또는 노인부부가구의 비율은 계속 증가할 것이 예상된다. 이에 따라 노인가구 유형도 변화가 예상되므로 가구유형별로 사회적 지원 양상이 어떠한지 살펴볼 필요가 있다.

2) 연구문제

본 연구는 여성노인을 대상으로 세대 간에 이루어지는 사회적 지원에 대해 탐색하고자 한다. 사회적 지원의 구조적 측면과 기능적 측면을 모두 다룬다. 사회적 지원은 제공과 수혜를 모두 포함하여 지원의 정도와 지원교환의 유형을 살펴볼 것이다. 또한 가구유형을 독거노인가구와 노인부부가구로 분류하였다.[3]

본 연구의 구체적인 연구문제는 다음과 같다.

첫째, 여성노인의 세대간 사회적 지원의 구조적 특성(자녀 수, 연락빈도, 왕래빈도, 거주거리)은 어떠한가? 이 특성은 가구유형별로 차이가 있는가?

둘째, 여성노인의 세대간 사회적 지원의 각 영역에서의 정도와 유형은 어떠하며, 가구유형에 따라 차이가 있는가?

셋째, 여성노인의 세대간 사회적 지원 유형에 영향을 미치는 요인은 무엇인가?

2. 이론적 배경

1) 여성노인의 특성

여성노인의 특성을 인구학적, 경제적, 신체적, 사회적, 정서적 영역에서 남성노인과 비교하여 살펴보고자 한다. 첫째, 인구학적 특성을 살펴보면, 65세 이상 남성은 219만명이며, 여성은 316만 7천명으로 여성의 숫자가 1.6배 더 많다.

---

3 본 연구에서는 동거자녀와 비동거자녀로부터 받는 사회적 지원의 양과 질이 다르므로 자녀와 동거하는 노인은 제외하고, 자녀가 있지만 따로 사는 자녀가 있는 여성노인을 포함시켰다.

기대여명을 살펴보면, 2009년 현재 65세 남자는 앞으로 17년, 여자는 21.5년을 더 살 것으로 추정된다. 이는 10년 전보다 남자는 2.9년, 여자 3.5년 증가된 수치이다(통계청, 2011).

둘째, 경제적인 측면을 살펴보면, 2010년 65세 이상 노인의 경제활동참가율은 남자는 40.6%, 여자는 21.7%로 나타났다. 장래에 취업희망자는 남자 72%에 비해 여자는 46.8%로 낮았다. 국민기초생활수급자의 비율은 여자노인이 9.0%로 남자노인 4.9%보다 약 1.9배 더 높았다(통계청, 2011).

셋째, 65세 이상 노인의 사망원인을 살펴보면, 남자는 암, 뇌혈관질환, 심장질환, 만성하기도질환, 당뇨병인 반면, 여자는 암, 뇌혈관질환, 심장질환, 당뇨병, 폐렴 순으로 사망률이 높았다(통계청, 2011). 2008년 65세 이상 인구를 대상으로 본인의 주관적인 건강상태를 질문한 결과, 남성노인과 여성노인은 각각 건강이 좋다가 28.4% 대 13.6%, 보통이다 33.2% 대 30.7%, 나쁘다는 38.3% 대 58.5%로 여성노인이 남성노인보다 본인의 건강을 더 나쁘다고 인식하는 것으로 나타났다(통계청, 2010).

넷째, 여가활동시간이 남성노인은 약 7시간, 여성노인은 약 6시간인 것으로 나타났다. 여성노인이 남성노인보다 종교활동과 교제활동에서 더 많은 시간을 소비하고 있는 것으로 나타났다(통계청, 2011).

다섯째, 여성독거노인의 삶의 질은 5점 만점에 2.87이었으며(김윤정 외, 2008), 농어촌 여성독거노인의 삶의 질은 5점 만점에 평균 2.94로 약간 높은 것으로 나타났다(김수현 외, 2008). 노인의 우울을 성별로 비교할 때 여성노인이 남성노인보다 우울상태 경험률이 더 높았다(김영주, 2009). Zung의 자기평가 우울척도를 사용한 연구에서도 여성독거노인이 남성독거노인보다 우울수준이 더 높았다(서경현 · 김영숙, 2003). 그러나 남성노인이 여성노인보다 더 우울하다는 연구들도 있다. 즉 일본의 대도시근교에 사는 65세 이상의 독거노인 대상의 연구결과를 보면 남성노인 40.7%, 여성노인 30.5%가 우울감을 호소하는 것으로 나타났다(Sun, et al., 2007). 한국의 도시거주의 요보호독거노인을 대상으로 한 우울수준 연구에서도 남성노인이 여성노인보다 우울이 더 높았다(김희년 · 서홍란, 2010).

자녀와의 가족관계 만족도는 남성노인(5.5%)에 비해 여성노인(7.3%)이 불만족하다는 응답률이 높았다(통계청, 2011). 65세 이상 남자의 이혼 건수는 4,346건으로 전체의 3.7%를, 여자는 1,734건으로 1.5%를 차지하였다. 이는 10년 전에 비해 각각 2.6%, 1.1% 증가한 수치이다. 65세 이상 고령자의 재혼 건수도 증가추세에 있는데, 2010년 재혼 건수는 남자 2,099건, 여자 702건으로 2000년에 비해 2.2배, 3.5배 증가하였다(통계청, 2011).

위에서 살펴본 바와 같이 여성노인은 남성노인에 비해 빈곤하며, 건강상태가 나쁘며, 이에 따라 낮은 심리적 안녕감을 보여주고 있다. 평균수명의 증가와 함께 여성노인의 수가 더 증가될 것이 예상됨에 따라 노인복지정책에서 여성노인은 계속 관심의 초점을 받게 될 것이다.

2) 노인의 세대간 사회적 지원

사회적 지원의 측정은 양적과 질적 두 가지 측면에서 이루어지고 있다. 질적인 측면은 관계만족도로 측정하고, 양적인 측면은 구조적 측면과 기능적 측면으로 구분하여 측정되고 있다. 구조적 측면은 연락이나 접촉빈도, 지리상의 거리, 지원망의 크기를 말하며, 기능적 측면은 지원주체로부터 어떤 지원이 행해지고 있는지 살펴보는 것이다(Cantor and Little, 1985; 최용민 · 이상주, 2003 재인용).

학자에 따라 사회적 지원의 하위 영역을 다르게 정의한다. 서홍란 · 김희년(2010)은 경제적 지원, 정서적 지원, 신체적 지원(병원동행 등)으로 영역을 나누었다. 반면에 도구적 또는 수단적 지원에 병원동행 등 신체적 지원을 포함시키는 연구들이 있다. 즉 배진희(2004)는 도구적지지, 정보적 지지, 정서적 지지로 나누었다. 도구적 지원은 일을 대신 봐주든지, 식사나 집안일 도움, 아플 때 간호를 해주거나 병원동행, 생활비나 용돈을 주거나 빌려주는 것을 모두 포함하였다. 정보적 지지는 모르는 것을 잘 가르쳐 주는지, 정서적 지지는 노인에 대해 걱정하며 관심을 가져주는 것, 믿고 의지할만한 사람인지 등의 질문을 포함시켰다. 임효연(2009)도 수단적 지원에 몸이 아플 때 간병이나 수발을 들어주는 것과 가사나 외출로 곤란할 때 도와주는 것을 포함시켰으며, 정서적지원은 고민이나 걱정거리가 있을 때 상담해주는 것으로 정의하였다. 이형실(2003)은 경제적, 도구적, 정서적 지원으로 나누었는데, 도구적 지원은 집안일이나 장보기 도움 뿐 아니라 아플 때의 도움까지 포함하였다. 국외연구에서는 신체적 지원 영역을 포함시키지 않는 연구가 있다(Lowenstein, et al., 2007; Wang and Li, 2008). 이처럼 연구자에 따라 사회적 지원에 포함시키는 하위영역이 다른데, 본 연구에서는 사회적 지원의 하위영역으로 정서적 지원, 도구적 지원, 신체적 지원으로 나누어 살펴보고자 한다.

세대간 지원은 자녀의 일방적인 노부모 부양, 노부모의 일방적인 자녀지원, 노부모와 자녀간의 쌍방적인 지원 등의 다양한 형태로 나타난다. 자녀의 일방적인 노부모 부양에 관한 연구로 최정혜(2009)는 한국과 미국 성인자녀의 부양행동을 비교 연구하였다. 한국성인자녀는 경제적 부양행동이 가장 높고, 다음으로 정서적, 서비스적 부양행동 순으로 나타났다. 반면에 미국의 성인자녀는 정서적 부양행동이 가장 높고, 다음으로 서비스적, 경제적 부양행동 순으로 나타났다. 요보호여성독거노인 대상의 연구에서는 자녀로부터 받는 지원은 경제적 지원 76.6%, 정서적 지원 85.9%, 신체적 지원 47.6%인 것으로 조사되었다(서홍란 · 김희년, 2010).

최근의 연구들은 사회적 지원에 있어서 일방적이 아니라 노인과 자녀 사이의 제공과 수혜의 쌍방적인 측면을 다루고 있다. 국외의 연구에서 정서적, 도구적 지원 영역에서 노인이 제공하는 경우보다 수혜하는 경우가 더 많았다(Lowenstein, et al., 2007; Wang and Li, 2008). 정병은(2007)의 세대간 지원교환의 호혜성에 관한 연구 결과를 살펴보면, 부모가 자녀에게 제공하는 것은 정서적지원이 가장 많고, 다음은 신체적 지원, 경제적 지원이었다. 자녀로부터 받는 지원은 신체적 지원이 가장 많고, 다음이 정서적, 재정적 지원이었다. 정서적 지원은 지원교환이 가장 활발하면서도 부모가 자녀에게 지원하는 경향을 보이는 반면, 재정적 지원은 주고받는 정도가 가장 적으면서도 부모가 자녀로부터 지원을 받는 양상을 보였다.

전국의 노인들을 대상으로 조사한 실태조사에서도 노인과 자녀간에 이루어지는 제공과 수혜를 모두 다루고 있다. 2004년도 조사에서는 경제, 신체, 도구, 정서적 측면에서의 도움의 제공률과 수혜율을 조사하였다. 제공률을 살펴보면 걱정거리나 문제점 청취와 집안청소/세탁/식사준비가 50%대이었으며, 다음이 경제적 지원 21.7%, 간병수발 11.2%, 손자녀돌보기 18.2%이었다. 수혜율을 살펴보면 경제적 지원, 집안청소/세탁/식사준비, 걱정거리나 문제점 청취 등이 70%대를 차지하고 간병수발은 25.1%이었다(정경희 외, 2005).

제공과 수혜의 정도가 어떠한가에 대한 연구에서 더 나아가 사회적 지원 유형을 구분하는 연구들이 보고되었다. 김정석 · 김익기(2000)의 연구에서는 세대간 지원교환의 유형이 수급형(자녀로부터 지원을 받기만 함) 25.2%, 쌍방형 65.2%, 공급형 1.6%, 무교환형 8.0%로 나타났다. 한민아 · 한경혜(2004)는 세대간 지원교환 유형을 쌍방형, 수혜형, 지원형, 무교환형으로 나누었다. 경제적 지원교환에서는 자녀가 부모에게 지원을 주기만 하는 지원형, 정서적 지원에서는 부모와 지원을 주고받는 쌍방형, 도구적 지원교환에서는 부모와 지원을 주지도 받지도 않는 무교환형이 가장 많았다. 임효연(2009)은 일본 오사카시에 거주하고 있는 65세 이상의 독거노인 1,020명을 대상으로 자녀와의 지원교환형태를 조사하였는데, 정서적 지원에서는 쌍방형이, 도구적 지원에서는 저교환형이 가장 많았다.

한편, 사회적 지원의 다양한 유형을 결정짓는 요인으로는 성별, 연령, 건강상태, 경제력이 영향을 주고 있다. 독거여성노인이 남성노인보다 자녀로부터 도구적 지원과 정서적 지원을 더 많이 받고 있는 것으로 나타났다(서경현 · 김영숙, 2003). 노인과 자녀와의 사회적 지원을 분석한 이형실(2003)의 연구에서는 남성노인이 여성노인에 비해 경제적 지원을 더 많이 제공하고, 여성노인은 더 많이 수혜 하는 것으로 나타났다. 또한 연령이 높아짐에 따라 자녀로부터 받는 사회적 지원은 차이가 없으나 노인의 자녀에 대한 사회적 지원의 제공은 적어지는 것으로 나타났다. 노부모의 건강상태는 지원교환의 호혜성에 영향을 준다. 즉 건강한 노인들은 자녀로부터 도움을 받기보다는 자녀에게 도움을 주는 경향이 더 강하다(정병은, 2007; Liten, 2004). 선행연구들은 경제적으로 여유 있는 노부모는 자녀에게 경제적으로 의존하기보다 자녀에게 금전적인 지원을 더 많이 제공할 수 있음을 보여주고 있다. Grundy(2005)의 연구에서 높은 수입을 가진 노부모(55세-75세)가 자녀에게 경제적 도움을 제공할 가능성이 높았다. 정병은(2007)의 연구에서도 경제력은 재정적 지원의 교환에서 의미있는 변수로 나타났다.

3. 연구방법

1) 연구자료 및 연구대상

본 연구는 노인복지법에 따라 전국의 노인을 대상으로 보건 및 복지에 관하여 최근에 실시된 '2008년 노인실태조사'의 자료를 활용하였다. 이 조사는 2008년 6월 30일 기준 전국 16개 시도의 일반주거시설에 거주하는 만 60세 이상의 노인을 대상으로 실시되었으며, 전국기준 12,567가구의 노인 15,146명이 최종 조사대상에 포함되었다. 본 연구에서는 이 중에서 8,961명의 여성노인을 선택하고, 다시 자녀와 동거하지 않는 독거노인가구와 노인부부가구를 포함하여 총 5,626명을 최종 분석의 대상으로 삼았다.

2) 조사도구

여성노인의 인구사회학적 특성으로는 연령, 거주지역, 교육수준, 종교, 월평균소득, 도구적일상생활능력(instrumental activities of daily living), 주관적 건강상태를 측정하였다.

사회적 지원망의 구조적 측면을 알아보기 위해 비동거자녀 수, 연락빈도, 왕래빈도, 거주지와의 거리를 측정하였다. 사회적 지원 영역은 정서적 지원, 도구적 지원, 신체적 지원 영역으로 구분하고 각 영역별로 어느 정도나 지원하고 있는지 그 정도를 영역별 1문항씩 총 4개의 문항을 통해 측정하였다. 정서적 지원정도를 측정하기 위해서는 서로 걱정이 있을 때 어느 정도나 상담을 주고받는지를 질문하였으며, 도구적 지원은 청소, 식사준비, 세탁 등과 같은 도움을 어느 정도나 주고받는지, 신체적 지원은 주로 간병, 수발, 병원동행과 같은 돌봄을 어느 정도나 주고받는지를 질문하였다. 이러한 각 지원영역별로 지원의 정도는 '전혀 하지 않음'(1점)에서부터 '매우 많이 함'(4점)까지의 점수를 갖도록 측정되었다.

3) 자료분석방법

조사대상 여성노인의 일반적 특성, 비동거자녀 수, 자녀와의 연락 및 왕래빈도, 사회적 지원 정도와 유형을 파악하기 위해서는 빈도와 백분율의 기술통계(descriptive statistics)를 사용하였다. 가구유형 특성에 따른 사회적 지원의 차이를 알아보기 위해서는 카이제곱검정을 실시하였다. 그리고 사회적 지원 유형에 영향을 주는 요인들을 알아보기 위해 로지스틱 회귀분석을 하였다.

4. 연구결과

1) 조사대상 여성노인의 일반적 특성

본 연구의 대상자인 여성노인들의 인구사회학적 특성은 〈표 1〉에 나타난 바와 같다. 전체 여성노인 5,626명 중에서 독거가구 2,738명(48.7%), 노인부부가구 2,888명(51.3%)으로 나타났다. 연령을 살펴보면, 전체 여성노인 중 60-69세가 46%, 70-79세가 43%, 80세 이상이 11%로 60대와 70대 노인이 전체의 89%를 차지하는 것으로 나타났다. 가구유형별로 살펴보면, 60대 노인은 노인부부가구가 61.1%로 독거가구 30%의 2배를 차지하고 있다. 반면에 80세 이상은 독거가구가 더 많았다.

〈표 1〉 조사대상 여성노인의 일반적 특성 (단위: 명(%))

변수	구분	전체 (N=5626)	독거가구 (N=2738)	노인부부가구 (N=2888)	χ^2
연령	60-69세 70-79세 80세 이상	2587(46.0) 2420(43.0) 619(11.0)	822(30.0) 1412(51.6) 504(18.4)	1765(61.1) 1008(34.9) 115(4.0)	652.107***
거주지역	농촌 도시	2562(45.5) 3064(54.5)	1385(50.6) 1353(49.4)	1177(40.8) 1711(59.2)	54.755***
학력	무학 초졸 중 · 고 졸업 전문대졸 이상	2391(42.5) 2330(41.4) 810(14.4) 95(1.7)	1601(58.5) 889(32.5) 225(8.2) 23(0.8)	790(27.4) 1441(49.9) 585(20.3) 72(2.5)	587.548***
종교	불교 기독교 천주교 무교 기타	2267(40.3) 1191(21.2) 420(7.5) 1673(29.7) 75(1.4)	1116(40.8) 583(21.3) 201(7.3) 800(29.2) 38(1.4)	1151(39.9) 608(21.1) 219(7.6) 1673(29.7) 75(1.4)	1.749
월평균 소득	50만원 미만 50-100만원미만 100-200만원미만 200만원이상	4241(75.9) 1005(18.0) 277(5.0) 67(1.2)	1930(71.1) 600(22.1) 160(5.9) 30(1.1)	2311(80.5) 405(14.1) 117(4.1) 37(1.3)	75.500***
도구적 일상생활 능력	완전의존 부분의존 완전독립	22(0.4) 78(1.4) 5526(98.2)	7(0.3) 42(1.5) 2689(98.2)	15(0.5) 36(1.2) 2837(98.2)	3.338
주관적 건강수준	매우 나쁘다 나쁘다 보통이다 좋다 매우 좋다	777(13.8) 3045(54.2) 823(14.6) 924(16.4) 52(0.9)	454(16.6) 1547(56.5) 351(12.8) 367(13.4) 18(0.7)	323(11.2) 1498(51.9) 472(16.4) 557(19.3) 34(1.2)	80.868****

*** : $p<.001$

전체 여성노인이 거주하는 지역은 도시 54.5%로 농촌 45.5%보다 비율이 더 높았다. 가구유형별로는 농촌에서 독거가구가 노인부부가구보다 약 10% 더 많은 반면, 도시에서는 노인부부가구(59.2%)가 독거가구(49.4%)보다 더 많았다. 전체 여성노인의 교육수준은 무학이 42.5%, 초졸 41.4%로 나타나 조사대상 노인의 약 84%가 초졸 이하의 학력을 갖는 것으로 나타났다. 반면 전문대졸 이상의 학력을 가진 노인은 전체의 1.7%에 지나지 않았다. 가구유형별로 살펴보면, 무학인 경우 독거가구는 58.5%로 노인부부가구 27.4%보다 약 2배 더 많았다. 종교를 살펴보면, 불교가 40.3%, 기독교 21.2%, 천주교 7.5%이었다, 반면에 종교가 없는 경우는 29.7%로 약 1/3노인이 종교가 없었다. 종교는 독거가구와 노인부부가구 사이에 차이가 없었다.

전체 여성노인의 월 평균소득이 50만원 미만인 경우가 75.9%, 50만원 이상~100만원 미만이 18%로 나타났다. 100만원 미만 월평균소득이 약 94%로 소득이 낮음을 보여주고 있다. 가구유형별로 보면, 월평균소득이 50만원 미만인 경우에 노인부부가구(80.5%)가 독거가구(71.1%)보다 약 10% 더 많았다.

도구적일상생활능력이 완전독립인 경우가 98.2%로 독거가구와 노인부부가구 사이에 차이가 없었다. 전체 여성노인의 주관적 건강수준을 조사한 결과, 매우 건강하지 않다는 응답이 13.8%, 건강하지 않은 편 54.2%, 보통이라는 응답이 14.6%, 건강한 편이라는 응답이 16.4%로 나타났다. 즉 68%의 노인이 자신을 건강하지 않은 것으로 평가하고 있었다. 가구유형별로 보면, 독거가구(73.1%)가 노인부부가구(63.1%)보다 건강이 나쁜 편이라고 응답한 비율이 더 높았다.

2) 사회적 지원의 구조

사회적 지원의 구조적 측면으로 크기, 연락빈도, 왕래빈도, 세대간 거주지와의 거리를 알아보았다. 먼저 사회적지원망의 크기를 알아보기 위해 비동거자녀의 숫자를 조사하였으며, 그 결과는 〈표 2〉에 나타난 바와 같다. 전체 여성노인이 가진 비동거자녀의 숫자는 3-4명이 45%로 가장 많았고, 다음이 5-6명

29.4%, 1-2명이 19%로 나타났다. 독거가구의 경우는 비동거자녀 수는 1-2명이 22.9%로 노인부부가구 15.2%보다 더 많았다. 3-4명은 독거가구 38%로 노인부부가구 52%보다 더 적었다. 독거가구와 노인부부가구 사이의 비동거자녀 수의 차이는 $p<.001$수준에서 통계적으로 유의미하였다.

〈표 2〉 비동거자녀의 수 (단위: 명(%))

	전체	독거가구	노인부부가구	χ^2
1-2명	901(19.0)	482(22.9)	419(15.2)	
3-4명	2624(45.0)	1110(38.0)	1514(52.0)	
5-6명	1716(29.4)	898(30.7)	818(28.1)	294.740***
7명 이상	385(6.6)	248(8.4)	137(4.7)	
계	5626(100.0)	2738(100.0)	2888(100.0)	

*** : $p<.001$

여성노인과 비동거자녀와의 접촉 현황은 전화나 서신으로 연락하는 빈도와 실제 대면하는 왕래빈도로 나누어 측정하였다. 먼저 연락빈도를 살펴보면 〈표 3〉에 나타난 바와 같다. 전체적으로 여성노인과 비동거자녀가 거의 매일 연락하는 것은 24.1%이었으며, 일주일에 두세 번 28.7%, 일주일에 한번 26.2%로 나타났다. 이를 볼 때 79%의 여성노인이 적어도 1주일에 한번 이상 연락하는 것으로 나타났다.

가구유형별로 살펴보면 거의 매일 연락하는 것은 독거가구와 노인부부가구에서 각각 22.6%와 25.6%로 나타났으며, 일주일에 두세 번은 각각 26.5%와 30.8%, 일주일에 한번 25.3%와 27.1%로 나타났다. 적어도 일주일에 한 번 이상 연락하는 비율이 노인부부가구는 83.5%로 독거가구 74.4%보다 더 높았다.

〈표 3〉 세대간 연락빈도 (단위: 명(%))

구분	전체	독거가구	노인부부가구	χ^2
거의 없음	28(0.5)	22(0.8)	6(0.2)	88.208***
일년에 한두 번	54(1.0)	31(1.1)	23(0.8)	
3개월에 한두 번	143(2.5)	100(3.7)	43(1.5)	
한달에 한두 번	921(16.4)	525(19.2)	396(13.7)	
일주일에 한 번	1476(26.2)	692(25.3)	784(27.1)	
일주일에 두세 번	1615(28.7)	725(26.5)	890(30.8)	
거의 매일	1357(24.1)	619(22.6)	738(25.6)	
무응답	32(0.6)	24(0.9)	8(0.3)	

*** : $p < .001$

왕래빈도의 결과는 〈표 4〉와 같다. 전체적으로 여성노인과 비동거자녀는 한달에 한두 번 왕래한다는 것이 29.4%로 가장 많았다. 거의 매일 만나는 것은 10.9%이었으며, 일주일에 한번 만나는 것은 20.8%로 나타났다.

〈표 4〉 세대간 왕래빈도 (단위: 명(%))

구분	전체	독거가구	노인부부가구	χ^2
거의 없음	43(0.8)	34(1.2)	9(0.3)	91.001***
일년에 한두 번	437(7.8)	270(9.9)	167(5.8)	
3개월에 한두 번	940(16.7)	516(18.8)	424(14.7)	
한달에 한두 번	1653(29.4)	784(28.6)	869(30.1)	
일주일에 한 번	1170(20.8)	530(19.4)	640(22.2)	
일주일에 두세 번	731(13.0)	315(11.5)	416(14.4)	
거의 매일	611(10.9)	261(9.5)	350(12.1)	
무응답	41(0.7)	28(1.0)	13(0.5)	

*** : $p < .001$

가구유형별로 살펴보면, 거의 매일 왕래하는 것은 독거가구와 노인부부가구에서 각각 9.5%와 12.1%로 나타났으며, 일주일에 두세 번은 각각 11.5%와 14.4%, 일주일에 한번 19.4%와 22.2%로 나타났다. 적어도 일주일에 한 번 이상 왕래하는 비율이 노인부부가구인 경우는 48.7%로 독거가구 40.4%보다 조금 더 높았다. 일년에 한두 번 만나는 경우는 독거가구 9.9%로 노인부부가구 5.8%보다 더 높았다. 전반적인 접촉빈도의 결과를 보면 노인부부가구가 독거가구보다 비동거자녀와 자주 연락하고 왕래하는 비율이 더 높음을 보여주고 있다.

〈표 5〉 여성노인과 비동거자녀와의 거주지 거리 (단위: 명(%))

	전체	독거가구	노인부부가구	χ^2
걸어서 30분 이내	455(8.1)	204(7.5)	251(8.7)	30.100***
걸어서 10분 이상-30분 이내	484(8.6)	214(7.8)	270(9.3)	
자동차로 30분 이내	1375(24.4)	627(22.9)	748(25.9)	
자동차로 30분 이상-1시간 이내	1151(20.5)	586(21.4)	565(19.6)	
자동차로 1-2시간 이내	884(15.7)	441(16.1)	443(15.3)	
자동차로 2-3시간 이내	538(9.6)	276(10.1)	262(9.1)	
자동차로 3시간 이상	626(11.1)	316(11.5)	310(10.7)	
해외거주	14(0.2)	8(0.3)	6(0.2)	
무응답	99(1.8)	66(2.4)	33(1.1)	

*** : p〈.001

〈표 5〉는 여성노인과 왕래빈도가 가장 많은 비동거자녀 거주지와의 거리를 나타낸 것이다. 독거가구의 경우 걸어서 30분 이내가 15.3%, 자동차로 1시간 이내 44.3%, 자동차로 1-2시간 거리가 16.1%, 자동차로 2시간 이상이 21.6%로 나타났다. 노인부부가구의 경우 걸어서 30분 이내가 18.0%, 자동차로 1시간 이내 45.5%, 자동차로 1-2시간 거리가 15.3%, 자동차로 2시간이상이 19.8%로 나타났

다. 약 45%의 노인들이 비동거자녀와 자동차로 1시간 이내의 거리에 살고 있음을 알 수 있다.

3) 세대 간의 사회적 지원 정도와 유형

여성노인과 비동거자녀와의 세대간 사회적 지원 영역은 정서적, 도구적, 신체적 지원 영역에서 제공과 수혜로 나누어 살펴보았으며, 그 결과는 〈표 6〉과 같다.

정서적 지원의 제공 정도를 살펴보면, 노부모가 자녀의 고민상담을 전혀 들어주지 않는다는 경우가 노인독거가구와 노인부부가구에서 각각 7.7%와 5.2%, 하지 않는 편이다가 각각 22.6%와 17.0%로 나타났다. 반면에 노부모가 자녀의 고민을 들어주는 편이라는 응답은 독거가구와 노인부부가구에서 각각 58.5%와 62.9%, 매우 많이 들어준다는 11.0%와 14.7%로 나타났다. 전체적으로 정서적 지원을 제공하는 비율이 그렇지 않은 비율보다 높았으며, 독거가구(69.5%)가 노인부부가구(77.6%)보다 정서적 지원을 제공하는 비율이 낮았다($p<.001$).

정서적 지원의 수혜 정도를 살펴보면, 자녀로부터 정서적 지원을 받지 않는다는 응답이 독거가구와 노인부부가구에서 각각 6.2%, 4.7%이며, 지원을 받지 않는 편이라는 응답이 독거가구와 노인부부가구에서 각각 15.7%, 14.9%로 나타났다. 반면 정서적 지원을 받는다는 응답은 독거가구와 노인부부가구에서 각각 64.2%, 65.5%이였고, 매우 많이 받는 경우는 독거가구 13.8%, 노인부부가구 14.7%로 비슷하였다. 전체적으로 정서적 지원을 받는다고 응답한 노인이 그렇지 않은 노인보다 더 많았으며, 독거가구와 노인부부가구의 차이는 통계적으로 유의미하지 않았다.

도구적 지원의 제공 정도를 살펴보면, 노부모가 자녀에게 청소, 식사준비, 세탁 등의 도움을 전혀 제공하지 않는다는 경우가 노인독거가구와 노인부부가구에서 각각 35.2%와 27.4%, 하지 않는 편이다가 각각 42.6%와 39.7%로 나타났다. 반면에 노부모가 자녀에게 청소, 식사준비, 세탁 등의 도움을 주는 편이라는 응답은 독거가구와 노인부부가구에서 각각 19.2%와 28.2%, 매우 많이 제공한다는 2.9%와 4.6%로 나타났다. 전체적으로 도구적 지원을 제공하지 않는 비율이 제공하는 비율보다 높았으며, 독거가구(22.1%)가 노인부부가구(32.8%)보다 도구적 지원을 제공하는 비율이 낮았다($p<.001$).

도구적 지원의 수혜 정도를 살펴보면, 자녀로부터 청소, 식사준비, 세탁 등의 도움을 전혀 받지 않는다는 응답이 독거가구와 노인부부가구에서 각각 23.1%, 21.6%, 도움을 받지 않는 편이라는 응답이 독거가구와 노인부부가구에서 각각 30.4%, 33.6%로 나타났다. 반면 도구적 지원을 받는 경우는 독거가구와 노인부부가구에서 39%로 동일하였고, 매우 많이 받는 경우는 독거가구 7.5%로 노인부부가구 5.7%보다 조금 높았다. 전체적으로 도구적 지원을 받는다고 응답한 노인이 그렇지 않은 노인보다 높았으며, 독거가구(46.5%)가 노인부부가구(44.7%)보다 도구적 지원을 받는 비율이 높았다($p<.05$).

신체적 지원의 제공 정도를 살펴보면, 노부모가 자녀에게 간병, 수발, 병원동행 등의 도움을 전혀 제공하지 않는다가 노인독거가구와 노인부부가구에서 각각 36.0%와 30.7%, 하지 않는 편이다가 각각 44.5%와 44.4%로 나타났다. 반면에 노부모가 자녀에게 간병, 수발, 병원동행 등의 도움을 주는 편이라는 응답은 독거가구와 노인부부가구에서 각각 16.6%와 20.8%, 매우 많이 제공한다는 2.8%와 3.9%로 나타났다. 전체적으로 신체적 지원을 제공하지 않는 비율이 제공하는 비율보다 높았으며, 독거가구(19.4%)가 노인부부가구(24.7%)보다 신체적 지원을 제공하는 비율이 낮았다($p<.001$).

신체적 지원의 수혜 정도를 살펴보면, 자녀로부터 간병, 수발, 병원동행 등의 도움을 전혀 받지 않는다는 응답이 독거가구와 노인부부가구에서 각각 20.5%, 21.0%이였으며, 도움을 받지 않는 편이라는 응답이 독거가구와 노인부부가구에서 각각 24.7%, 27.4%로 나타났다. 반면 신체적 지원을 받는다는 경우는 독거가구와 노인부부가구에서 각각 42.7%와 41.6%이였고, 매우 많이 받는다는 경우는 각각 12%와 10%로 나타났다. 전체적으로 신체적 지원을 받는다고 응답한 노인이 그렇지 않은 노인보다 더 많았으며, 신체적 지원은 독거가구(54.7%)가 노인부부가구(51.6%)보다 도움을 받는 비율이 높았다($p<.05$).

〈표 6〉 세대간 사회적 지원 정도 (단위: %)

	지원정도	제공		χ^2	수혜		χ^2
		독거가구	노인부부		독거가구	노인부부	
정서적지원	전혀안함	7.7	5.2	56.226***	6.2	4.7	8.103
	하지않는편	22.6	17.0		15.7	14.9	
	하는편	58.5	62.9		64.2	65.5	
	매우많이 함	11.0	14.7		13.8	14.7	
도구적지원	전혀안함	35.2	27.4	88.528***	23.1	21.6	12.603*
	하지않는편	42.6	39.7		30.4	33.6	
	하는편	19.2	28.2		39.0	39.0	
	매우많이 함	2.9	4.6		7.5	5.7	
신체적지원	전혀안함	36.0	30.7	30.570***	20.5	21.0	9.683*
	하지않는편	44.5	44.4		24.7	27.4	
	하는편	16.6	20.8		42.7	41.6	
	매우많이 함	2.8	3.9		12.0	10.0	

* : *p*〈.05, *** : *p*〈.001

다음으로 세대간의 사회적 지원 유형에 대한 결과는 〈표 7〉에 나타난 바와 같다. 사회적 지원의 영역별로 지원유형을 제공형, 수혜형, 상호교환형, 무교환형으로 나누였다. 예를 들어, 정서적 지원 영역에서 여성노인이 자녀의 걱정상담을 들어주기만 하는 경우 정서지원 제공형, 반대로 여성노인이 자녀에게 걱정상담을 하기만 하는 경우 수혜형, 정서적 지원을 서로 해주는 경우 상호교환형, 서로 하지 않는 경우 비교환형으로 분류하였다.[4]

정서적 지원에서는 모든 가구에서 상호교환형이 가장 많았고, 다음이 비교환형, 수혜형, 제공형 순으로 나타났다. 수혜형은 독거가구가 10.8%로 노인부부가구 5.2%의 약 2배를 차지하고 있다(p〈.001). 상호교환형은 노인부부가구가 75.1%로 독거가구 67.3%보다 약 8% 더 많은 비율을 차지하고 있다(p〈.001). 비

4 이때 각 영역별로 "전혀하지 않는다"와 "하지 않는 편이다"는 비지원 범주에 속하는 것으로 보았으며, "하는 편이다"와 "매우 많이 한다"는 지원 범주에 속하는 것으로 구분하였다.

교환형은 독거가구 19.6%로 노인부부가구 17.1%보다 약간 더 많았다(p<.01). 독거가구노인들이 걱정이 있을 때 노인부부가구보다 자녀들로부터 도움을 받는 수혜형 비율은 높지만, 서고 주고 받는 상호교환형은 낮음을 알 수 있다.

도구적 지원에서는 모든 가구에서 비교환형이 가장 많은 것으로 나타났다. 제공형은 독거가구가 5.2%로 노인부부가구 8.8%보다 더 낮았다(p<.001). 반면에 수혜형은 독거가구가 29.5%로 노인부부가구 20.8%보다 약 10% 더 많았다(p<.001). 상호교환형은 노인부부가구가 24.0%로 독거가구 17.0%보다 약 7% 더 많은 비율을 차지하고 있다(p<.001). 청소, 식사준비, 세탁과 같은 도구적 지원에서 독거가구노인들이 노인부부가구보다 자녀들로부터 도움을 받는 비율은 높지만, 도움을 서로 교환하는 경우는 낮음을 알 수 있다.

〈표 7〉 세대간 사회적 지원유형 (단위: %)

영역	유형	독거가구	노인부부가구	χ^2
정서적지원	제공형	2.3	2.5	.424
	수혜형	10.8	5.2	60.034***
	상호교환형	67.3	75.1	41.914***
	비교환형	19.6	17.1	6.016**
도구적지원	제공형	5.2	8.8	28.482***
	수혜형	29.5	20.8	56.853***
	상호교환형	17.0	24.0	42.359***
	비교환형	48.3	46.4	2.160
신체적지원	제공형	1.6	1.9	.696
	수혜형	37.0	28.8	43.167***
	상호교환형	17.8	22.8	22.271***
	비교환형	43.6	46.4	4.653*

* : p<.05, ** : p<.01, *** : p<.001

신체적 지원 영역을 살펴보면, 수혜형은 독거가구가 37.0%로 노인부부가구 28.8%보다 약 10% 더 많았다(p<.001). 상호교환형은 노인부부가구가 22.8%로 독

거가구 17.8%보다 더 많은 비율을 차지하고 있다(p<.001). 비교환형은 독거가구 43.6%로 노인부부가구 46.4%보다 더 적었다(p<.05). 독거가구노인들이 간병, 수발, 병원동행과 같은 신체적 지원에서 자녀들로부터 도움을 받는 비율이 높음을 볼 때 노인부부가구보다 건강이 더 나쁨을 유추할 수 있다.

4) 영역별 사회적 지원 유형에 영향을 미치는 요인

사회적 지원 유형은 특정 유형에 속하면 1점을 속하지 않으면 0점을 갖는 이분변수이기 때문에 세대간 사회적 지원 유형에 영향을 미치는 요인을 알아보기 위해 이항 로지스틱 분석을 실시하였다. 독립변수는 여성노인의 인구학적 특성, 사회경제적 특성, 건강상태에 한정하였다.

〈표 8〉 정서적 지원 유형에 영향을 미치는 요인

변수	제공형		수혜형		상호교환형		비교환형	
	B	EXP	B	EXP	B	EXP	B	EXP
가구유형[1]	.111	1.118	-.534***	.586	.222***	1.249	-.073	.929
연령	-.137	.872	.304***	1.355	-.112*	.894	.017	1.017
거주지역[2]	.058	1.060	-.035	.965	.016	1.016	-.018	.982
교육년수	-.151	.860	-.164	.849	.156***	1.168	-.116*	.890
월평균소득	-.158	.854	-.048	.953	.182***	1.200	-.202**	.817
도구적수행능력	.005	1.005	.045**	1.046	-.058***	.943	.044***	1.045
주관적건강상태	-.050	.951	-.222***	.801	.210***	1.234	-.182***	.833
상수(constant)	-3.147***	.043	-1.900	.150	.421	1.523	-1.011***	.364
-2LL Chi-square (df=7)	1267.273 4.285		2939.734 135.379***		6473.668 214.139***		5233.088 90.030*	

1) 독거가구=0, 노인부부가구=1
2) 농촌=0, 도시=1
* : p<.05, ** : p<.01, *** : p<.001

〈표 8〉은 정서적 지원 유형에 영향을 미치는 요인에 대한 이항 로지스틱 분

석결과이다. 제공형을 제외한 유형에서 chi-square(df=7) 값이 p<.001수준으로 나타나 연구모형이 통계적으로 적합함을 보였다. 수혜형에서는 가구유형, 연령, 도구적수행능력, 주관적 건강상태가 통계적으로 유의미한 것으로 나타났다. 상호교환형에서는 가구유형, 연령이 유의미하였고, 교육수준, 월평균소득, 도구적수행능력, 주관적 건강상태 변수는 상호교환형과 비교환형에서 통계적으로 유의미한 것으로 나타났다.

가구유형별로는 독거가구가 노인부부가구보다 정서적 지원 영역에서 수혜형에 속할 가능성이 높은 반면에, 노인부부가구는 독거가구보다 상호교환형에 속할 확률이 높았다. 연령이 높아질수록 수혜형이 될 확률이 높아지는(p<.001) 반면, 상호교환형에 속할 확률은 낮아지고(p<.05) 있다. 교육수준과 월평균소득이 높을수록 상호교환형에 속할 가능성이 높은 것(p<.001)으로 나타났다. 도구적일상생활능력이 낮을수록 수혜형(p<.01)과 비교환형(p<.001)에 속할 확률이 높아지는 반면에, 상호교환형에 속할 확률은 낮아졌다(p<.001). 건강이 좋다고 인식할수록 상호교환형에 속할 확률은 높아지는(p<.001) 반면에, 수혜형과 비교환형에 속할 가능성이 낮은 것으로(p<.001) 나타났다.

〈표 9〉는 도구적 지원 유형에 영향을 미치는 요인에 대한 이항 로지스틱 분석결과이다. 모든 유형에서 chi-square(df=7) 값이 p<.001수준으로 나타나 연구모형이 통계적으로 적합함을 보였다. 제공형에서는 연령, 교육기간, 도구적수행능력, 주관적 건강상태가 유의미한 변수였다. 수혜형에서는 가구유형, 연령, 거주지역, 교육기간, 도구적수행능력, 주관적 건강상태가 통계적으로 유의미한 것으로 나타났다. 상호교환형에서는 가구유형과 거주지역이 유의미하였고, 연령, 도구적수행능력, 주관적 건강상태 변수는 상호교환형과 비교환형에서 통계적으로 유의미한 것으로 나타났다.

〈표 9〉 도구적 지원 유형에 영향을 미치는 요인

변수	제공형		수혜형		상호교환형		비교환형	
	B	EXP	B	EXP	B	EXP	B	EXP
가구유형[1)]	.160	1.174	-.181**	.834	.304***	1.355	-.104	.901
연령	-.523***	.592	.347***	1.414	-.190***	.827	-.031***	.970
거주지역[2)]	-.081	.922	-.169**	.845	-.184**	.832	.252	1.287
교육년수	.266***	1.305	-.133**	.876	.014	1.014	-.011	.989
월평균소득	-.100	.904	.037	1.037	.052	1.053	-.028	.972
도구적수행능력	-.189***	.827	.071***	1.074	-.055**	.947	-.031**	.970
주관적건강상태	.132*	1.141	-.189***	.828	.222***	1.249	-.076*	.927
상수(constant)	-.691	.501	-1.519***	.219	-1.463***	.231	.545**	1.725
-2LL Chi-square (df=7)	2712.631 135.538***		5993.439 277.823***		5525.514 136.196***		7682.604 37.170***	

1) 독거가구=0, 노인부부가구=1
2) 농촌=0, 도시=1
* : $p<.05$, ** : $p<.01$, *** : $p<.001$

가구유형별로는 독거가구가 노인부부가구보다 수혜형에 속할 가능성이 높은 반면에 노인부부가구는 독거가구보다 상호교환형에 속할 확률이 높았다. 연령이 높아질수록 수혜형이 될 확률이 높아지는(p<.001) 반면 제공형, 상호교환형, 비교환형에 속할 확률은 낮아지고(p<.001) 있다. 농촌노인은 도시노인보다 수혜형과 상호교환형에 속할 가능성이 높았다(p<.01). 교육수준이 높을수록 제공형에 속할 가능성은 높아지고(p<.001), 수혜형에 속할 가능성은 낮은 것으로(p<.01)으로 나타났다. 도구적일상생활능력이 낮을수록 수혜형에 속할 확률이 높아지는(p<.001) 반면에, 제공형, 상호교환형, 비교환형에 속할 확률은 낮아졌다(p<.001). 건강이 좋다고 인식할수록 제공형(p<.05)과 상호교환형(p<.001)에 속할 확률은 높아지는 반면에, 수혜형(p<.001)과 비교환형(p<.05)에 속할 가능성이 낮은 것으로 나타났다.

〈표 10〉 신체적 지원 유형에 영향을 미치는 요인

변수	제공형		수혜형		상호교환형		비교환형	
	B	EXP	B	EXP	B	EXP	B	EXP
가구유형[1]	-.118	.889	-.138*	.871	.126	1.134	.048	1.050
연령	-.243	.784	.279***	1.322	-.164**	.849	-.134**	.875
거주지역[2]	.405	1.499	-.175**	.839	.224**	1.251	-.017	.983
교육년수	.184	1.203	-.092*	.913	.076	1.079	.002	1.002
월평균소득	-.058	.943	.084	1.088	.056	1.057	-.106*	.899
도구적수행능력	-.039	.962	.043***	1.044	-.053**	.949	-.020	.981
주관적건강상태	.087	1.091	-.169***	.844	.198***	1.219	-.006	.994
상수(constant)	-3.743***	.024	-.920***	.398	-1.554***	.211	.326	1.386
-2LL Chi-square (df=7)	988.121 14.467*		6874.506 190.338***		5498.310 127.972***		7658.424 25.179***	

1) 독거가구=0, 노인부부가구=1
2) 농촌=0, 도시=1
* : *p*〈.05, ** : *p*〈.01, *** : *p*〈.001

〈표 10〉은 신체적 지원 유형에 영향을 미치는 요인에 대한 이항 로지스틱 분석결과이다. 모든 유형에서 chi-square(df=7) 값이 p〈.05와 p〈.001수준으로 나타나 연구모형이 통계적으로 적합함을 보였다. 수혜형에서는 가구유형, 연령, 거주지역, 교육기간, 도구적일상생활능력, 주관적 건강상태가 통계적으로 유의미한 것으로 나타났다. 상호교환형에서는 연령, 거주지역, 도구적일상생활능력, 주관적 건강상태 변수가 통계적으로 유의미한 것으로 나타났다. 비교환형에서는 연령과 월평균소득이 유의미한 것으로 나타났다.

가구유형별로는 독거가구가 노인부부가구보다 수혜형에 속할 가능성이 높았다(p〈.05). 연령이 높아질수록 수혜형이 될 확률이 높아지는(p〈.001) 반면, 상호교환형과 비교환형에 속할 확률은 낮아지고(p〈.01) 있다. 도시노인이 농촌노인보다 상호교환형에 속할 가능성이 높고(p〈.01), 반면에 농촌노인은 도시노인보다 수혜형에 속할 확률이 높았다(p〈.01). 교육수준이 낮을수록 수혜형에 속할 가능성은 높은 것으로(p〈.001)으로 나타났다. 월평균소득이 낮을수록 비교환형에 속할 가능성이 높았다. 도구적일상생활능력이 낮을수록 수혜형에 속할 확률이 높아지는($p<.001$) 반면에 상호교환형에 속할 확률은 낮아졌다($p<.01$). 건강이 좋다고 인식할수록 상호교환형에 속할 확률은 높아지는($p<.001$) 반면에, 건강이 나쁘다고 인식할수록 수혜형에 속할 가능성이 높은 것으로($p<.001$) 나타났다.

5. 결론

1) 연구결과의 요약 및 제한점

본 연구는 전국단위로 대표성 있는 노인인구를 표집하여 가장 최근에 실시된 "2008년 노인실태조사"의 자료를 활용하여 정서적, 도구적, 신체적 영역에서 여성노인이 비동거자녀와 어느 정도로 지원을 하고 있는지, 그러한 지원의 유형은 어떠한지를 살펴보았다.

분석결과, 여성노인과 비동거자녀와의 사회적 지원은 정서적 영역에서 가장 높게 나타났다. 정서적 영역에서는 여성노인이 자녀로부터 정서적 지원을 수혜 하는 정도나 자녀에게 지원을 제공하는 정도가 모두 높은 것으로 나타났다. 정서적, 도구적, 신체적 영역별로 지원유형의 특성을 분석해본 결과, 정서적 영역은 상호교환형이 가장 많았고, 도구적 영역과 신체적 영역의 경우는 비교환형이 가장 많고 그 다음이 수혜형인 것으로 나타났다. 이는 여성노인의 경우 도구적 영역과 신체적 영역에서 자녀에게 도움을 주지 못하고 일방적으로 도움을 받는 비율이 훨씬 높다는 것을 보여준다.

이상의 연구결과를 보면 전체적으로 여성노인들이 전체노인들에 비해 사회적 지원을 제공하거나 지원을 상호 주고 받기보다는 일방적으로 수혜만 하는 비율이 높다는 것을 알 수 있다. 여성노인들은 연령이 증가할수록 이러한 일방적 수혜율이 큰 폭으로 증가하는 경향이 나타났는데, 이는 여성노인의 경우 연령이 높아질수록 경제적, 신체적, 정서적 어려움이 급격히 악화될 가능성이 높다는 것을 보여준다. 한편 여성노인들도 자녀로부터 지원을 받기만 하는 대상이 아니라 건강이나 경제적 형편이 허락된다면 자녀와 상호 도움을 주고받는 역할을 할 수 있음을 알 수 있다. 따라서 노인복지 정책 설계 시 성별 차이에 대한 보다 큰 관심이 필요하며, 지원수준이나 지원방식 등을 차별화할 필요가 있다. 본 연구는 여성노인을 대상으로 세대간 사회적 지원유형을 파악하고 이에 영향을 미치는 요인들을 분석했다는 점에서 의의를 갖는다. 그러나 본 연구에서는 여성노인과 자녀와의 사회적 지원유형을 분석함에 있어서 자녀와의 관계의 질이나 상호작용의 정도 등을 모두 고려하지 못한 한계를 갖는다. 또한 남성노인의 경우는 어떻게 다른지 고려하지 못하였다. 추후 연구에서는 이러한 주요 변인들을 포괄적으로 고려할 필요가 있을 것이며, 더불어 여성노인을 둘러싼 사회적 관계망의 다른 주체들 즉 친인척, 친구 및 이웃에 대해서도 상호 지원현황을 파악할 필요가 있을 것이다.

2) 여성노인에 대한 한국의 복지정책

여기서는 본 연구의 대상자인 여성노인을 위해 한국에서 실시되고 있는 노인복지정책에 대해 살펴보고자 한다.

노인의 건강상태는 연령에 따라 확연히 달라지고 있다. 노인들이 본인의 건강상태를 나쁘다고 인식하고 있는 비율이 높으며, 또한 65세 이상 노인에게 지급된 건강보험 의료비는 전체 의료비 중에서 31.6%를 차지하고 있다(통계청, 2011). 노인의 질병을 예방하고 조기발견하기 위한 프로그램으로 건강진단과 보건교육을 실시하고 있다. 또한 연령이 높아짐에 따라 치매의 위험성도 높아진다. 이에 정부에서는 치매를 관리하기 위하여 2011년 치매관리법을 제정하였다.

전통적으로 노인돌봄의 제공자는 성인자녀 및 며느리이었다. 그러나 효에 대한 가치관 변화 및 여성의 사회진출로 노인부양 부담이 증가되고 이는 가족의 갈등으로 심화된다. 가족갈등은 노인학대로까지 이어지고 있는데, 전국 20

개 노인보호전문기관에 신고 된 노인학대 숫자는 1년에 약 2,500-3,000건이었다. 그러나 아직 노인학대에 대한 인식부족과 신고를 꺼리는 분위기로 인하여 노인학대의 실제 숫자는 더 많을 것으로 추측된다. 노인학대는 주로 가정 내에서 발생하고 외부 노출이 안되는 여건을 고려하여 국가에서 직접 개입하여 해결하기보다는 가정 내 또는 지역사회 내에서 자연스럽게 해결방안을 모색해 왔다. 그러나 노인학대의 증가로 2004년 노인복지법 개정을 통해 민간의 자율적 노인학대상담활동을 정부 지원체제로 전환하여 노인학대 예방과 보호를 전문적, 체계적으로 운영하게 되었다. 이에 따라 긴급전화설치, 노인보호전문기관의 설치, 노인학대 신고의무와 절차를 규정하였다.

가족의 노인에 대한 수발 부담을 경감시키기 위해 2007년 4월 27일 노인장기요양보험법이 제정되고 2008년 7월 1일부터 시행하였다.[5] 노인장기요양보험의 수혜대상은 노인성질병을 가진 노인으로 등급판정에 의해 서비스를 받을 수 있다. 대상자들은 재가급여(방문요양, 방문목욕, 방문간호, 주야간보호, 단기보호, 복지용구대여)와 시설급여(노인요양시설, 노인요양공동생활가정)를 받는다. 2010년 장기요양보험 인정자 수는 315,994명이며 장기요양기관수는 3,751개소이다(보건복지부, 2011).

여성노인은 경제적 빈곤에 시달리고 있다. 2010년 전체 기초생활보장 수급자 중에서 여성노인이 약 9%를 차지하고 있다. 정부에서는 공적 노후소득 보장의 사각지대를 완화하고 생활안정을 지원하기 위해 기초노령연금법을 2007년 4월 제정하고 2008년 1월부터 시행하고 있다. 기초노령연금은 만 65세 이상 전체 노인 중 소득과 재산이 적은 70%의 노인에게 지급되고 있다.

본 연구결과에서 나타난 것처럼 독거가구가 노인부부가구보다 수혜형에

---

5 장기요양인정 대상은 65세 이상 노인 및 노인성질병을 가진 64세 이하의 국민으로 6개월 이상 혼자 일상생활이 어려운 자로서 장기요양등급판정위원회에서 등급판정을 받은 국민이다. 장기요양등급은 1등급에서 3등급으로 나누어진다. 등급 외 판정을 받고 요양서비스가 필요한 만 65세 이상 노인은 노인돌봄종합서비스(노인돌보미바우처에서 명칭 변경)를 이용하여 가사활동지원서비스와 주간보호서비스를 제공받을 수 있다.

속할 확률이 높음을 볼 때 독거노인에 대한 특별한 관심이 필요하다. 독거노인들은 일반노인들에 비해 신체적, 경제적, 정신적으로 열악한 상황에 놓여 있다. 여성노인의 평균수명이 남성노인보다 더 높음으로 노인의 문제는 고령의 여성 독거노인의 문제라 해도 과언이 아니다. 국가에서도 독거노인에 대한 서비스를 확대하고 있는데, 대표적 서비스로 노인돌봄기본서비스 독거노인생활관리사 파견사업이 노인돌봄기본서비스로 명칭이 변경되었음. 를 제공하고 있다. 서비스대상자는 만65세 이상의 요양서비스가 필요하지 않은 독거노인이다. 소득, 건강, 주거, 사회적 접촉 등의 수준을 평가하여 서비스 욕구가 높은 순으로 대상자를 선정하며, 무료로 서비스를 제공받는다. 서비스 내용으로는 월 4시간의 가정방문, 유선 등을 통한 주기적 안전확인, 생활교육, 서비스 연계 등 예방서비스로 구성되어 있다.

통계청 자료(2011)에 따르면 황혼 이혼 및 재혼이 증가하고 있으며, 또한 65세 이상 노인의 80.9%가 이혼은 하지 않는 것이 좋다는 의견이나, 이혼을 할 수도 있다는 생각도 조금씩 증가하는 것을 보여주고 있다. 이는 노인부부관계에 문제가 생겼으며, 불만족한 결혼생활을 참고 자녀만을 위해 희생하기 보다는 행복을 찾는 노인들의 의식변화를 반영하고 있다고 보여진다. 이에 황혼이혼이 더 증가할 가능성도 배제할 수 없다. 노년기에 행복한 결혼생활을 위해서는 역할분담과 원활한 의사소통이 중요하다. 따라서 노인 부부관계의 갈등원인을 찾아내어 관계를 재정립하여주는 노인 부부관계 상담전문가의 양성이 필요하다.

국가의 공식적인 지원이 부족하거나 없을 때 가족은 그 부족을 채워주고 대신하는 역할을 한다. 그러나 노인인구의 증가, 평균수명의 증가, 저출산, 여성의 사회진출 등으로 이제 노인의 문제를 개인이나 가족의 책임 하에 해결할 수는 없으므로 국가의 적극적 개입이 요구된다. 국가는 보호가 필요한 노인만을 대상으로 하는 복지가 아니라 전체 노인을 대상으로 노인을 가족과 사회로부터 소외시키지 않는 정책을 펴나가야 한다. 또한 노인을 수동적이며 의존적 존재로 보는데서 벗어나 노인도 가족 및 사회에 도움을 줄 수 있는 능동적이며 생산적 존재로 인식을 변화시키는 방향으로 노인복지정책을 수립하여야 할 것이다.

참고문헌

김수현 · 강현정 · 김윤정(2008), "농어촌 여성독거노인의 사회적 관계망이 삶의 질에 미치는 영향", 한국가족복지학회, 『한국가족복지학』, 제13권 3호, 51-71쪽.

김영주(2009), "농촌노인의 우울에 대한 사회적 지지의 매개효과", 한국노인복지학회, 『노인복지연구』, 제46권, 77-104쪽.

김윤정 · 안정신 · 강인(2008),"생태학적 관점에서 본 여성독거노인의 삶의 질", 한국가족관계학회, 『한국가족관계학회지 』, 제13권 2호, 23-42쪽.

김정석 · 김익기(2000),"세대간 지원교환의 형태와 노인들의 생활만족도", 한국노년학회, 『한국노년학』, 제20권 2호, 155-168쪽.

김희년 · 서홍란(2010), "자기효능감이 요보호독거노인의 우울 수준에 미치는 영향에 관한 연구", 한국노인복지학회,『노인복지연구』, 제48권, 59-82쪽.

노병일 · 모선희(2007), "사회적 지지의 수준과 차원이 노인 우울에 미치는 영향", 한국노년학회, 『한국노년학』, 제27권 1호, 53-69쪽.

배진희(2004), "농촌지역 노인의 사회적 지지와 생활만족도: 자녀와 이웃 지원의 기능적 측면을중심으로", 한국사회복지정책학회, 『사회복지정책』, 제20권, 197-216쪽.

보건복지부(2009), 『2008년도 전국노인생활실태 및 복지욕구조사』, 서울: 보건복지부.

보건복지부(2011), 『2011 보건복지통계연보』, 서울: 보건복지부.

서경현 · 김영숙(2003),"독거노인에 대한 사회적 지원과 정신건강에 관한 탐색", 한국노인복지학회,『노인복지연구』, 제21권, 7-26쪽.

서홍란 · 김희년(2010),"요보호여성독거노인의 심리적 안녕감에 영향을 미치는 요인", 한국정신보건학회, 『정신보건과 사회사업』, 제35권, 176-202쪽.

윤현숙(2003), "노부모와 자녀간의 지원교환이 노인의 심리적 안녕에 미치는 영향", 한국노년학회, 『한국노년학』, 제23권 3호, 15-28쪽.

이형실(2003), "농촌노인의 세대간 사회적 지원교환과 생활만족: 성별 및 연령집단별 비교", 대한가정학회, 『대한가정학회지』, 제41권 4호, 57-69쪽.

임효연(2009), "일본 대도시 독거노인의 자녀와의 지원교환형태에 따른 생활만족도", 대한가정학회,『대한가정학회지』, 제47권 5호, 59-66쪽.

정경희 · 오영희 · 석재은 외(2005), 『2004년도 전국노인생활실태 및 복지욕구조사』, 서울: 한국보건사회연구원.

정병은(2007),"세대간 지원교환의 호혜성에 관한 연구", 한국노년학회, 『한국노년학』, 제27권 2호, 503-518쪽.

최용민 · 이상주(2003), "사회적지원망이 독거노인의 삶의 질에 미치는 영향", 한국노인복지학회, 『노인복지연구』, 제22권, 193-217쪽.

최정혜(2009), "한국과 미국 성인자녀의 노부모와의 관계의 질과 부양행동 비교연구", 한국노년학회,『한국노년학』, 제29권 2호, 611-627쪽.

통계청(2010), "고령자 통계", http://www. mw.go.kr(검색일 2012.4.30)

통계청(2011), "고령자 통계", http://www. mw.go.kr(검색일 2012.4.30)

한민아 · 한경혜(2004), "세대간 지원교환유형과 성인자녀의 심리적복지감", 한국가족관계학회, 『한국가족관계학회지』 제9권 1호, 135-152쪽.

한혜경 · 이유리(2009), "독거노인의 정신건강 수준과 영향요인", 한국노년학회, 『한국노년학』, 제29권 3호, 805-822쪽.

Cantor, M., and V. Little(1985), "Aging and Social Care", in *Handbook of Aging and Social Science*(2nd), ed. R.H. Binstock and E. Shanas. New York: Van Nostrand Reinhold, pp. 745-782.

Grundy, E.(2005), "Reciprocity in Relationships: Socio-Economic and Health Influences on Intergenerational Exchanges between Third Age Parents and Their Adult Children in Great Britain", *The British Journal of Sociology*, 56(2), pp. 233-255.

Liten, H.(2004), "Intergenerational Exchanges Patterns and Their Correlates in an AgingIsraeli Cohort", *Research on Aging*, 26(2), pp. 202-223.

Lowenstein, A., R. Katz and N. Gur-Yaish(2007), "Reciprocity in Parent-Child Exchange and Life Satisfaction among the Elderly: A Cross-National Perspective", *Journal of Social Issues*, 63(4), pp. 865-883.

Sun, W., M. Watanabe, Y. Tanimoto et al.(2007), "Factors Associated with Good Self-Rated Health of Non-Disabled Elderly Living Alone in Japanese: A Cross-Sectional Study", *BMC Public Health*, 7, pp. 297-305.

Wang, P. and S. Li(2008), "The Effects of Intergenerational Support on the Changes in Cognitive Functioning of the Rural Elderly in China." *Asia-Pacific Population Journal*, 23(3), pp. 75-88.

Yeh, S. and S. Lo(2004), "Living alone, Social Support, and Feeling Lonely among the Elderly." *Social Behavior and Personality*, 32(2), pp. 129-138.

저자 소개

사스키아 사센 (Saskia SASSEN)

현재 미국 컬럼비아대학 사회학과의 로버트 S. 린드 석좌교수이며, 동 대학의 '전지구적 사상 위원회'의 공동위원장직을 맡고 있다. (참조: www.saskiasassen.com). 사센 교수의 최근 저서로는 *Territory, Authority, Rights: From Medieval to Global Assemblages* (Princeton University Pres 2008), *A Sociology of Globalization* (W.W. Norton 2007), *Cities in a World Economy* (Sage 2012)(제4차 완전개정판)이 있다. 그 외의 저서들 중에는 *The Global City* (Princeton University Press 1991/2001)가 있다. 사센 교수의 저서들은 세계 20여개의 언어로 번역됐으며, 한국에는 *Cities in a World Economy* (초판) (Pine Forge Press 1994)가 『경제의 세계화와 도시의 위기』(남기범 · 유환종 · 홍인옥 역) (푸른길, 1998)의 제목으로 번역됐다. 사센 교수는 다양한 상들을 수상했으며 다수의 명예박사 학위를 받았고, 저명한 강좌에서 강연을 해왔다. 2011년에는 미국에서 발행하는 시사저널인 Foreign Policy 에서 선정한 100명의 세계 석학에 선정된 바 있다. (참조 http://www.foreignpolicy.com/articles/2011/11/28/the_fp_top_100_global_thinkers?page=0,33) E-mail: sjs2@columbia.edu

웨이 구어잉 (WEI Guoying)

북경대학교 교수이며 같은 대학 여성학센터 부센터장을 맡고 있다. 여성학의 기본이론과 동시대 여성 이슈에 관해 연구하고 있다. 여성학에 관한 많은 저서들을 집대성했으며 40편이 넘는 여성학 논문을 출간했다. 웨이 교수의 편서로 *Introduction to Women's Studies* (Peking University Press 2000)가 있다. 이 책은 2004년 1분기의 중국 여성연구분야 우수도서상을 수상했으며, 2006년 4분기의 전국 여성관련 우수도서로 선정됐다. 2012년 현재 6쇄가 인쇄됐다. 공동저서로 *Concise Reader of the Basic State Policies on Gender Equality* (Peking University Press 2008)(제1 저자)가 있다. 주요 논문으로"Some Issues of the Basic Theory of the Gender Studies" (*Peking University Journal* 1, 2003), "Development by Leaps and Bounds and Domestic Experience: A Review of One Decade Development of Gender Studies as a Discipline Construction" (*Women's Studies Series* 6, 2006), "Gender Comparison of Employment and Career Development in China" (*Asian Women* 27(1):95-113, 2011) 등이 있다. E-mail: weigy@pku.edu.cn

조 주현 (CHO Joo-hyun)

계명대학교 정책대학원 여성학과의 교수로 재직 중이며, 같은 대학 여성학연구소 소장직을 맡고 있다. 1988년 일리노이대학교(어배나-샴페인)에서 사회학전공 철학박사학위를 취득하였다. 주요 저서로는 『여성정체성의 정치학』(또하나의 문화 2000), 『성 해방과 성 정치』(서울대출판부 2002, 공저), 『벌거벗은 생명: 신자유주의 시대의 생명정치와 페미니즘』(또하나의 문화 2009)이 있고, 주요 역서로는 『누구의 과학이며 누구의 지식인가? 여성들의 삶에서 생각하기』(나남 2009)가 있다. "Neoliberal Governmentality at Work:

Post-IMF Korean Society and the Construction of Neoliberal Women"(*Korea Journal* 2009) 외 다수의 논문이 있다. 현재 신자유주의 지구화와 성폭력에 관한 저서를 집필하고 있다. E-mail: juhyun@kmu.ac.kr

에미코 오치아이 (Emiko OCHIAI)

교토대학교 사회학과 교수로 재직 중이며, 같은 대학교 문학대학원에서 공사영역 연구센터장을 맡고 있다. 젠더연구 분야에서 활발한 연구를 하고 있는 가족사회학자이자 가족사학자이기도 하다. 최근의 연구기획은 특히 아시아 국가들을 중심으로 가족학, 복지국가연구, 이주연구를 병합하여 사적인 삶과 공적인 제도들이 서로 영향을 주고받으면서 각기 변형을 일으키는 과정들을 이해할 수 있는 새로운 분석틀을 발전시키는 것이다. 영문 저서로는 *Asia's New Mothers: Crafting Gender Roles and Childcare Networks in East and Southeast Asian Societies* (Global Oriental 2008, Barbara Molony와 공편), *The Stem Family in EurAsian Perspective* (Peter Lang 2009, Antoinette Fauve-Chamoux와 공편), *The Japanese Family System in Transition: A Sociological Analysis of Family Change in Postwar Japan* (LTCB International Library Foundation 1997)이 있다. 오치아이 교수의 저서들은 영어, 한국어, 중국어, 타이어로 번역 · 출간됐다. 한국어로 번역된 저서로는 『21세기 가족에게: 일본의 가족과 사회』(양서원 2004)와『근대 가족, 길모퉁이를 돌아서다』(동국대학교출판부 2012)가 있다. E-mail: emikoo2@aol.com

웡 웨이칭 안젤라 (WONG Wai Ching Angela)

홍콩중문대학교 문화종교학과 부교수로 재직 중이며, 같은 대학 문화간 연구(intercultural studies) 석사과정 책임교수직과 청츠대학 신학교(Chung Chi College Divinity School)의 교수직을 겸하고 있다. 시카고 신학대학교 종교학 박사학위를 취득하였다. 현재 홍콩중문대의 젠더연구센터장이며 다년간 대학원 젠더학 과정 학과장을 맡고 있다. 연구 관심은 종교와 섹슈얼리티, 젠더, 종교와 국가주의, 페미니스트 해석학과 종교 고전학, 그리고 후기식민주의와 홍콩 기독교 등이다. 웡 교수의 논문은 많은 전문 학술지에 중국어와 영어로 출간됐다. 대표 저서로 *"The Poor Woman": A Critical Analysis of Asian Theology and Contemporary Chinese Fiction by Women* (Peter Lang, 2002)이 있고, 주요 편저로 *Chinese Women and Hong Kong Christianity: An Oral History* (OxfordUniversityPress 2010, CHOI Poking과 공편, 중국어)가 있다. 주요 논문으로 "Negotiating Gender: Postcolonialism and Hong Kong Christian Woman," in *Gender and Society in Hong Kong* (UBC Press 2003), "Our Bodies Our Stories: Narrating Female Sexuality in Hong Kong," in *Mainstraming Gender in Hong Kong* (CU Press 2009) 외 다수가 있다. E-mail: waiching@cuhk.edu.hk

담 시우미 마리아 (TAM Siumi Maria)

홍콩중문대학교 인류학과 부교수이며, 같은 대학 젠더학 과정 공동책임교수직을 맡고 있다. 연구 관심은 초국적이고 국경을 넘나드는 이동성에서의 가족, 젠더와 가정생활, 그리고 홍콩 사회 내에서의 인종 관계와 평등 등에 있다. 현재 식생활과 종교와 같은 전통의 이식을 통한 남아시아적 정체성 구축에 대한 연구를 하고 있으며, 아울러 이러한 형태가 개인의주체성,

젠더 역할과 젠더 지위를 어떻게 형성하고 또한 그에 의해 형성되는지를 연구하고 있다. 공동 편저서로 *Hong Kong: The Anthropology of a Chinese Metropolis* (Curzon 1997), *Tung Chung before and after the New Airport: an ethnographic and historical study of a community in Hong Kong* (HKSAR 2005) 등을 포함하여 다수의 출판물이 있다. 주요 논문으로 "Dealing with Double Marginalization: Three Generations of Nepalese Women in Hong Kong" (*Asian Journal of Women's Studies* 16(2), 2010) 등 다수가 있다. E-mail: siumitam@gmail.com

이 신영 (LEE Shin-Young)

계명대학교 사회복지학과 부교수로 재직 중이다. 2001년 뉴욕주립대학교에서 사회복지학 전공 철학박사학위를 취득하였다. 저서로는 『사회복지개론』(청목출판사, 2011), 『사회복지실천기술론』(양서원, 2012)이 있다. "독거노인의 친구 및 이웃과의 사회적 지원과 우울성향" 외 다수의 논문이 있다. 현재 노인복지론 저서를 집필하고 있다. E-mail: sylee@kmu.ac.kr